语文课
就该这样教

中—学—卷

语文名师
精彩教学片段品析

李华平　刘敏　主编

华东师范大学出版社
ECNUP
全国百佳图书出版单位

图书在版编目（CIP）数据

语文课就该这样教：语文名师精彩教学片段品析·中学卷 / 李华平，刘敏主编 . —上海：华东师范大学出版社，2020
ISBN 978 - 7 - 5760 - 0817 - 3

Ⅰ.①语… Ⅱ.①李… ②刘… Ⅲ.①中学语文课—教学研究 Ⅳ.①G633.302

中国版本图书馆 CIP 数据核字（2020）第 161302 号

大夏书系·语文之道

语文课就该这样教
——语文名师精彩教学片段品析（中学卷）

主　　编	李华平　刘　敏
策划编辑	李永梅
责任编辑	杨　坤　韩贝多
责任校对	殷艳红
封面设计	奇文云海·设计顾问

出版发行	华东师范大学出版社
社　　址	上海市中山北路 3663 号　邮编　200062
网　　址	www.ecnupress.com.cn
电　　话	021 - 60821666　行政传真　021 - 62572105
客服电话	021 - 62865537
邮购电话	021 - 62869887　地址　上海市中山北路 3663 号华东师范大学校内先锋路口
网　　店	http://hdsdcbs.tmall.com

印 刷 者	北京季蜂印刷有限公司
开　　本	700×1000　16 开
插　　页	2
印　　张	19
字　　数	281 千字
版　　次	2020 年 10 月第一版
印　　次	2021 年 1 月第三次
印　　数	8 101 - 13 100
书　　号	ISBN 978 - 7 - 5760 - 0817 - 3
定　　价	55.00 元

出 版 人	王　焰

（如发现本版图书有印订质量问题，请寄回本社市场部调换或电话 021 - 62865537 联系）

内容提要

　　本书是我国语文教育方向第一个"国家级精品课程"配套用书，是"国培计划"生成性课程资源，系全国教育科学"十三五"规划课题"正道语文：百年语文教育规律的探索与坚守"、四川省哲学社科学重点课题"基于'关键事件'双重聚焦的教师培训范式研究"、四川省教育科学规划课题"语文思维学建构研究"等多个科研项目的研究成果。本书按照语文教学的基本内容，精选语文名师课堂教学精彩片段，进行精要、精当的品评赏析，力图在研习名师语文教学艺术的同时，揭示各项教学内容的基本教学规律，为一线教师和语文教育研究者提供教学范例。本书可用于语文骨干教师国家级、省市级培训和高等师范院校中文专业师范生教学，也可供语文课程与教学论（学科教学·语文）专业的研究生和语文教育研究者参考。

序 言

　　由李华平、刘敏主编的《语文课就该这样教：语文名师精彩教学片段品析》一书凝聚了主编、语文名师、一线教师无比的热情、无数的心血、无穷的智慧、无量的功德，它集中体现了新中国成立以来特别是本世纪初新课程改革以来语文战线理论工作者和一线教师们乐于奉献、勤于学习、苦于钻研、勇于进取、善于创新的丰硕成果。

　　《语文课就该这样教：语文名师精彩教学片段品析》是我国"语文课程与教学论"方向第一个国家级精品课程配套用书，是"国培计划"生成性课程资源，是多个科研项目（尤其是全国教育科学"十三五"规划课题"正道语文：百年语文教育规律的探索与坚守"）的研究成果，是在第八轮国家基础教育课程改革的背景中产生的。书中那些精彩的教学片段除少数是课改以前的传统教学经典外，大多数都是新课改的产物。即便是课改前大师们的经典课例，仍然和课改后出现的精彩片段一样熠熠闪光，都是语文课程教学的瑰宝，都体现了新课改的基本理念。

　　基础教育课程改革在教育改革中处于突出位置，是一项复杂细致的系统工程，需要不断完善、不断建设、不断创新。这次的第八轮国家基础教育课程改革，可以说是一场风暴、一次洗礼、一次新的教育启蒙，甚至可说是一次涅槃。其旨归都是要更好地在我国实施以培养学生创新精神和实践能力为重点的素质教育。这次课改大约需要30年的时间才能达成。第一个十年完成理论构架，师生家长改变思考新课程的话语体系。第二个十年找到从理论到实践的落脚点，找到推广新课改的有效途径，让新课程教学成为常态。第三个十年才是新课程大见成效的阶段。当下的课改处于第二个阶段，正在进行理论与实践的攻坚克难。

课改中的语文课程和其他学科一样，在转变课程功能、改革课程结构、调整课程内容、改变学习方式、组织课程实施、进行课程评价、开展课程管理等方面都取得了新突破，新理念得到学生、家长和学校的普遍认同，初步形成了良好的政策环境，营造了积极的社会舆论氛围，探索了有效的工作机制，创造了适用的实施策略，教学活动出现了许多新气象，实验工作正在有序地向纵深发展。这些都是课改取得的成绩。但是，随着课改实验的推进，新课程实施中一些深层次的问题也不断显露，并且出现了一些违背课程改革理念、偏离语文教学正道的现象，具体表现是：

在课程目标上，淡化做人教育、知识目标，片面追求分数，将课程目标与教学目标混为一谈，偏离"整合统一性"，肢解"知识与技能""过程与方法""情感态度与价值观"三维要素。

在教学关系上，片面强调学生在学习中的主体地位，放弃教师的主导作用和责任，把尊重学生搞成无原则地"吹捧"学生。将愉快教学庸俗化，过度地张扬愉悦，不适当地利用学生好玩、好奇的天性，使认知过程缺乏内心冲突，使学习成为"麦当劳"式的快餐，使学生失去接受知识与探究知识互为同构的可能性。回避难度、追求愉悦，遁入形式上的"乐学"。当"乐学"一旦变为"教学引入说说笑笑，教学过程唱唱跳跳，双基教学难度不高，教学评价你好他好"的局面时，学生就会在连续亢奋的情绪状态中难以平静下来，对应学的知识很难进行较深层次的心理体验。

在教学方法上，一概否定接受学习，片面夸大自主、合作、探究性学习的作用。自主学习信马由缰——凡"讲授"一律取缔，凡"要求"一律满足，凡"预设"一律反对。合作学习形式主义——没有将个人意识有效地转化为小组竞争意识，不从学生发展的实际需要出发，使合作学习只剩下"分组"

这样一件外衣：一上课就合作，一合作就分组，一分组就讨论。一些值得考虑的问题就在这热热闹闹、生龙活虎的假象中被掩饰或吞没了。探究学习层面肤浅——探究过程缺乏质量，不是由教师精心策划而成，实践性、开放性、问题性与参与性都不强；教师未能抓住易于激发学生探究愿望的行为契机，未能带领学生进入探究情境，未能引导学生寻找足够资料作为思考、讨论、探究的依据，学生表面上争论热闹，但得不出真知灼见。

在教学手段上，过分强调与依赖多媒体。不知不觉，这些年信息技术成了公开课的标配，成了赛课活动的潜规则。无论是执教者、听课者还是评委都认为，不用现代教育技术的课就上不了档次，跟不上形势，出不了彩。"机灌"取代传统的"人灌"，人机对话也将师生互动置换。这种滥用多媒体的现象削弱了学生的思考与想象，消解甚至剥夺了学生的创造性。

在教学评价上，出现严重的形式主义倾向。一些尚未吃透课改精神的教研员、专家、权威制定出一些违背课改精神的评课标准，将新课程导向了错误方向，引入了歧途。一些老师按照这些错误标准精心打造的公开课也就成了符合错误标准的"无瑕美玉"，成了形式主义的课改"标准课""样板课""示范课"。这种假冒伪劣课，谬种流传，害人不浅。

以上这些问题需要从理论和实践层面进行理性、冷静、辩证的分析和研究，并作出及时、有效、科学的回应，更需要高水平的名师用真正能够体现新课程理念的"标准课""样板课""示范课"来引领语文教学，坚守语文正道，让那些偏离了正确方向的语文教学回到正确轨道上来，以使课程改革顺利推进。

呈现给读者的《语文课就该这样教：语文名师精彩教学片段品析》一书，其实就为解决以上问题作出了卓有成效的探索。书中那些经过精挑细选并经由精心品析的名师精彩教学片段，尽管教学内容不同、教学对象不同、教学策略与方法不同、教师的教学风格不同，争奇斗艳、异彩纷呈、各领风骚，但都聚焦于对语文教学基本规律的探索，都是在坚守语文正道，为上述那些偏离正道的语文教学引路导航。这些教学片段是根据教学目标、教学对象、教材特点、教学资源确定合适的教学起点与终点，将教学诸要素进行有序、优化的安排。教师都由单纯的知识传授者、灌输者转变为帮助学生主动建构知识的支持者、促进者。它们共同体现了先进的教学理念：

在教学思想上：解决学思矛盾，培养思维能力；

在教学方法上：诱导不断探索，不搞越俎代庖；

在教学形式上：重视问题讨论，摒弃单向传导；

在指导原则上：提倡质疑存疑，反对轻信盲从；

在教学程序上：激发求知欲望，追求欲罢不能；

在思维方式上：既要获得知识，更要发现真理。

总而言之，名师精彩教学片段都是在变"带着知识走向学生"为"带着学生走向知识"。在他们的教学中，总是给学生一些权利，让他们自己去选择；给学生一些机会，让他们自己去体验；给学生一些困难，让他们自己去解决；给学生一些问题，让他们自己去找答案；给学生一些条件，让他们自己去锻炼；给学生一片空间，让他们自己向前走。这样的教学，真正体现了《学记》中所说的"道而弗牵，强而弗抑，开而弗达"，这才是语文教学的正道。

这些精彩的教学片段都是来自名师实践领域的鲜活经验，是散发着课堂田野气息的教学案例，给课堂教学实践带来了许多新观念、新经验、新手段、新方法，与传统教育方式拉开了较大距离；在为"教学设计"这一术语注入生命气息的同时，也为教师的"实践反思"提供了对照的镜子，更为"教学实践"研究提供了可资借鉴的范式；让我们看到了一线名师在教学实践中是如何理解、应用、验证、完善教学设计理论的。因此，这些精彩的教学片段才是坚守语文正道的样板、标准、示范，是指引语文教师走出课改误区、回归语文正道的指路明灯。这些精彩教学片段才称得上是教学经典，确实悦人耳目、引人入胜、发人深省、启人心智、催人奋进。

本书对每则教学片段都配以精心品析，这些品析文字言简意赅、凝练厚重，是对名师精彩教学片段的理性思考和理论提升，是把朴素的教学经验之"术"上升至理性之"学"与技艺之"能"的整合。即便是对课改前大师的传统经典教学片段的品析也是以新课程实施中教师课堂教学设计为主题的，针对课堂教学的各个环节，提出一些具有可行性和可操作性的关于教学设计的策略和方法，阐释了教学技能的变化与发展，有益于教师把握新课程精神，了解教育发展动态，更新教育观念，促进专业发展，从而把新课程理念贯穿于课堂教学过程中。这些品析文字指点迷津、拨云见日，帮助广大语文教师吮吸名师课堂教学艺术的精津美汁，分享他们的教学研究成果，纠正教学中各种背离语文教学规律的错误，让他们油然而生感佩之心、借鉴之意、追赶之愿、超越之志，从而引导新课程实验健康深入地推进。

本书主编刘敏教授是专攻美学的博导，但对语文教育研究情有独钟。近十年来，她与李华平教授一起主持中小学语文教师国家级培训，在四川师范大学文学院设立教师教育基地班，带领文学院老师深入中小学语文课堂，主持、参加语文高考命题、阅卷，对语文教育研究与发展新见迭出，对推动文学院语文教育学科发展倾心尽力。

李华平教授是倾心于语文教学理论与实践研究的"情痴""情种"，如今硕果累累，在全国颇有影响，是我国少有的既可以从事高层次语文教育理论研究，又可以运用自己的研究理论去中小学上示范课的理论与实践完美结合的专家。他从幼儿园、小学、初中、高中，一直教到大学专科、本科、研究生，他的教学生涯是全方位的，其教学业绩始终和"优秀"二字结下不解之缘。特别值得一提的是，近年来他在全国首倡"正道语文"，创建了"正道语文"QQ群、"正道语文"微信公众号，凝聚了全国语文界数万名专家、学者和一线语文教师，致力于对语文教育基本规律和改善路径的探赜索隐。他们激浊扬清、拨乱反正，为实施新课程的语文教学理论与实践研究开辟了新天地，受到全国语文教育界以及其他学科领域教师们的交口称赞、高度评价。这是中国当代语文百花园中的一枝独秀，是中国基础教育界的一道靓丽风景，是中国教育研究史上前承古人、后启来者的壮举。"正道语文"QQ群以及微信公众平台所开展的生动活泼、丰富多彩的研究活动已经并将继续为我国中小学语文教学乃至整个基础教育传播正能量。

李华平教授虚怀若谷、海纳百川，特别注重研究古今中外大师们的教学经验与教学理论，在教育艺术的大海中寻珍采宝、广采博取，将其内化为自己的学养，并向我国语文界的教师们大力宣传与推广。他主编出版的《语文：金针度人的存在——刘永康语文教育思想研究》《语文：诗意栖居的表现——刘永康语文教育文选》《走向深处——语文新课程教学 100 问》《语文教学问答 100 例》以及出版在即的《语文课就该这样教：语文名师精彩教学片段品析》（中学卷与小学卷）都是总结推广我国语文教学理论与实践研究成果的针对性、实用性极强的力作。近年，他又在全国语文界影响最大的学术期刊《语文教学通讯》上开辟"凝望大师"专栏，在全国范围内策划、发动和主持对"中国当代语文大家"的研究与学习宣传工作，这已经引起语文界的广泛关注与重视，必将对我国语文教学与研究发生极其深远的影响。

华平教授曾经是我的研究生，现在又是我的同事，更是我的朋友。"忘年尔我重交情，论事相同见老成。"我在同华平相处的日子里，屡屡因"论事相同"而深感其人品高尚和学问老成，我们也就成了重交情的挚友。如今，华平在学术上取得辉煌成就，在我国语文界产生巨大影响，我打心眼里高兴与羡慕。"百尺竿头须进步，十方世界是全身。"我相信华平教授绝不会满足于现有成绩，我期待着他和他的团队诞生更为辉煌的教育科研成果！

刘永康[①]

2019 年 2 月于成都狮子山

---

① 刘永康，我国资深语文教育理论家，四川师范大学教授、硕士生导师，文学院第一任党委书记；系我国语文教育方向第一个"国家精品课程"（2009）、"国家精品资源开放课程"（2013）、"国家精品资源共享课"（2016）领衔人；担任全国语文学习科学专业委员会学术委员会主任，教育部教师教育课程资源专家委员会委员。

目　录

Contents

第三章　分析文本形象

第四章　把握文本主旨

第五章　理解作者情感

第六章　解读文本形式

第九章　尝试创意写作

第一章

掌握重点字词

字词是语文之所以作为交际工具的基础与前提，字词也是承载人文精神的最小载体。"学习语言文字运用"的第一个内容就是识字、写字和理解词语，即使是初中、高中语文教学也不可忽视。教学中不宜淡化字词，或将字词作为"障碍"加以"扫除"，抑或是机械地将字词掌握作为课前预习和课后听写的一个环节。在新课程背景下，我们要重视字词教学，进一步思考字词教学的复合功能，使语文课更扎实、更厚重，夯实学生语文素养的根基。

01　练习检测中的门道

——秦晓华《荔枝蜜》教学片段品析

品析者：何明　杨桂君

【教学篇目】杨朔《荔枝蜜》（人教版，七年级上册）

【教学说明】《荔枝蜜》运用了卒章显志的技法，从歌颂蜜蜂转到歌颂勤劳勇敢的农民，"为自己，为别人，也为后世子孙酿造着生活的蜜"。秦晓华老师的教学思路是：切入生活，调动体验—熟读课文，筛选信息—锁定关键字词，品读分析。本片段选录其字词教学这一部分，秦老师从字词注音、书写、理解含义等方面为我们提供了字词教学的范例。

【品　析　点】字词检测

【关　键　词】字词；检测；分类；整理

精彩回放

师：今天咱们就学习一篇跟蜜蜂有着密切关系的文章，这就是杨朔的散文《荔枝蜜》。现在，请同学们把课本打开，自读课文，有三点要求：第一，标出每一自然段的序号；第二，圈点勾画生字词、多音多义字，有注释的看注释，没有注释的查字典；第三，了解课文的大意，说出文章的中心句及线索。

（生自读。）

师：（巡视）好，都读完了。现在，请大家把书合上，检查一下自读的效果。首先请三位同学来做字词练习。其他同学在练习本上做。

练习一：给加点字注音。

1. 中（　　）看　2. 提（　　）防　3. 厦（　　）　4. 蠕（　　）动

5. 酿（　　）造　6. 沸沸（　　）扬扬

练习二：根据拼音写汉字。

1. qiā（　　）花　2. zhē（　　）一下　3. tí（　　）炼

4. chǒng（　　）物　5. huàn（　　）景

练习三：写出"不辞长做岭南人"是谁的诗句，并写出它的上一句。

（生做题。）

师：有两位同学已经完成了，有的同学刚才没有注意审题，现正在修改自己的答案。我们先来看一、二两题的完成情况。第一题是注音题，都写对了吗？

生：对了。

师：都对了。现在请注意前三个字，有没有规律性？

生：有。都是多音字。

师：这个字（指"中"）除了读 zhòng 还能读什么？

生：zhōng。

师：这个字（指"提"）呢？

生：tí。

师：那这个字（指"厦"）呢？

生：xià。

师：多音字的掌握是我们语言积累的重点之一，要注意整理。下面我们来看一下这些词语的解释。"中看"的"中"怎么解释？

生：适合。

师："提防"这个词会解释吗？

生："提防"是小心防备的意思。

师：那么"酿造"怎么解释？（生没反应）不会？查字典，现在就查字典。

生："酿造"就是利用发酵（xiào）的作用制造。

师：利用发酵，这个字读对了吗？应该读什么？

生：发酵（jiào）。

师：纠正对了，应该读 jiào，不要读 xiào。利用发酵等办法来制造酒、醋等，这是它的本义。

师：再看第二题——根据拼音写汉字，都写对了没有？

生：都对了。

师：都对了。这五个字也有共同规律，你发现没有？

生：各自都有一些形似字。

师：可不可以举例？

生：比如"掐"的形似字有"诬陷"的"陷"，"谄媚"的"谄"。再比如"蜇"，它的形似字有"惊蛰"的"蛰"。

师：课后，请同学们把这五个字的形似字整理出来。我们再来看第三题，这道题完成的时候有点小曲折，是吧？开始没写对，没注意审题，现在改对了没有？

生：改对了。

师：注意这个"啖"字，是个生字。"啖"怎么解释？

生：吃。

师：这是谁的诗，他写对了吗？是苏轼的哪首诗？

生：《惠州一绝》。

师：打开书找到这首诗。请大家把这首诗读一遍。

（生朗读。）

师：课堂时间有限，请大家课后把它背下来，作为积累。下面，检查一下朗读的情况。课文比较长，我们只读它的一段，第 17 段。杨梦晓同学，请你来读一下。

不少人认为，字词是小学的事，中学语文不需要进行字词教学，结果导致学生语文基础不牢固，能力提升无后劲。这是问题的一个方面，另一方面则是老师对中学语文教学中的字词教学束手无策。而在秦老师的初中语文课堂上，抽象的词语变得触手可及，简单的词语通过他的教学变得熠熠生辉。

一、字的训练，一石三鸟

秦老师从形似字的特点出发，巧妙地启发学生通过字形推导出系列形似字，例如："掐"的形似字有"诬陷"的"陷"、"谄媚"的"谄"；"蜇"的形似字有"惊蛰"的"蛰"；还注意了字的读音，"发酵"的"酵"，不读 xiào，应读 jiào。同时秦老师还注重词义的掌握，"中看"的"中"是适合的意思，"提防"是小心防备的意思，"酿造"是利用发酵的作用制造。这样的训练很实在，学生对生字的音、形、义掌握就全面牢固了。

二、词的训练，一箭双雕

对于"酿造"一词，既重视工具书的运用，又善于巧妙启发，在学生知晓其意思是"利用发酵的作用制造"的同时，紧密结合实际生活，推导出"利用发酵等办法来制造酒、醋等"意为"酿造"。这样教学，既使学生重视了工具书的使用，又联系生活经验深入理解了词语，这样的训练灵活、实用。

三、整理检测，举一反三

秦老师以"看汉字写拼音""看拼音写汉字"的形式来检测学生对生字词的掌握程度，并适时提醒学生发现练习题目的规律——第一题前三个字"都是多音字"，第二题五个字"各自都有一些形似字"。这样教学，既快速反馈了学生的学习信息，又自然引导、点拨学生举一反三，使其会认、会读、会写、会用。

首先，这一方法巧妙地检测了学生在预习过程中的掌握程度。识字教学的终极目标是让学生达到"四会"，即：会认、会读、会写、会用。初中学生已经具备了一定的识字能力和比较丰富的识字量，如果课文中的生字、新词的理解都由老师来包办代替，就不能激发学生独立识字、学词的兴趣，也不利于学生独立识字、学词能力的培养。秦老师在字词教学中只是适当点拨，始终给学生留出一定的空间。这样既检查了学生对课文预习的掌握程度，又梳理了课文关键词句。

其次，将字词检测的效益发挥到最大。秦老师的字词教学不是单纯的识字、解词，而是将识字与阅读感悟、言语表达等语文能力的训练巧妙结合，避免"死记硬背"式的孤立识字，提高了识字学词效率，让识字和学词在语境中共生，为进一步阅读理解奠定了基础。

再次，调动学生的学习积极性。秦老师"请三位同学来做字词练习。其他同学在练习本上做"，这极富挑战的教学语言，让学生一开始就进入兴奋的学习状态，在课堂上形成了竞争氛围。在教学过程中，教师珍视学生独特的感受与理解，能有效针对不同学生存在的问题，排疑解难，在个别解决中促进整体提高。

最后，注重落实。老师狠抓对多音字、形似字的学习，如对"中""提""厦""掐""蜇"等字的教学，并且通过归类教学，以便学生积累、识记。

02　匠心独运，彰显智慧
——余映潮《口技》《邹忌讽齐王纳谏》教学片段品析

品析者：许蜀忠　李云

【教学篇目】《口技》（人教版，七年级下册），《邹忌讽齐王纳谏》（人教版，九年级下册）

【教学说明】《口技》和《邹忌讽齐王纳谏》两篇文言文都是余映潮老师借班上课的，是两篇板块清晰、内容丰富、富有实效的文言文阅读教学课。《口技》在继承传统的以诵读为主要手段、以语言积累为主要方法的文言文阅读教学模式的基础上，创造了"朗读、积累、欣赏"文言文三步阅读教学法，此处截取"积累"部分。《邹忌讽齐王纳谏》以"简说故事，巧编练习，深思话题"的模式进行教学，此处截取第二环节"巧编练习"部分。

【品　析　点】智能作业，巧编练习

【关　键　词】朗诵；练习；积累

精彩回放

一、《口技》教学片段

师：好！就读到这里吧。再来一个练习，请拿出我们的"课堂智能作业"，分组练习。（同学们拿出教师下发的"课堂智能作业"。）

《口技》课堂智能作业

这是一份词语方面的"智能作业"。在练习题中，有的是对课文预习的检查，有的需要在课文讲析过程中完成，有的则需要你去发现，去探求。不管它们的要求如何，它们的"结果"都是一个"板块"。因此，你将学会一种积累文言词语的方法——（　　　　）法——它将激发你的兴趣，让你联想，让你搜寻，让你组合……

1. 指出用法特别的词及其意思。

　　善（　　　）宴（　　　）乳（　　　）一（　　　）鸣（　　　　）

2. 你一定能找出课文中表示时间的词语。

3. 下面的词古今词义区别较大，试着说说。

　　但（　　　）觉（　　　）目（　　　）少（　　　）虽（　　　　）

　　名（　　　）是（　　　）股（　　　）走（　　　）毕（　　　　）

4. 解释词义之后，你认为题中的五个词属于什么现象？

　　妙：众妙（　　　　）毕备　　以为妙（　　　　）绝

　　绝：以为妙绝（　　　）　　群响毕绝（　　　）

　　指：手有百指（　　　）　　不能指（　　　）其一端

　　坐：稍稍正坐（　　　）　　满坐（　　　）宾客

　　起：大呼火起（　　　）　　夫起（　　　）大呼

……

师：好，我们来交流一下。指出用法特别的词，哪位可以与大家交流一下？

生："京中有善口技者"，"善"，一般是擅于的意思。

师："善"，擅于，擅长。

生："会宾客大宴"，"宴"是"用酒菜款待客人"的意思。

师：具体指宴请。

生："妇抚儿乳"，"乳"是"喂奶"的意思。

师：动词。

生："一桌，一椅，一扇，一抚尺而已。""一"，一个。

师：一张，一把，一块。

生："口中呜声"，"呜"是轻声哼唱着哄小孩入睡。

师：还有一个另外的意思，口中发出呜呜的声音。你看大人哄小孩入睡，（师摹仿，做手势）呜，呜……，对不对？好，谢谢你。

师：第二题：你一定能找出课文中表示时间的词语。哪一位来？

生：少顷，当是时，未几，忽，俄而，既而，忽然……

师：还有没有？（生埋头找）还差一个，是吧？

生：一时。

师：对！"一时齐发"，"一时"是同时的意思。还有一个"忽"，一个"忽然"；这两个词很有意思呀！在文中表示事情突然地发生，时间极为短暂。老师还给你们补充几个，记到材料的旁边：瞬息，刹那，霎时。加起来，是 11 个常用的时间词语。

师：好，第三题：下面的词古今词义区别较大，试着说说。老师选了 12 个词，是这一课学习的重点，好，哪位来交流一下？

生："但闻屏障中抚尺一下"，"但"就是只，表转折。

师："但闻屏障中"，就是"只听见屏风后面"。只，表限定范围。

生："觉"，睡醒，现在表示"感到"。

师：也有表示觉醒的意思。

生："目"，原来指"视"，现在指眼睛。

师：我觉得这个"目"，要把它当成"看"，有一个成语叫"一目了然"，"目"，就是"看"的意思。"目"，原来指人眼，现在保留了这个意思。

生："少"原来指稍微，现在表示数目比较少。

师：稍微。

生："虽"，在这里是即使的意思。

生："名"，是"说出"的意思。

师：有一个成语"莫名其妙"，说不出它的妙处。

生："是"是这；"股"是大腿；"走"是离开；"毕"是全、都。

师：好！这几个词，"但"是"只"的意思；"觉"是"醒"的意思；"目"，看；"少"，稍微；"虽"，即使；"名"，说出；"是"，这；"股"，大腿；还有"走"，跑；"毕"，全、都。这些词都是本课的重点词。

师：好！第四题，解释词义之后，你认为其中的五个词，属于什么样的现象？

第一个词，"妙"字，"众妙毕备""以为妙绝"。

生：第一个是"妙处"；第二个"非常"。

师：不是"非常"，是"好""神奇美好"，如"巧妙巧妙"。（一生坐下，指另一生）你说，"以为妙绝""群响毕绝"这两个"绝"，（生站起）先说"以为妙绝"的"绝"。

生：（思考片刻）极。

师：猜对了！"群响毕绝"呢？

生：（又思考）消失，完了。

师："停止"的意思，断绝断绝嘛。（示意学生坐下。）

生："稍稍正坐"，就是坐。

师："稍稍正坐"，就是坐，好！那"满坐宾客"的"坐"呢？

生：座位。

师：嗳，满坐寂然，"坐"与座位的"座"是一个意思。（回讲台引导学生看黑板）第四组同学，我们说既要翻译出，还要指出是什么语言现象，应该怎么说？（生杂言，有的说是词类活用）不对吧？这是一词多义。

……

二、《邹忌讽齐王纳谏》教学片段

师：下面再来一个学习内容，巧编练习。

（屏显：巧编练习。用比较辨析的方法，请每位同学编拟一组"词义辨析"练习。）

师：你们看课文的练习，辨析下列句中加点词的意思，我觉得他编少了，那么我们现在就用这种比较辨析的方法，请每位同学编拟一组"词义辨析"的练习，补充课本练习的不足。好，开始。

（学生准备，3分钟。）

师：好了，把你编的练习让同桌审查一下，看看正确不正确。

（同桌互相审查，半分钟。）

师：好，展示你们编的练习题。

生：我编的是"谤讥于市朝"与"朝于齐"的"于"。"谤讥于市朝"的"于"是"在"的意思，而"朝于齐"的"于"是"到"的意思。

师：好，词义的辨析出来了。你还可以找其他的"于"，课文里还有不同的意思。

生："徐公不若君之美也"中的"若"是"如"的意思，"门庭若市"的"若"表示"像"。

师：好，出来了，又一组。

生：我找的是两个"之"字，一个是"由此观之"，这个"之"字是代词，代指邹忌所讲的这个事情。"闻寡人之耳者"这个"之"是"的"的意思。

师：好，又一组。

生：我找的是"朝"，"朝服衣冠"，"朝"指早晨。"于是入朝见威王"，"朝"指朝廷，"皆朝于齐"，"朝"是指朝见。

师："市朝"呢？还有一个"朝"，对不对？

生：还有三个"之"字。"朝廷之臣"的"之"是"的"，"由此观之"的"之"代邹忌说的这件事，"孰视之"的"之"代指徐公。

生：我也是补充，补充"于"字，还有"皆以美于徐公"，"于"是"比"的意思。

师：好，"于"还有一个含义，还要找。

生：我觉得"之"字还有一个放在主谓之间取消句子独立性的作用，在第一自然段"吾妻之美我者"。

生：我找的是两个"闻"字，"闻寡人之耳者""燕赵韩魏闻之"，第一个"闻"是使某人听到，第二个"闻"是知道。

师：我觉得还有。比如说两个"美"字。"吾妻之美我者"，意思是"赞美我，认为我美"；"臣诚之不如徐公美"，是"美丽"的意思。还有"甚"，

"君美甚"是"非常"啊，"王之蔽甚矣"是"很厉害"啊。

师：好，看一下屏幕。

（屏显：关于几个重点词的内容。）

师：这个"于"字，在"欲有求于我也"中，有"对"这个意思，刚才就没有说出来。在"皆以美于徐公"中，是"比"啊。在"皆朝于齐"中，是"到"啊。在"此所谓战胜于朝廷"中，是"在"啊。它有四个含义，有比较细微的区别。"朝"字，不仅词义有区别，读音也有区别。在"朝服衣冠"中"朝"是早晨。"入朝见威王""谤讥于市朝"这个"朝"指官员集会的地方，市和朝在一起是公共的场合。"朝于齐"指朝见。还有更有意思的一组词——

（屏显：关于"讽、谏、刺、谤、讥"的词义解释。）

师："讽"，婉言规劝；"谏"，直言规劝；"刺"，斥责，指责；面刺，当面指责；"谤"，公开指责别人的过失；"讥"，微言讽刺。

什么是微言讽刺呢？不是用恶意的话讽刺，而是稍稍地讽刺一下。从这几个字拓展开来，你们还要注意，在日常生活里面还有"诽谤"的"诽"字，"诬蔑"的"诬"字，还有"造谣"的"谣"字，都和"说别人"有关。刚才我们为什么没有注意到这样几个词呢？就是我们没有养成一个学习的习惯——用对比辨析的方法来辨析事物，这种辨析，有时外部特征是一致的，就是同学们找的那些词，比如两个"孰"、四个"朝"、四个"于"、两个"美"、两个"甚"。有时候事物的表面特征不一致，但是内涵相近，比如这一组，也要把它放在辨析里，这样我们辨析的角度就宽了，我们的体会就会更深刻一些。所以巧编练习的目的，一个是熟悉课文的内容，第二个是理解词义。同时呢，我们在学习方法上也应该受到一些启迪。

师：下面再来做一件事——

（屏显：在理解词义的基础上翻译几个短语：朝服衣冠、忌不自信、弗如远甚、地方千里、王之蔽甚矣、时时而间进。）

师：翻译一下。

（学生自主翻译一分钟。）

师："地方千里"，这个词要区别一下，地方方圆千里。一齐把老师的翻译读一下。

生：（齐读）朝服衣冠：早晨穿戴衣帽。忌不自信：邹忌自己不相信。弗如远甚：不如（徐公），相差很远。地方千里：土地纵横千里。王之蔽甚矣：王受蒙蔽太厉害了。时时而间进：不时还偶有进谏。

……

品评赏析

文言文字词教学常有三个问题：以背诵为中心，忽视运用；以灌输为中心，忽视探究；以知识为中心，忽视文化。在字词教法上存在着两种极端的方式：一种是"满堂灌"，老师逐字逐句讲析，把知识点嚼烂了"喂"给学生，学生则满篇记。结果，学生当时虽了解了意思，但并未深刻理解，而是机械记忆，失去了兴趣。另一种是"蜻蜓点水"，老师利用多媒体，课前制作好幻灯片，学生读一读，记一记，字词就过去了。如此僵硬、枯燥的模式，长期下去，学生岂不生厌？

与其让学生死记硬背，不如教给他们学习理解文言文字词的基本方法，培养学生自主探究的习惯，做到文言文教学的工具性与人文性的统一，余老师在教学中处处彰显教者的智慧，课堂充满活力，为我们探究文言字词教学开创了新的模式。

在这两个教学片段中，余老师对文言文字词的落实采用了两种方式：一是教师精编练习（智能作业），另一种是学生自编练习。无论是哪种形式都是以学生活动为主体，把字词的理解"丢"给学生，调动了学生的主动性和积极性。教师在此过程中有机地穿插补充文言文知识，达到帮助学生积累的目的。兴趣是最好的老师。余老师让学生做智能作业，分组练习，集体交流，丰富了形式，学生兴趣高涨，对文言字词有了深刻的理解。

无论是学生自编练习，还是老师提供智能作业，都是学生积累字词的重要形式，积累越多，文言知识就越丰富，对文言文理解能力的提高就有很大的帮助。

余老师教文言文字词的时候，特别注重归类。比如，在教《邹忌讽齐王纳谏》一课时，余老师辨析了这一组字：

讽：婉言规劝　　　谏：直言规劝　　刺：斥责，指责
谤：公开指责别人的过失　讥：微言讽刺

余老师归纳这一组字都与"说话"有关，字形相似，意义相近，容易混淆。余老师这样的梳理让学生一目了然。这种教法的妙处在于不仅能够辨析字形字义，而且可以培养学生依形索义（即根据词语的字形，探索词语的意义）的探究能力。

在处理古今同（异）义或一字多义等现象时，余老师同样也注意了归类。比如余老师在教《口技》一文时先出示了两组相反的题目，一类是整理出古今词义区别不大的词，如：

会（适逢）　下（落下）　施（设置、安放）　哗（声大而杂）

另一类是古今意义差别较大的词，如：

但（只）　觉（醒）　目（看）　是（此、这）　毕（全、都）

经余老师这样一整理，条理变得十分清晰，学生掌握字词的意义也容易多了。

余老师在《余映潮阅读教学艺术 50 讲》一书中阐述了文言文教学达标要求："从量的角度梳理常见的文言实词、文言虚词、文言句式的意义用法并指导学生在阅读实践中举一反三。"① 这个"梳理"就暗含了系统归纳之意，帮助学生构建自己的文言知识体系。这种方式也适应了高中新课程的要求："通过梳理和整合，将积累的语言材料和学习的语文知识结构化，将言语活动经

---

① 余映潮. 余映潮阅读教学艺术 50 讲 [M]. 西安：陕西师范大学出版社，2005.

验逐渐转化为具体的学习方法和策略，并能在语言实践中自觉地运用。"①

　　当然，并不是所有的文言字词都能用这样的方式理解。《全日制义务教育语文课程标准》在"课程的基本理念"中提出"语文课程还应考虑汉语言文字的特点对认字、写字、阅读、写作、口语交际和学生思维发展等方面的影响"，也就是说，教师要注意选择符合汉语言特点的字词进行教学。

---

① 教育部. 普通高中语文课程标准（2017 年版）[S]. 北京：人民教育出版社，2018.

03 望"言"生义，拨云见日

——钱梦龙《愚公移山》教学片段品析

品析者：龚云峰　顾兴惠

【教学篇目】《愚公移山》（人教版，九年级下册）

【教学说明】《愚公移山》是古代寓言名篇。这篇文言文故事情节曲折，人物形象鲜明生动，寓意深刻明显。钱梦龙老师在教学中通过字词教学让学生理解课文内容、分析人物形象、把握文章哲理，成功达成教学目标。

【品 析 点】抓住重点字词，理解文意

【关 键 词】字词；文本

精彩回放

师：下面请同学们提提看，在自读中有什么问题。

生："河曲智叟"的"曲"是什么意思？

师：谁会解释这个"曲"字？都不会？那就请大家查字典。

生：（读字典）曲，就是"弯曲的地方"。

师：嗯，这个解释选对了。后面还举了什么词做例子？

生：河曲。

师：对。河曲就是黄河弯曲的地方。你们看，有些问题一请教字典就解决了。还有别的问题吗？

生：第一段里的"本在冀州之南，河阳之北"，为什么这里用个"本"字？

师：嗯，这个问题提得好。谁能帮助这位同学解决这个问题？

生：因为太行、王屋二山后来搬走了，不在这个地方。

师：说得真好！这个"本"字是跟后文相呼应的。这个问题提得好，解决得更好，说明同学们能够思前顾后地读文章了。

生："残年余力"是什么意思？

师：噢，残年余力，谁能解释这四个字？

生："残年余力"是说老人力气不多了。

师：好，意思讲对了！这个"残"字，我们来明确一下它的含义，好吗？请查字典。

生：（看字典回答）残，就是"剩余的"。

师："残"跟"余"在这里意思一样吗？

生：（齐）一样！

师：一样，对了！愚公快九十岁了，余下的日子不多了，剩下的力气也有限。再请大家说说看，"以残年余力"的"以"怎么讲？

生：用，因。

师：这样解释，在这里适用吗？（指一生）你说！

生：这里解释为"凭"更好。

师：对，解释为"凭"更好。"以"作"凭"讲，文章里还有别的例子吗？

生：愚公妻子讲的"以君之力"，这个"以"字用法一样。

师：对！还有没有问题了？

生："出入之迂也"，这个"之"字不会讲。

师：噢，这个"之"的用法可能没有学到过，大概都不知道吧？

生："之"是结构助词。

师：讲得很好！我以为没有人知道了。是结构助词，不过这个结构助词的用法有点特别，你们看，如果要翻译这个句子，这个"之"字要不要翻译出来？

生：（齐）不要！

师：那怎么个译法？

生：出出进进都要绕远路。

师：讲得对！你们看前面还有没有同样用法的"之"字？

生："北山之塞"的"之"，用法一样。

师：找对了！同学们还有别的问题吗？（稍顿）没有问题了？很好，说明大家都懂了。你们看，许多问题大家一起来思考，不是都解决了吗？这说明同学们经过自己的努力是能读懂这样的文章的。现在，老师来问你们一些问题，看大家真的读懂了没有。这篇寓言共写了几个人？我们先来把他们列出来，大家一起说，我来写，好不好？

（学生们纷纷回答，黑板上最后出现了一个人物表：愚公、其妻、其子孙、遗男、智叟。）

师：我们先来熟悉一下这个人物表。大家说说看，这个老愚公有多大年纪了？

（学生纷纷答，有人说"九十岁"，有人说"九十不到"。）

师：到底是九十，还是九十不到？

生：（齐）不到。

师：不到？从哪里知道的？

生："年且九十"，有个"且"字。

师：且，对！有的同学看书仔细，有的同学就有些粗心。那么，那个智叟是年轻人吗？

生：（齐）老头。

师：怎么知道的？

生：（齐）"叟"字呀！

师：啊，很好。愚公和智叟都是老头子。那么，那个遗男有几岁了？

生：七八岁。

师：你又是怎么知道的？

生：从"龀"字知道。

师：噢，龀。这个字很难写，你上黑板来写写看。（生板书）写得很好。"龀"是什么意思？

生：换牙。

师：对，换牙。你看这是什么偏旁？（生答："齿"旁）孩子七八岁时开始换牙。同学们不但看得很仔细，而且都记住了。那么，这个年纪小小的孩子跟老愚公一起去移山，他爸爸肯让他去吗？

（生一时不能回答，稍一思索，七嘴八舌地说："他没有爸爸！"）

师：你们怎么知道？

生：他是寡妇的儿子。孀妻就是寡妇。

师：对！遗男是什么意思？

生：（齐）孤儿。

……

师：接下来让我们根据这张人物表上出现的人物，来看看他们对待移山这件事的不同态度。文章里有两个人讲的话差不多，你们看是谁啊？

生：愚公妻和智叟，他们两人的态度差不多。

师：差不多吧。好，我们就先把他们两个的话一起读一遍吧，比较比较，看看两人的态度究竟是不是一样。

师：想一想，他们的态度一样吗？

生：智叟讲愚公很笨，太不聪明了。愚公妻没有讲。

师：你再说说看，智叟讲的这个句子是怎样组织的？

生：倒装的。

师：那么不倒装该怎么说呢？

生：汝之不惠甚矣。

师：你知道为什么要倒装吗？

生：强调愚公不聪明。

师：对，把"甚矣"提前，强调愚公不聪明到了极点。这句话愚公的妻子是不讲的。这里有一点不同。（不同之一：对愚公的看法不同。落实"倒装句"知识）我们再来看一看称谓，愚公妻称愚公什么？

生：（齐）君。

师：那么智叟称愚公——

生：（齐）汝。

师：这两个词有区别吗？

生："君"表示尊重，"汝"很不客气。

师：嗯，好！我再把这个"汝"简单地讲一讲。长辈对小辈，地位高的人对地位低的人，一般用"汝"。平辈之间用"汝"，就有些不尊重的意思。智叟叫愚公为什么用"汝"啊？

生：智叟看不起愚公，因为他觉得愚公笨。

师：对，这是又一点不同。（**不同之二：对愚公的称谓不同。落实古汉语中称谓的常识**）还有什么不同吗？

生：还有两句讲得不一样。愚公妻说："以君之力，曾不能损魁父之丘，如太行、王屋何？"智叟说："以残年余力，曾不能毁山之一毛，其如土石何？"

师：不一样在什么地方？

生：愚公妻说愚公不能把小山怎么样；智叟说愚公连山上一根毛都不能动，有点讽刺的意思。

师：啊，讲得好。这里的"毛"字，是什么意思？

生：小草。

师：请你把这个解释用到句子里去讲讲看。

生："曾不能毁山之一毛"，就是不能毁掉山上的一根小草。

师：对，一棵小草也毁不了，这是一种什么语气？

生：轻蔑。

师：对，轻蔑的，这跟愚公的妻子一样吗？

生：不一样。

师：看，这里又有不同。（**不同之三：对愚公的态度不同。落实"毛"字含义**）还有"如太行、王屋何"和"其如土石何"，同样是"如……何"的句式，可是智叟的话里多一个"其"字，这里有什么不同？

生：智叟的话语气比较强，用个"其"字，有点强调愚公没有用。

师：讲得好。（**不同之四：对愚公说话的语气不同。落实"其"字用法**）最后还有一句不一样，是哪一句啊？

生：且焉置土石。

师：这句话怎么解释？

生：把土石放到哪里去？

师："焉置"的"焉"字怎样解释？

生：疑问代词，哪里。

师：对，不过这句里的"哪里"放到"置"的前面去了，"焉置"就是"置焉"，放在哪里。愚公妻有这个问题没解决，后来这个问题解决了吗？

生：解决了。

师：怎么解决的？

生：（齐）投诸渤海之尾，隐土之北。

师：他妻子提出这个问题来说明她对移山是什么态度？

生：关心。

生：担心。

师：关心又担心，两人都讲得对。她关心这个技术问题怎么解决；还对老头子有点担心，快九十的人了，去移那么大的山，能不叫人担心吗？智叟呢？"嘿，你这个笨老头，一根小草也毁不了的人，想去移山，瞧你有多笨！"两人一样吗？不一样。（**不同之五：对愚公的心理不同。落实"焉置"的含义**）现在请你们再在文章里找出两个字来，把两人的态度分别用一个字说明一下。先说愚公妻，好，你说！

生：献……

师：献什么？

生：疑。

师：对，献疑。她对能不能移山只是有疑问。那么智叟呢？

生：笑。

师：对！笑，笑而止之。一个笑字带有什么样的感情？大家想想看。

生：讽刺。

师：请在这个"笑"字前面加一个字，把这种感情表达出来。

生：讥笑。

品评赏析

文言文教学应该是"言"与"文"的完美统一，寻求工具性与人文性的统一。而目前文言文字词教学存在两种极端的方式：一是老师逐字逐句讲析，把知识点嚼烂了"喂"给学生；一种是一张字词幻灯片闪过，读一读，蜻蜓点水，字词就过去了。钱梦龙老师则是以点带面，拨云见日。

一、举一反三，学活知识

有效的教学是能够"举一反三"的，落实字词不仅要让学生理解它的意思，还要让学生学会文言字词积累的方法，触类旁通，举一反三。钱老师在引导学生理解"以残年余力"这个"以"字时，追问道："对，解释为'凭'更好。'以'作'凭'讲，文章里还有别的例子吗？"

此处钱老师要求学生从课文中再找别的例子，促使学生举一反三，把知识学活。下面找"之"字属同一意图。教字词可以引申开来，由一个字引发这个字在其他句子中的不同意思，以及和这个字情形类似的其他几个字。

钱老师还通过分析一个语素带动对一个词语的理解，通过分析一个关键词语带动对这个句子甚至这篇文章的理解。例如由"龀"字引出对"孀妻""遗男"二词的理解。问在此而意在彼，引发学生思考兴趣。由此可见，在文言文字词教学中不应孤立地教字词，而应把零散的字词整合起来，以"言"为经线，"文"为纬线，织成一张"言"与"文"的网。

二、以"字"带"句"，重视语境

文言文字词教学不能孤立地讲解"字""词"，而是"字不离词，词不离句，句不离篇"，也就是重视语境的作用。文中的两个重要人物"愚公""智叟"，他们的命名就隐含有深意。从表面看，"愚公"的命名有着贬义，愚者，蠢也；"智叟"的命名有着褒意，智者，明也。然而，同为长者，却一为"公"，一为"叟"，可以看出作者的匠心所在，对"愚公"是明贬实褒，而对"智叟"是明褒实贬。在教学中，钱老师并没有简单地让学生去解释"愚""公"和"智""叟"的字面意思，而是联系具体的语言环境，让学生明白文章这样命名的目的，明确作者的态度，从而理解课文，把握主旨。

三、对照比较，拓展思维

著名教育家乌申斯基说："比较是一切理解和思维的基础，我们正是通过比较了解世界上的一切的。"有比较，才能有鉴别；有比较，才能认识事物的特点，揭示其本质特征；有比较，才能发展思维，向知识的深度和广度开拓。在文言文教学中，运用比较法教学，不仅有助于学生具体理解文章的词句，把握作品的思想艺术，提高阅读鉴赏能力，并且还能使学生学会求同辨异的方法，促进学生思维的发展。钱老师在引导学生理解智叟与愚公妻对待愚公移山的不同点时，分别从句子组织、称谓、态度、语气、心理五个方面进行了比较，并且这些比较都是落实到文言字词上的。这样，学生既掌握了文言字词的基本知识，又理解了课文内容。

四、曲问解疑，启发教学

整个教学过程中，钱老师并没有一味地去为学生作字词上的解释，而是以疑设问，采用曲问的方式，以导为主，充分发挥学生的主体性作用，让学生自己去寻找答案，解决问题，从而掌握字词的用法、意义。如"他爸爸肯让他去吗？"此问的本意在于了解学生是否掌握"孀妻""遗男"二词，问在此而意在彼，谓之"曲问"。前面问"老愚公有多大年纪了？""智叟是年轻人吗？"都是曲问的例子。问题"拐个弯"，容易激发学生思考的兴趣。

我们把这种问法叫作"钱梦龙的曲问艺术"，即为了解决一个问题折绕地提出另一个或另几个问题。这样的提问意在增强学生的思维强度，引导学生自己去解决重点和难点，使学生处于主动学习的地位，使他们最大限度地参与到教学过程中。从这些问题中，我们可以看出，老师或是让学生拓展思维，举一反三；或是让学生在具体的语言环境中理解意思，掌握内容；或是通过对照比较明确作者的态度，把握文章的主旨。通过提问解决这篇课文的疑难，也充分发挥了学生的主体性作用。

04 老老实实教学生解词
——孙晋诺《乡土情结》教学片段品析

品析者：魏华燕 丁亚雄

【教学篇目】柯灵《乡土情结》（苏教版，高中必修一）

【教学说明】孙晋诺老师原在山东枣庄八中工作，是"齐鲁名师"之一。此课是新课程背景下"齐鲁名师"课堂教学改革探索成果的展示课。此处截取的是其词语教学环节。

【品 析 点】直面文本，在语境中解词，进而理解文意

【关 键 词】文本；解词；释文

精彩回放

（熟读王维的《杂诗》。）

师：请在下文中找一个词来表达王维的心情。

生：魂牵梦萦。

师：请继续读书，用作者的话解释什么叫"魂牵梦萦"。

生：得意时想到它，失意时想到它。逢年逢节，触景生情，随时随地想到它。

生："海天茫茫，风尘碌碌，酒阑灯灺人散后，良辰美景奈何天，洛阳秋风，巴山夜雨，都会情不自禁地惦念它。"这是说，在不同的情境中都会想

到故乡。

师：作者都写了哪些情境呢？

生："海天茫茫，风尘碌碌"指奔波劳累的情境。

生："洛阳秋风，巴山夜雨"是想家的情境。

师：为什么是想家的情境呢？

生：因为我们学过李商隐的《夜雨寄北》，写的就是思乡的情感。

（教师让一学生带领全体学生读、背这首诗，并进一步体会"何当共剪西窗烛，却话巴山夜雨时"的意境，并补充了学生没学过的张籍的《秋思》一诗。有学生马上打开了《唐诗鉴赏辞典》，教师顺势让他为大家读了一段对"复恐匆匆说不尽，行人临发又开封"的欣赏文字，学生们记下了这首诗。）

师：当中还漏了两句，那是什么情境呢？

生：繁华过后的寂寞情境。

师：作者巧妙地用这些富有象征意义的情境来告诉我们不论是劳苦奔波之情、欢乐幸福之境，还是凄风苦雨之境都会让人深深地思念故乡，这就是魂牵梦萦。那么人们一般都会"魂牵梦萦"些什么呢？请继续读书，用三个词语来解释"魂牵梦萦"的情感内涵。

生：愁肠百结、忐忑不安、喜上眉梢。

师：这三种感情都是在什么情境下产生的？

生：在远离故乡的时候，作者引用宋之问的诗，说他的家乡本来在咸阳，在并州客居了几十年，结果不仅不能回家，反而又渡过桑乾水，只好把并州当家乡了，表达了诗人离家越远越痛苦的心情，所以作者认为这种时候人们想家主要是愁。

生：在回家的时候忐忑不安。

师：离家在外愁肠百结，回家了应该高兴才是，诗人反而"情更怯"，他"怯"什么呢？要结合原诗解释。

生："岭外音书断，经冬复历春"，从"复"字看，说明诗人离家在岭外住，与家里人失去联系好多年了，不免要担心家里人，进而可能会有种种不好的想法。当离故乡越来越近的时候，他愈加害怕他的想法会是事实，于是就出现了既想家又担心害怕的矛盾心理。

（教师又进一步给学生补充宋之问谪居岭南的背景，让学生在读诵的过程中体会"怯"字更深刻的内涵。）

品评赏析

散文是"情种"的艺术，《乡土情结》又是散文中情感较为丰富的一篇。针对这样的文本进行阅读教学，需要教师带动学生的感悟进入文本，得到情感体验和思考。但"带动"不是"代替"，不能以教师的感受代替学生的感受，更不能放任学生的个人感受，而应该带动学生的个体经验，使他们进入文本中体验作者在特定时空内的特定情感。孙晋诺老师的教学正是在这样的基点之上，老老实实地引领学生从最基本的字词入手，层层深入，直面文本，吃透用足文本资源，以关键字词理解、挖掘出文本的深层内涵。

一、亲近文本，以词串篇

《乡土情结》是一篇表达思乡情绪的散文。这类情感的文本教学可利用的教学资源是较为丰富的。但在这堂课里，孙老师并没有进行花里胡哨的设计，而是引导学生直面文本，让学生咀嚼原汁原味的文本内容。本片段中，孙老师引导学生围绕着对"魂牵梦萦"一词的理解展开教学。他在学生读诗之后，马上提出第一个问题："请在下文中找一个词来表达王维的心情。"这个问题的设置，一方面检验了学生与诗歌对话的结果，使得品读环节成为了有效环节。另一方面，这首诗的诗意也正是全文情感的萌发点，学生找到表达王维情感的词语也就找到了解读此文的切入点，找到了用以串联此文的关键词。此环节正是在亲近文本中，触摸到了文意和情感的供血点，为后面的教学奠定了基础。

二、深入文本，以词解文

《乡土情结》这篇文章在写作上有个特点，就是大量的故事和名句的引用。因此很多教师在执教这篇文章的时候，会利用到大量"互文本"资源，以帮助学生对此文的理解。但过多"互文本"的利用，又很容易造成教师在教学中"走过"文本，只作文本的表层解读。而孙老师在执教此文过程中，以"魂牵梦萦"为切入点，展开了深入的探究阅读。自始至终，教师并没有要求学生用什么样的方式进行阅读，但从整个教学过程来看，学生的每一次阅读活动，又都调动了思维的急速运转。第一遍阅读：找词释诗义；第二遍阅读：找原文释词义；第三遍阅读：找原文释情境。这几个教学活动之间具有紧密的逻辑联系。教学活动的逻辑联系其实是紧紧切合文本的。因为"任何言语形式都是由词构成的链条和序列，其意义随着每一个词接着前一个词的出现而逐步展示出来，直到最后一个词就位，意义才算完整"[1]，文本就是一条具有紧密逻辑性的语义链，前后词句是相互阐释、相继发展的。孙老师正是对文本的这一特征熟稔于胸，抓住语句中的关键词语"魂牵梦萦"，通过相近词句间的阐释关系，把握文本语义的发展脉络，引导学生细品文本。我们可以看到，对"魂牵梦萦"的阐释完全是学生通过自我探究性的阅读体验来完成和实现的。实际上，学生通过对"魂牵梦萦"这个以词串篇的词作了最贴近文本的阐释，也就最真切地理解了文意。

三、问题带动，层次丰富

引导学生对"魂牵梦萦"一词进行阐释，孙老师是通过提问来带动的。且看：

——用作者的话解释什么叫"魂牵梦萦"。

——作者都写了哪些情境呢？

——那么人们一般都会"魂牵梦萦"些什么呢？

——这三种感情都是在什么情境下产生的？

这几个问题，由前一个问题的答案引出下一个问题。引出的方式有：

第一，顺引。也就是紧承前一个问题，自然引出。如第二个问题是由第一个问题的答案"在不同的情境中都会想到故乡"直接引出来的。

---

[1] 王尚文. 语感论 [M]. 上海：上海教育出版社，2006.

第二，递引。也就是需要引导学生进入另一个思考的层面时，递进式地引出下一个问题。如第三个问题"那么"一词，就有着这样的功效。

第三，扣引。也就是引导学生紧扣文本，思考之后，回扣所解词语或文本主旨的核心。本教学片段中，孙老师紧扣"魂牵梦萦"一词，不枝不蔓，在学生基本理解"魂牵梦萦"的情感后，再一次把学生的思维收回到"情境"中来，因为特定的情境产生特定的情感——教散文必须让学生回到作者特定情境中的特殊情感。

通过这几个问题，逐层深入地引导学生深入细致、细腻地理解"魂牵梦萦"这个词语，问题与问题之间呈现出丰富多彩的层次感，而不是单调乏味、机械的词语记忆。

当然，孙老师的"老老实实"绝不是呆头呆脑，而是充满着智慧的——老老实实的态度通过灵巧机智的教学体现得淋漓尽致。

第二章

理解文本内容

文本内容是指文本"写了什么"。理解文本内容是阅读教学的基础与核心要求，是探讨文本"怎样写"和"写得怎样"的拴马桩。引领学生解读文本的过程首先就是寻求理解文本内容的过程。只有建立在内容理解基础上的阅读教学才能充分调动学生的知识积累，开拓阅读视野，丰富阅读体验，理解作者"运用语言文字"的匠心。

05 巧拟副标题，整体把握内容
——宁鸿彬《皇帝的新装》教学片段品析

品析者：罗英 段红

【教学篇目】安徒生《皇帝的新装》（人教版，七年级上册）

【教学说明】1995 年 10 月，全国著名特级教师宁鸿彬老师在北京八十中初一（1）班执教《皇帝的新装》。其教学思路是：巧拟副标题，理解人物形象—高屋建瓴，理清故事情节—深入探究，理解文章主题。此处截取的是第一个环节。

【品 析 点】高处着眼，巧拟副标题把握内容

【关 键 词】切点；有效；文本

精彩回放

师：很好！下面准备读课文。读完之后，请你们给这篇童话加个副标题，一个什么什么样的皇帝（板书：一个……的皇帝）。省略号是什么意思？

生：（齐）要填出来形容皇帝的词语。

师：对！你怎么认为就怎么填，所以在读课文时，要边读边思考。

师：下面再给大家两分钟的准备时间，请你们给本文拟一个副标题：一个什么样的皇帝，最好能结合课文作出解释。

（众生翻书思考。）

生：我添加的副标题是"一个愚蠢的皇帝"。因为课文中那两个自称是织工的骗子，根本没织衣服，也没给皇帝穿衣服，只是做做样子而已。而皇帝为了炫耀自己，还穿着这件实际上并不存在的衣服去参加隆重的游行大典。这一切，作为常人都能分辨出来，他却上当受骗，所以我认为他是个愚蠢的皇帝。

生：我拟的副标题是"一个爱美的皇帝"。因为文中的皇帝一天到晚考虑的总是如何穿新衣服。

师：你说的"爱美"是他的优点还是缺点？

生：当然是缺点。

师：如果是缺点，光说"爱美"是不行的。爱美之心人皆有之。我也爱美，你们看，我上课还穿西服系领带呢。我这个60岁的老头儿，也爱美。但是，这是优点，不是缺点。作为教师，应该服装整洁，落落大方。你能不能把刚才的说法稍加修改，使人一听，就知道说的是缺点？

生：（稍顿）爱美过度。

师：很好！过分讲究穿戴就是缺点了。这也就是我们常说的——什么词？

生：臭美。（众生笑。）

师：就是这样说的。这显然是贬义。

生：我认为是"一个虚伪的皇帝"。因为他天天换衣服，每时每刻都换衣服，换得太勤了。

师：这叫虚伪？老换衣服就是虚伪吗？

（生未语。）

生：这叫虚荣。

师：对！那么什么叫虚伪呢？

生：虚伪就是不实事求是，不暴露真面目、真思想，搞伪装，说假话。总之，是装出一副假相。（师点头表示肯定。）

生：我添加的副标题是"一个不可救药的皇帝"。因为他整天想的是穿新衣，从来也不关心国家大事，这样统治国家，国家必将走向灭亡。所以他是一个不可救药的皇帝。

师：他不可救药的主要表现是什么呢？

生：（似有所悟）噢！主要表现在课文的最后，当那个小孩儿的话已经普遍传开的时候，那皇帝不仅继续游行，而且表现出一副更骄傲的神气。这就表现了他的顽固不化，不可救药。

师：说得好！就是这样。

生：我加的副标题是"一个昏庸的皇帝"。他身为皇帝，不去管理国家大事，不去关心臣民百姓，而是整天待在更衣室里，可见他是个昏君。他听信骗子的谎话，还听信内臣们的话，赤身裸体去游行，都说明他一点儿头脑都没有。他是个十分昏庸的皇帝。

生：我拟的副标题是"一个无能的皇帝"。他认为最诚实的、很有理智的、最称职的老大臣，却向他说假话，作假汇报，可见这个老大臣是不诚实的、没有理智的、不称职的。他连自己身边最信任的大臣都没有认清，这说明他是十分无能的。

生：我添的副标题是"一个无知的皇帝"。我认为那两个骗子并不高明。他们的谎话，只要有点头脑的人便可识破。可是这个皇帝呢，当他在织布机前看不到布料时，竟然没有丝毫的怀疑，而是在想自己是否不够资格当皇帝。他真是连起码的知识也没有，他是一个无知的皇帝。

生：我加的副标题是"一个不称职的皇帝"。我说他不称职并不是因为他看不见布料，而是因为他不务正业，不明是非，不辨真伪。这样一个昏庸、虚伪、无能的皇帝是不称职的。

师：大家从现象到本质阐明了自己的观点，这很好。刚才大家的发言绝大部分是对的，个别有点毛病的也纠正了。通过这个练习，我们对课文中的主要人物——皇帝有了一定的认识。

品评赏析

整体感知，对于大多数语文老师来说都是耳熟能详的，但怎样落到实处，很多老师往往感到茫然。宁鸿彬老师的《皇帝的新装》四两拨千斤，非常精彩地带领学生完成了整体感知的任务。

一、高处着眼，找准切点

美国当代美学家苏珊·朗格说："在一件艺术品中，其成分总是和整体联系在一起组成一种全新的创造物。虽然我们可以把其中一个成分在整体中的贡献和作用分析出来，但离开了整体就无法单独赋予每一个成分以意味。"宁鸿彬老师正是在宏观把握文本的前提下，站在"始终把文本看成一个整体"的高度，找准切入点——"给这篇童话加个副标题，一个什么什么样的皇帝"。学生思考得出结论的过程实质是对文本信息筛选、整合的过程。如"愚蠢""爱美""虚伪""不可救药""昏庸""无能""无知""不称职"等，都是学生初读文本后对文本最原始、最真实、最直接的整体感受。通过讨论、交流，学生也进一步理解了"皇帝"这一人物形象，为后面理解文本主题作了很好的铺垫。

二、有效提问，化难为易

在"启发式教学"中，提问技巧是关键。课堂提问可激发学生兴趣，激活学生思维，吸引学生的注意力，培养学生的表达能力，及时获得教学效果反馈。怎样"问"呢？《礼记·学记》中说"善问者，如攻坚木，先其易者，后其节目"，意思是善于提问的人会像木匠一样，先砍易砍之处，后砍关节部分，让问题一步步迎刃而解。请看宁老师的课堂提问及指导：

——下面准备读课文。读完之后，请你们给这篇童话加个副标题，一个什么什么样的皇帝（板书：一个……的皇帝）。

——省略号是什么意思？

——对！你怎么认为就怎么填。

——下面再给大家两分钟的准备时间，请你们给本文拟一个副标题：一个什么样的皇帝，最好能结合课文作出解释。

宁老师的提问简洁、明确。对板书中省略号含义的指导让学生明白是寻找一个修饰语。"你怎么认为就怎么填"又激活了学生思维，引导学生大胆想象；"最好能结合课文作出解释"更简明地指出思考依据应在课文中寻找。在此过程中，学生分析、解决问题的能力和创新精神在不知不觉中得以培养，可谓润物无声。

三、紧扣文本，阐释理由

文本是语文教学的根本，是学生获得知识、训练能力以及形成正确人生观、世界观的载体。因此，"立足文本"是文本解读的正途，也是语文教学的关键。只有对课文进行了深入浅出的解读，才能充分利用文本资源，最大限度地发挥文本的作用，教学才有可能超越形式，摆脱模仿，进一步走向教学的本质。宁老师执教该课时始终要求学生"最好能结合课文作出解释"，有目的地引导学生阅读文本、获取有用信息。在他的引导下，学生通过不断思考、交流筛选、整合信息，加深了对文本的整体把握和理解。

06　巧妙设疑，整体把握

——程红兵《我的叔叔于勒》教学片段品析

品析者：沈小明

【教学篇目】莫泊桑《我的叔叔于勒》（人教版，九年级上册）

【教学说明】讲小说时，课堂上学生总是应接不暇，因为一会儿给他们讲情节，一会儿又让他们分析人物，人物还没分析到位又让他们谈主题思想。一个小小的环节中，又是找情节又是品味语言又是理解思想，弄得学生团团转，结果到最后学生也理不出究竟学了些什么。王荣生教授提出的"一根筋"教学，要求教学内容相对集中。程红兵老师的教学给我们提供了这方面很有效的探索方向。其教学整体思路是：创设疑问，阅读文本，拓展探索。

【品 析 点】分析提问艺术和教学环节技巧，分析人文精神

【关 键 词】精心设问；环节巧妙；人文精神

精彩回放

师：我们一起来学习法国 19 世纪批判现实主义作家莫泊桑的短篇小说《我的叔叔于勒》。首先请同学们阅读课文，找出课文中的人物是怎么评价于勒的，包括怎么称呼他，怎么说他的。

生："那时候是全家唯一的希望，在这以前是全家的恐怖""花花公子"。

师："花花公子"是对于勒的评价吗？

生：不是。花花公子是说有钱人家的子弟，而于勒家不是，于勒家比较穷。

师：对，请继续找。

生：坏蛋、流氓、无赖。

师：这是直接指于勒吗？

生：不是，这是就一般情况说的，但实际上暗指于勒。还有"分文不值的于勒"，一下子成了"正直的人，有良心的人""好心的于勒""他可真算得一个有办法的人"，又变为"这个小子""他是个法国老流氓""这个家伙""这个贼""那个讨饭的""这个流氓"。

师：很好，这个同学找了很多，还有没有？

生：这是我的叔叔，父亲的弟弟，我的亲叔叔。

师：对，这句话很重要。现在我把同学们找的主要的评价写在黑板上。

> 全家唯一的希望
>
> 全家的恐怖（坏蛋、流氓、无赖）
>
> 正直的人、有良心的人
>
> 好心的于勒、有办法的人
>
> 这个家伙、这个贼、这个流氓
>
> 我的叔叔，父亲的弟弟，我的亲叔叔

请同学们把这些评价分分类，分类的标准是哪些话是在大致相同的情况下说的，并说说是什么情况，他们对于勒又采取了什么态度。请按时间顺序说。

生："分文不值的于勒""全家的恐怖"是在同一种情况下说的，因为于勒把自己应得的遗产吃得一干二净之后，还占用了"我"父亲应得的那一部分。

师：对，占了钱。他们对于勒采取什么态度？

生：把他赶走了。

师：你怎么知道是赶走的？

生：课文用"打发"一词，可知是把于勒赶走的。

师：下面依次有哪些话是在同一情况下说的？

生："全家唯一的希望""正直的人""有良心的人"是在他们接到于勒两封信以后说的。

师：信中哪些话导致他们这么说？

生："赔偿我父亲的损失""发了财……一起快活地过日子。"

师：于是这一家人每到星期日干什么？

生：到海边的栈桥上等于勒回来。

师：这位同学说"等于勒回来"，这个"等"字用得好不好？请说说道理。

生：不好，"等"字不能说明这一家人此时热切盼望于勒回来的心情。

师：你认为应该用什么词？

生：应该用"盼"字。

师：很好，我们一起来讨论这个"盼"字。文章哪些细节体现了"盼"字？

生：父亲总要说那句永不变更的话："唉！如果于勒竟在这只船上，那会叫人多么惊喜呀！"

师：于勒在不在这只船上？

生：不在。

师：你怎么知道？你从哪个词看出来的？

生："竟"表示意外，父亲希望于勒能出乎意料地来到身边，表现了他急切盼望的心情。

师：说得好。真是望眼欲穿，焦急万分，恨不得立刻相见。还有什么细节体现"盼"？

生：这封信成了我们家里的福音书，有机会就要拿出来念，见人就拿出来给他看。

师：这句话是体现"盼"吗？

生：这句话主要体现这家人高兴、得意，还有几分骄傲的心情，把信给别人看，为了炫耀。

师：还有什么细节体现"盼"？

生：果然，十年之久，于勒叔叔没再来信。可是父亲的希望却与日俱增。

师：很好，十年时间丝毫没有减少他们的希望，反而增加了。还有吗？

生："对于叔叔回国这桩十拿九稳的事，大家还拟定了上千种计划，甚至计划到要用这位叔叔的钱置一所别墅。"这笔毫无着落的钱竟然列入了他们的开支计划，可以看出他们急切盼望于勒回来的心情。

师：这位同学分析在理。文中还有一个细节充分体现了急切盼望的心情。请同学们认真看。

生：那时候大家简直好像马上就会看见他挥着手帕喊着："喂！菲利普！"

师：他们真的看到了吗？

生：没看到，是他们脑海中出现的幻觉，人到了急切的程度才会出现幻觉。

师：说得好，这个细节很能说明问题。再看其他几句话是在什么情况下说的？

生：最后几句话是在见到于勒时说的，当他们发现于勒是一个穷水手时，菲利普夫妇就大骂于勒是贼是流氓。

师：是当面骂的吗？

生：不是，是背着于勒骂的。

师：为什么要背着？

生：生怕于勒重新拖累他们，同时也生怕好不容易找到的女婿知道这件事，因为这位女婿是冲着于勒那封发财的信才下决心求婚的。

师：后来这一家人又怎样了？

生：为了避开于勒，他们改乘另外一条船。

师：我们把情节理一下，请看板书：

赔钱　　盼

占钱　　赶

有钱　　赞

没钱　　骂　避

从以上板书可以看出，小说情节不长却也曲折起伏，特别是后面情节的安排，既在意料之外，又在情理之中。如果我们把课文分成两大部分的话，应该分在哪里？

生：从开头到旅行之前为第一部分，从动身旅行到最后为第二部分。

师：我用一副对联概括两大部分的内容：十年思盼，天涯咫尺，同胞好似摇钱树；一朝相逢，咫尺天涯，骨肉恰如陌路人。这家人盼于勒，盼了十年，希望与日俱增，甚至在脑海中出现了幻觉，明明远在天边，却如近在眼前，把骨肉同胞当成摇钱树，为了用于勒的钱订了上千种计划。一朝相逢，期望中的富翁变成了穷水手，他们失望沮丧，本是同根生，相逢就是不相认，骨肉兄弟如同陌生的路人。前后之间构成了鲜明的对比，这一切因为什么？这副对联少了一个横批。请同学们来拟。

生：人不如钱。

品评赏析

许多老师习惯于把课堂当成自己表演展示的舞台，填鸭式地灌输给学生大量信息，忽略了学生的思考和主观能动性。程红兵老师则注重让学生思考、研究，把抽象的理论变成高超的教学艺术。

一、巧妙设问，环环相扣

《我的叔叔于勒》是批判现实主义作家莫泊桑的短篇小说，讽刺了资本主义社会唯利是图、金钱至上、拜金主义的丑恶思想，构思精巧，匠心独运。程老师仅用了三个问题就把该篇较难的文章条分缕析地呈现在学生面前。环环相扣，引人入胜，浑然天成，令人叫绝。

首先，请学生在文本中查找对于勒的评价和称呼。此问抓住了理解文章的关键，又简单易懂。其次紧扣第一个问题提出第二个问题：把这些评价放在大致相同的情况下分类，并找出他们对于勒的态度变化。其中要求按时间顺序说，这就把于勒的命运变化和家人的情感变化自然联系在一起，集中展现故事的矛盾。学生不但掌握了故事情节，小说主旨也呼之欲出。整个教学设计符合学生的认知规律，循序渐进，过渡巧妙，相互依存，浑然圆融。

二、局部"蓄势"，重点突破

课堂教学中的蓄势可以分成"整体蓄势"和"局部蓄势"两种情形。整体蓄势是建构在局部环节蓄势的基础上的，离开了局部环节的蓄势，整体蓄势也就难以为继，甚至失去意义。因此，在课堂教学的设计中，处理好局部环节的蓄势对整个的课堂教学意义重大。怎样"蓄势"呢？"欲穷大地三千界，须上高峰八百盘"，一个有经验的教师非常善于在教学诸环节中设置悬念，埋下伏笔，不断地为课堂教学的高潮蓄积力量。当教学高潮出现时，学生会因急于知道某种结局而凝神思虑，会因解决某一难题而释然愉悦，也会为有了新发现而万分惊喜。此时，学生整个身心处在创造的激情和成功的喜悦中，感知、想象、思维等理性活动异常活跃，教学效果也非常显著。程红兵老师在教学中的局部蓄势非常明确：通过理清故事情节来分析人物性格，同时让学生学会鉴赏小说的方法。如：对"于勒的称呼、评价和态度"作了整体把握后，局部重点精讲那些体现了"盼"的细节。

三、循循善诱，注重启发

在教学中程老师始终引导学生用自己的内心去吸收精神营养，丰富人生体验，获得个人成长。他鼓励性的评价，既肯定和保护了学生的学习热情和探索精神，又增强了学生的自信心和主人翁意识。如：寻找"盼"的细节，具体从哪一个字可以看出，怎样分析等。

07 由浅入深，水到渠成
——于漪《卖油翁》教学片段品析

品析者：彭云凤

【教学篇目】欧阳修《卖油翁》（人教版，七年级下册）

【教学说明】"站上讲台就是生命在歌唱"，这是大家对"全国教书育人楷模"于漪[①]的评价。从1951年站上讲台，于漪老师就始终在探索中学语文教学的最佳方法。1978年，于老师提出"教文育人"的思想，即以"全面发展的人"为培养目标，构建了以"思维训练"为核心的语文教育理论。1996年，她倡导"弘扬人文"的主张，引发了全国范围的关于"语文性质观"的反思，促进了语文学科从应试教育向素质教育的转变。

《卖油翁》是她的一堂公开课。这一课，是于老师教育理念的集中体现。其教学整体思路是：课前读书活动—字、词、句、段、篇的理解—人物评价、主旨归纳—延伸拓展。此处截取的是第二个教学环节。

【品 析 点】抓住关键词，疏通文义

【关 键 词】语言；质疑；朗读

---

① 2018年10月18日，在庆祝改革开放40周年大会上，于漪先生被评为国家"改革先锋"；2019年9月29日，在中华人民共和国成立70周年之际，又获得"人民教育家"国家荣誉称号。

师：走过来，对了。文章里没有写，只是简略地写放下担子，事实上在陈尧咨练习射箭的时候，有一个卖油的老头儿怎么样啊？——路过，放下担子。这个"路过"不写，明白吗？

生：明白。

师：所以这个省略是合理的。这个"睨"说明是怎么看的？

生：斜着眼。

师：斜着眼睛看。那么，不斜着眼睛看——叫什么呢？不斜着眼睛，同学们想想看。

生：正视；注视。

师：正视，注视。（学生举手。）

生：轻视。

师：轻视啊？（学生笑）不斜着眼睛看叫什么啊？注视，正视。好，这个"睨"，用我们现代汉语来讲，它前头还有一个字，有人知道吗？（学生举手）你讲。

生：睥睨。

师：睥睨，好的。"睥"怎么写法？

生：目字旁一个"卑"字。

师：对，斜着眼睛看。（板书：睥睨）我们现在不用这两个字了，古今用法不一样。睥睨，斜着眼睛看。"久而不去"，这个"去"怎么解释？

生：走；（个别轻声）离开。

师：离开，有同学讲"离开"。"久而不去"呢？

生：很久不离开。

师：很久不离开。这个"而"起什么作用？

生：连词。

师：连词是怎么连法啊？（学生举手。）

生：连接上下文。

师：长时间地不离开，"而"，相当于"地"，是修饰的，"久"是修饰后面的"不离开"。"见其发矢十中八九"，主语是什么？

生：其；他。

师：主语是谁？

生：他。

师：主语是什么人啊？（学生举手。）

生：卖油翁，这里省略了。

师：好，讲得好。卖油翁。这里省略了主语。是卖油翁看到"其——"，这个"其"代谁啊？

生：他，陈尧咨。

师：看到了陈尧咨，"发矢"，这个"发"怎么解释？

生：射，发射。

师：好，用"发"组成现代汉语的一个词，以"发"为词素。

生：发射。

师：对，现代汉语的词呢，就是"发射"。发射箭"十中八九"，不好读"zhōng"，要读"zhòng"。"十中八九"，怎么解释？（在板书"善射"之后，写"十中八九"。）

生：十有八九射中。

师：十有八九射中。十次当中有八九次射中，武艺高强吧？（生轻声：高强）高强的，射箭本领很大。"但微颔之"——

生：微笑。

师：哪个笑啊？

生：卖油翁。

师："但"怎么解释？

生：只是；不过；只不过。

师：注意啊，不是"但是"。请同学们注意：是"只是"。"微颔之"，（板书：微颔）"颔"是点头，稍微点点头。我们看卖油翁的动作、神态。对于这样一个射箭本领很高的人，有当世无双的技艺，他路过的时候，首先怎样啊？动作——

生：放下担子；

师：放下担子。然后呢？

生："立睨"，立在那里看。

师："立睨"——站在那儿看。看了以后他表情是什么样？

生："微颔"；（有的答）微笑；（有的答）微微地点头。

师：微微地笑。对于这样一个射箭的情景，他是微微地怎么啊？（学生举手。）

生：点头。

师：微微地点头。好，请同学们看，这里就有矛盾了！你们看，有矛盾吧？（生部分小声：有）矛盾在哪里呀？（学生小声议论）好，×××讲讲看，你看矛盾在什么地方？

生：陈尧咨射得很好，卖油老头只是微微地点头！

师：这微微地点头表示什么？

（学生纷纷议论。）

生：不在意；（有的答）看不起。

师：表示不在意。

生：表示赞许；（有的答）微微赞许。

师：好，×××说。

生：表示赞许。

师：表示赞许，是大力地称赞吗？

生：不是；（部分答）觉得不稀奇。

师：喔，不稀奇，微微地赞许，略微地赞许。把矛盾再找一找看：微微地赞许，这是卖油翁对陈尧咨射箭的评价；可是，陈尧咨对自己射箭的评价是什么啊？

生：自夸；自矜。

师：这里边有矛盾吧？（生集体轻声：有）一个是自矜、自夸，认为自己是了不起的；可是，卖油的老头子只是微微地赞许。这里就有了矛盾。

好，我们把这一射、一看的三句话读一读，背出来。自己读。

（学生各自朗读第一段课文。）

师：好，我们背背看。"陈——"，预备——起。（学生齐背课文第一段。）

师：好，我们再一起读一遍，加深印象。"陈康肃公——"，预备——起。

品评赏析

教育是一种真实的、日积月累的甚至是一些琐碎的细节，拥有"把最简单的招式练到了极致"的内涵，而绝不是"蜡炬成灰泪始干"的悲壮。名师于漪的这堂课精彩地体现了语文学科工具性和人文性的统一。她才思敏捷，饱含深情，借助巧妙的教学预设和优质高效的课堂氛围，让听课的人如沐春风，享受着愉悦生命的饕餮盛宴。我们截取了《卖油翁》其中一个教学环节，来具体感受一下她的课堂风采。

一、循循善诱，富有魅力

于老师的课，循循善诱，如春风化雨般让听课的人不由自主地受到感染，而这在很大程度上归功于她的语言魅力。语言，是一个人思维的外化表现，是感情的真实流淌，而课堂语言不但要求表达情感，更要求形象、准确、生动。于老师正是做到了以上几点，才使得课堂风生水起，教学目标圆满达成。下面我们从节选的片段中来感受一下于老师的课堂语言魅力：

（1）这个"路过"不写，明白吗？

（2）主语是谁？……主语是什么人啊？

（3）你们看，有矛盾吧？矛盾在哪里呀？

（4）……读一读，背出来。自己读。……好，我们背背看。……好，我们再一起读一遍，加深印象。

第（1）处是让学生明白文言文中的省略现象，于老师将省略的内容直接说出来，让学生很直观地感受到，合理的省略既让文章简洁，又不会让人产生歧义。这样讲比直接告诉学生什么是省略现象更深刻，更容易让学生记住。

第（2）处是于老师发现前面的问题学生不是很明确，便补充提出一个非常具体的问题，这样学生就能明白所指（"主语"）。在这儿我们发现课堂语言必须确切，决不能模棱两可，否则达不到教学目的。第（3）处，一个连问，让学生马上进入到问题情境里，在寻找矛盾的过程中不知不觉就突破了重点和难点，教学效果就达到了。第（4）处，是在翻译完一部分之后的必要的朗读，要达到背诵目的，多次朗读是必要的，如果只是简单的重复，势必引起学生反感，于老师的语言引导让学生没有了这种感觉："……读一读，背出来。自己读""我们背背看""我们再一起读一遍"，好像在商量的语气中就轻松完成了背诵任务。试想，如果老师用硬邦邦的语气让学生读三次，效果可想而知。

二、生疑，质疑，解疑

于老师善于放手让学生质疑，发现问题，并在合作探究中解决问题，从而培养学生探究、质疑的能力。那么，这堂课里，老师是怎样引导学生发现问题的呢？且看下面这些教学中出现的引导性的话语：

（1）这个"路过"不写，明白吗？

（2）这个"睨"说明是怎么看的？

（3）那么，不斜着眼睛看——叫什么呢？

（4）"久而不去"，这个"去"怎么解释？

（5）"久而不去"呢？

（6）这个"而"起什么作用？

（7）连词是怎么连法啊？

（8）"见其发矢十中八九"，主语是什么？

（9）主语是什么人啊？

（10）对于这样一个射箭本领很高的人，有当世无双的技艺，他路过的时候，首先怎样啊？动作——

（11）看了以后他表情是什么样？

（12）你们看，有矛盾吧？矛盾在哪里呀？

（13）这微微地点头表示什么？

（14）微微地赞许，这是卖油翁对陈尧咨射箭的评价；可是，陈尧咨对自己射箭的评价是什么啊？

前九处，是抓住重点的词、句，重锤敲打，把分散的零碎的知识串起来，举一反三，加深对文言词、句的理解、记忆；后五处，是对文章情节的把握，引导学生明白这是一种对比的写法，到文章梳理完后，归纳写作特点时这一点就呼之欲出了。这样的提问，具体且有操作性，能让学生很快地明白问题以及解决问题的思考方向。

另外，在整个质疑环节中始终贯穿着学习方法的指导。初中文言文的学习，不宜深究，点到为止，能翻译就行。于老师对文言文翻译的教学，抓住重点字词，引导学生利用积累和课前预习，落实翻译。如对"久而不去"的理解，首先让学生明白"去"的解释，再理解"久而不去"的含义，最后理解"而"的作用。在一步步地深入中，学生理解了词义，学会了翻译，养成了好习惯，提高了兴趣，取得了效果，达到了教学的初衷。

三、朗读彰显魅力

一节课，局部朗读，全文朗读多遍，在不断深化文意理解的基础上反复朗读，值得倡导。在节选的这一教学片段中，朗读集中体现在后面。在第一自然段字、词、句梳理完后进行朗读，既加深了对文意的理解，又加强了对段落的记忆。方法上采用读、背结合，使这一环节设计的初衷完全达到。我们看一下这个教学片段中老师指导学生朗读时的要求：

（1）我们把这一射、一看的三句话读一读，背出来。自己读。

（2）好，我们背背看。

（3）好，我们再一起读一遍，加深印象。

这里，只有三次朗读，且读的内容还是一样的，如何让学生感到不是单调的重复，达到预期的教学目的呢？于老师给大家提出了不同的要求。第（1）处，指出朗读范围，让学生试探性地朗读，理解性地朗读，边读边记忆。第（2）处，是背诵，检查前一次朗读的内容记住了多少。第（3）处，是背诵后的朗读，能背诵的这次可加深印象，不会背的这次能查漏补缺，帮助记忆。这三次重复内容的朗读，由于老师提出了不同的要求，采用了不同的方法，让学生感到不再是简单的重复，有效地避免了朗读中的无效与松散，又通过朗读加深了对文本的理解。

第三章

分析文本形象

文本中的形象包括人物形象和意象。诗歌中常进行意象分析，阅读教学中更多的是进行人物形象分析。人物形象常是作者情感表达的载体，理解人物形象是把握文本主旨、理解作者情感的重要途径。理解人物形象不仅要撬开语言文字的外壳，还要了解相关的表达技巧，将阅读能力的培养和写作能力的培养有效结合，从而更好地落实由"教教材"到"用教材教"。

08　暗流汹涌于平淡中
——曹勇军《守财奴》教学片段品析

品析者：杨玲艳　解龙

【教学篇目】巴尔扎克《守财奴》（人教版·旧版，高二下册）

【教学说明】曹勇军老师在《守财奴》的教学中通过对"人物形象的再创造"来帮助学生分析人物形象，理解文章主题，学习人物刻画技巧。其教学整体思路是：品味语言，理解形象—展开想象，再现形象—激发情感，获得共鸣—比较思考，获得评价。此片段是第一、二教学环节。

【品 析 点】分析人物形象

【关 键 词】品味；感悟；创造

精彩回放

师：刚才讲到了"抢梳妆匣"，大家对这个场面非常感兴趣，外部的动作很多，很形象。"看守密室"和最后"手抓法器"也讲到了。但有一个场面没讲到，那就是"骗继承权"。同学们可能觉得平淡，味道不大，这说明感知还不太完全。即使讲到的，还嫌粗糙，没有深入下去。鉴赏的第一步就是要反复地品味语言，进而去理解其意蕴，获得对形象的深入理解。（板书：品味语言，理解形象。）

师：在"抢梳妆匣"这个场面中，你们认为最生动形象的动作描写是哪个？

生：（齐）老头儿身子一纵，扑上梳妆匣，好似一头老虎扑上一个睡着的婴儿。

师：为什么你们觉得这句特别生动，特别形象？好在哪儿？

生：（部分）"纵""扑"两个动词好。

生：（部分）比喻好。

师：还有呢？（学生沉默。）

师：不知大家注意到没有，在课文中作者对葛朗台有四种称呼："葛朗台""老家伙""箍桶匠""老头儿"。咱们来替换一下。换成"葛朗台身子一纵，扑……"好不好？

生：（齐）不好。

师：一点感情色彩都没有，不好。那么换成"老家伙身子一纵，扑……"好不好？（学生在下面议论，纷纷说"不好"）为什么不好？老家伙是对人的一种轻蔑的称呼，带有嘲弄的意味，这种称呼往往出现在人物矛盾冲突达到白热化，作者的感情压抑不住的时候，这里矛盾冲突刚刚开始，有点欠火候。

师：再看"箍桶匠"，"箍桶匠身子一纵，扑……"好不好？（学生思考）箍桶匠跟葛朗台什么关系？（生纷纷小声议论）葛朗台原来是箍桶匠，他由箍桶发家，从一个粗野的不文明的下流社会的人慢慢爬上了上流社会。这个称呼是不是让我们想起他是怎样发家的，怎么暴富的？这不蛮好的嘛，给我们很多联想。我们若把它与"老头儿"比较一下，不足就明显了。"老头儿"重点在哪儿？（生齐："老"）多大岁数了？（生齐："76"）76岁的老人如老虎一般一纵一扑，令人惊愕，令人喷饭，令人深思。

师：还有，大家一起看，葛朗台把梳妆匣抢到手后，他说"什么东西？""噢，是真金！金子！"把这几句话合在一起理解，葛朗台在讲"什么东西"的时候，知道不知道梳妆匣是真金的？（学生纷纷摇头）他并不知道这是真金，只是眼前黄澄澄的一闪，于是如老虎般一下子扑上去。像这样，我们反复品味语言，葛朗台老头的形象在我们脑子里越来越鲜活。

师：小说中，不仅有人物、语言的正面描写，还有许多侧面的隐蔽的描写。举一个例子，当抢梳妆匣双方矛盾斗争白热化的时候，仆人拿侬讲了一句话："先生，你一生一世总得讲一次理吧。"言外之意是葛朗台从不讲理。拿侬是一个深知葛朗台为人的人，她都看不下去了，可见葛朗台吝啬疯狂到了怎样的程度，这就很好地从侧面烘托出了葛朗台的嗜财如命。读小说，不仅要品味语言，而且要抓住这种空白之处，展开想象，这样才能获得饱满的审美感受。（板书：展开想象，再现形象。）

师：下面我们一起来看大家认为比较平淡的场面：骗继承权。这部分有两处侧面描写，请大家找一找，议一议。

生：一个在第78小节，"骇呆了的公证人"一句，因为公证人是很了解葛朗台的，这时候他都被骇呆了，可见葛朗台的吝啬作风已经到了怎样的程度。

师：充满激情的程度。（生笑。）

生：还在第52小节。"老箍桶匠变得厉害，常在女儿面前哆嗦"，拿侬和克罗旭"认为是他年纪太大的缘故，甚至担心他有些器官已经衰退"。从上下文看，葛朗台并没有老到经常哆嗦的地步，他的身体还是比较好的。拿侬和克罗旭都看错了。这是另一个侧面描写。

师：很好，请坐。"骗继承权"这个场面让人目瞪口呆，甚至可以说是惊心动魄。这个场面跟前面的"抢梳妆匣"不同。"抢梳妆匣"不仅有动作、语言，而且语言往往配合着动作、神态，描写是立体的。而这个场面更多是对话，没有什么人物的神态、动作，但读过之后，展开想象，却感到人物的神态、动作好像在脑中鲜活了起来。我从课文中找到了八个描写葛朗台神态动作的短语，这些神态动作都表现了人物特定的心理。（投影——）

（1）拿了一把金路易摔在床上

（2）一边说一边把钱掂着玩

（3）常在女儿面前哆嗦

（4）眼睛的神气差不多是很慈祥了

（5）脑门上尽是汗

（6）他搓着手

（7）瞪着金子的眼光

（8）冷笑着

师：我又从课文中挑选了四个最能表现葛朗台此时心态变化的句子。第一句是第 54 小节的"咱们中间可有些小小的事情得办一办。对不对，克罗旭？"第二句是第 57 小节的"是呀，是呀，小乖乖。我不能让事情搁在那儿牵肠挂肚。你总不至于要我受罪吧"。第三句是第 63 小节的"克罗旭，你这些话保险没有错吗？可以对一个孩子说吗？"第四句是第 70 小节的"……我觉得更满意。我按月付你一百法郎的大利钱。这样，你爱做多少台弥撒给谁都可以了！……"这四句话原文中都没有神态动作，请大家仔细揣摩投影上的八个神态动作，看哪一句可以和哪个神态相配。

（学生讨论。）

生：第一句配"他搓着手"。

师："搓着手"？"搓着手"表现什么？看 174 页第 83 小节，"他搓着手，因为能够利用女儿的感情占了便宜，觉得很高兴"。可见，"搓着手"表现很高兴，很满意吧。能配这个动作吗？旁边的同学有没有纠正的？

生：应该是第（4）个。

师："眼睛的神气差不多是很慈祥了。"什么叫"差不多"？

生：并不是真的慈祥，是装出来的。

师：这样大的一件事，葛朗台却说"咱们中间有些小小的事得办一办"，怎样的心态？更多的是一种虚假，大事化小，小事化了，是欺骗。第一句应该配（4）。再来看第二句。

生：应该配（5），"脑门上尽是汗"。

师："尽是汗"是紧张。"你总不至于要我受罪吧"，乍一看是紧张，其实是装出一副可怜样，利用女儿的感情向女儿施加压力，更多的是一种要挟。应该是哪一句？

生：应该是（3）。

师：对。这里是要挟，应该是"常在女儿面前哆嗦"。再看第三句。

生：（齐）应该是（5），"脑门上尽是汗"。

师：对。"脑门上尽是汗"表示紧张，把公证人的话打断，实际上是怕公证人说出真相，女儿不答应。但这句直接配上去不行，下文才是"尽是汗"，这里应该是——

生：（齐）开始冒汗。

师：对，开始冒汗。同学们说得很好，顾及了语境。再看最后一句。"我觉得更满意"，"更"告诉我们他已经蛮满意了，已经把财产继承权的一部分拿到手，现在想把所有的钱都捞到手。应该配哪一句？

生：（齐）（6），"他搓着手"。

师：很好。"葛朗台就是这样，从开始欺骗到要挟，再到紧张不安，再到后来小心地巴结又掩饰不住内心的喜悦。再往下面看，有个动作妙极了（生在下面抢答"抓"）。"抓起女儿的手往自己手里一拍。"干什么？生怕女儿反悔。再往下，他实在是太快乐了，幸福到了极点，于是"热烈地、紧紧地拥抱她，使她几乎喘不过气来"。

师：我们把想象投入小说，人物就如此鲜活起来。其实这些（指投影）根本不需要。我们是根据对话配上去的，换言之，这里的对话已经精妙到这样的地步：我们可以想象出这是怎样的动作，怎样的神情。高尔基曾经说过，他非常佩服巴尔扎克，佩服巴尔扎克小说中的语言，以为并不需要人物的神态动作，也能想象得出人物的模样。这部分就是绝好的例子。

品评赏析

人物是小说的要素之一，也是鉴赏《守财奴》的关键点所在。在本课教学中，曹勇军老师着眼于人物形象的刻画技巧，引导学生进行重点鉴赏。立足文本，从品味语言入手，选取典型场景，抓住细节进行深度剖析。做到老师、学生和文本的"互动"，步步推进，层层深入，身临其境地和小说人物"对话"。从而以自己新颖、独特而行之有效的方法，让学生获得了一次愉悦的审美体验，成功地完成了小说阅读中"分析人物形象"的鉴赏活动。

一、利用契机，巧妙点拨

在学生纷纷说了自己感兴趣的片段，激起了学生审美注意的兴奋点后，曹老师简单总结了这些片段精彩的原因是外部动作很多，很形象。同时指出"骗继承权"未能引起注意是因为大家觉得味儿不大、平淡。点明导致这一认识的根本原因是感知不太完全，没有深入下去，顺势提出反复品味语言的学习要求。寥寥数语，既指出了原因，又明确了方法，为进一步的鉴赏打下了基础。

曹老师让学生找到这部分的两处侧面描写，并议一议这一环节。学生很快找到，他再顺势给出"展开想象"这一再现人物形象的具体方法。不难看出，他之前的"找一找，议一议"用意在于留给学生自主想象的空间，让学生在相互的启发中获得理性的认识，把作者在文中言已尽而意未穷的内容进行想象、补白。利用契机，巧妙调拨，安排可谓巧妙。

二、找准靶心，步步为营

"展开想象，再现形象"是这一环节的主要内容。学生阅读文学文本的过程，是对文本形象加以接受、再创造的过程。在此过程中学生既有可能因为感受理解能力有限而导致接受大打折扣，也有可能凭借他们的生活经验与知识，通过想象与联想，对文本中的形象加以创造与丰富。曹老师在接受与创造文本形象方面对学生一步步引导，点燃他们创造性思维的火花，出色地完成了"再现形象"这一文学鉴赏的重要过程。

具体表现在找、议两处侧面描写，开启学生感性认识的大门，为再现形象作了必要的基础准备。接下来投影的八个描写葛朗台神态动作的短语和文中挑选的四个最能表现葛朗台此时心态变化的句子，让学生进行匹配，让学生在思想碰撞中走进作者的内心，为再现形象作好了情感铺垫。最后，曹老师不失时机地对学生的解读进行了简单的梳理，让"再现形象"水到渠成。

特别精彩的是，在"骗继承权"这一场景中，曹老师充分发挥学生潜能，让其驱遣无限的想象力，进入故事发生"现场"，面对面地"观察"葛朗台，对人物形象进行审美再创造，充分挖掘课程的价值，以诱达思，以情激情，让学生以探索者的身份自主地充满热情地获得知识，从边缘人的地带回到中心地位。许多教师在引导学生鉴赏人物时，往往采取从正侧面描写来分析人物。而曹老师则一改常规教学策略，引导学生采用新颖独特的"想象"。

"教学策略有综合性、可操作性和灵活性等基本特征。"[①] 灵活的教学往往会出奇制胜，正如"想象"。让小说人物活生生地"站"在面前，形成"对话"，从而直接获取相关信息。这种方法更为直观，更能让学生真正体会理解主旨。用"想象"来鉴赏人物形象，在本课教学中取得了巨大成功，成为最大的亮点，独特非凡。

三、创新设计，激活思维

找到了展开想象、再现形象的切口，但怎样让人物形象鲜活起来，让鉴赏不至于流于形式变成泛泛空谈？曹老师别出心裁地设计了将心理和动作神态巧妙配对，可谓用心良苦。我们来看看他的引导：

生：第一句配"他搓着手"。

师："搓着手"？"搓着手"表现什么？看174页第83小节，"他搓着手，因为能够利用女儿的感情占了便宜，觉得很高兴"。可见，"搓着手"表现很高兴，很满意吧。能配这个动作吗？旁边的同学有没有纠正的？

生：应该是第（4）个。

师："眼睛的神气差不多是很慈祥了。"什么叫"差不多"？

生：并不是真的慈祥，是装出来的。

师：这样大的一件事，葛朗台却说"咱们中间有些小小的事得办一办"，怎样的心态？更多的是一种虚假，大事化小，小事化了，是欺骗。第一句应该配（4）。再来看第二句。

这一环节的教学片段是极富创造性的。教师将自己的审美体验在教学中阐释了出来，一步步引领学生，既抓住了鉴赏的基础——品味语言，又大

---

① 袁振国. 当代教育学［M］.北京：教育科学出版社，2004.

大深化了阅读教学的意义——学会阅读，以读促写。在这堂课中，老师与学生、文本、作者的情感交流达到了一个制高点，细细品味这几句平淡无奇的师生对白，不难感受到一股暗流在师生心中涌动、激越的思维碰撞出无限火花。

09 紧扣对话，分析矛盾
——程翔《雷雨》教学片段品析

品析者：徐伟杰

【教学篇目】曹禺《雷雨》（人教版，高中必修四）

【教学说明】《雷雨》是程翔老师在"全国中语会课堂教学研究中心第22届年会"上上的一堂观摩课。其教学思路是：调动体验——分角色自主朗读；模块筛选——重点分析。此处截取的是第一个教学环节。

【品 析 点】通过品味人物语言分析人物形象

【关 键 词】高屋建瓴；洞悉；"剥洋葱"；一线串珠

精彩回放

（给定时间，让学生自主分角色朗读。）

师：读完的举手。（可能没有读完，所有的学生都不举手，老师又给了点读的时间，后来学生举手了。）

（分组活动。）

师：课文是戏剧，对话是重点。对话的特点是阶段性、分组。《雷雨》的对话可以分为四组。

师：第一组是围绕着什么而展开的对话？

生：回忆一个人。

师：第一段对话是回忆一个人？两人是互相认识的吗？

生：不是，梅侍萍是讲述她自己。周没认出梅小姐。

师：同是要回忆梅小姐，两人对梅小姐的称呼和评价是一样的吗？

生：周说，梅规矩、贤慧，而且称小姐；梅侍萍说，不清白，不规矩，不贤慧，不是小姐，是下等人。

师：（讲"慧"和"惠"）原作中是"贤慧"，推荐词是"贤惠"。

师：为什么两人对梅小姐的称呼、评价有这样大的区别？（给学生思考时间。）

生：周那样说是对梅小姐有一点留恋，梅侍萍那样说是恨自己有那么一段经历。

师：他们两个人相爱是不是一种罪过？

生：他们相爱不是罪过，但因为他们的身份决定了他们相爱是一种错误。

生：不是一种错误。长期在一起，是一定会产生恋情的。（听课教师鼓掌。）

生：不是一种错误，就当时来说是错误，但现在就是一种权利。

师：同学们说得很好，相爱是一种权利，不是罪过。

师：第二组对话回忆梅小姐被赶出周家。梅小姐离开周家前，他们一起生活了两年，生了两个儿子，周家为什么要赶走她呢？

生：为了要娶一位有钱的小姐，周是一位商人。

师：还有其他同学谈谈吗？

（生没动静。）

师：你们先交流交流。

（生看书交流。）

生：因为身份区别，周怕社会舆论。

……

师：大家都把责任推到周身上，读原作，问题不全是这样，娶一位小姐就一定要把梅侍萍赶出去吗？有没有别的办法，既让周娶小姐，又不让梅小姐离开周家？

生：可以娶小姐做妻，娶梅小姐做妾。（听课教师笑。）

师：好，不能做妻，但可以做妾。可能这样的方法是父母提出来的，周认可，但侍萍最终还是离开了。为什么？

生：侍萍虽然是一个下人，但尊严还是有的。

师：我们看到了侍萍做人的尊严，"我"宁肯离开周家，也不做你的妾，读文学作品要伴随着联想和想象。她一定要做妻，而这恰恰是不允许的。

师：第三组对话讲述梅离开周家的经历。句子很值得琢磨，同学们把这些句子画下来：嫁了个人，生了个女儿，境况很不好，她的命很苦，以后还嫁过两次，都是很下等的人，她生活很不容易。

这时候的侍萍为什么要说自己的经历？自己是个下等人，嫁个下等人不是很正常吗？为什么要在周面前说这些话？

生：为了获得同情。

师：可给她钱，给她路费，不要啊！

生：她恨他。

生：周是公子，她不能嫁给他，她嫁给了鲁贵。

生：为了羞辱周，宁肯嫁给下等人，也不嫁给周。侍萍的现状都是周造成的，都是周的无情无义造成的这个结局。

师：侍萍是一位很善良的人。赶出梅小姐倒不是周造成的，而是周的父母，周屈从了父母的主张。说经历是反衬梅小姐曾经有那样一段美好的经历。那可是侍萍的初恋，也是周的初恋，而且有了两个爱情的结晶，对两个人来说都是刻骨铭心的！

师：最关键的句子，哪个同学起来读一读？

（生读。）

师：侍萍说了一句感动人心的话："你自然想不到，侍萍的相貌有一天老得连你都不认识了。"同学们注意，人称由"老爷"换成了"你"，把"你"圈住。

师：如果有一天，他们两个人相遇，周说"你真美"，侍萍该说些什么？

生：这是心里话吗？（听课教师鼓掌。）

师：侍萍的那句话，对于周的感情，既有恨又有爱，爱恨交加，那种爱是很重很重的（说到北京人民剧场女主角因嫌侍萍没骨气拒演她的事）。同学们说侍萍为什么不走开，而要让周一步步认出来呢？要是换了同学你该怎么办呢？

侍萍来到周公馆，看到周家的布置，那窗子，那屋中所有的摆设，那桌上女人的照片，她发现她回到了周公馆，她不明白为什么周家要保留着原样？

当周说到自己爱穿的衣服时，侍萍觉到周是对自己旧情难忘的，所以才决定让他认出来。

师：第四组对话是围绕什么问题展开的？（板书。）

师：周问"你来干什么？谁指使你来的？"表明周心中的侍萍是善良纯洁的，而鲁贵是不老实的。而侍萍答是"命"。当他知道大海是他的儿子时，更加惊疑。周多年来在社会上摸爬滚打，使他怀疑她是来敲诈的。

这个误解反衬出了侍萍性格的另一个方面——单纯。她反复说："你不要怕！你以为我会用这种关系来敲诈你么？"

师：我们过去常说周是虚伪的，冷漠的，这样说有一些偏差，今天我们来还他一个本真……

品评赏析

鲁迅先生曾经说过"悲剧是将最有价值的东西撕碎了给人看"。的确，其实悲剧是在毁灭掉那些有价值的东西之前，已经把这种东西扒得一丝不挂，让它赤裸裸地袒露在世人面前，再把它一点一点地撕碎毁灭掉。在这一教学片段中，程翔老师在宏观把握文本的前提下，有的放矢，选准了突破口：把这块"洋葱"拿了出来，让大家来一层层剥开。

一、高屋建瓴

老舍在《论创作》中说："写剧须先找矛盾与冲突，矛盾越尖锐，才越会有戏。"剧作的矛盾冲突本就是作品的突出特征。上戏剧课也应如此，程老师正是把握住了"尖锐矛盾"这一突破口，使整堂课的教学思路极其明确，即使是其中的片段也如此。通过限时分角色朗读，分组讨论，把剧中人对话的矛盾冲突这块"洋葱"奉献出来，分析矛盾，循序渐进，层层深入，清晰明朗。同时，执教者采用这纵深推进的教学思路也为后续的"互助—合作—探究"作好了铺垫。

二、洞悉文本

文本研读是阅读教学中最核心的一个教学环节，对话则是戏剧展开情节的根本，对剧中人物语言的品味就显得极其关键。程翔老师在挖掘语言表现人物形象时，在师生的合作探究与争论中，精彩纷呈，可谓是仁者见仁，智者见智。如在梅侍萍与周朴园的情感纠葛中，程翔老师引导学生从对话里"剥"出了"洋葱"的肉质，把课堂的教学氛围推向了高潮，也把文本最里面的东西一层层剥裂开来，展现在学生面前。

三、一线串珠

从这个教学片段中可见程翔老师高超的课堂驾驭能力，真正地做到了收放自如。如：片段中的四组对话像四颗璀璨夺目的珍珠，老师用"借对话析形象"这一根线巧妙地将它们串联起来。

我们不妨回顾一下老师的问话：

——第一组是围绕着什么而展开的对话？

——第二组对话回忆梅小姐被赶出周家。梅小姐离开周家前，他们一起生活了两年，生了两个儿子，周家为什么要赶走她呢？

——第三组……这时候的侍萍为什么要说自己的经历？

——第四组对话是围绕什么问题展开的？

四个问题循序渐进，层层深入，由疑而生问，由问而释疑，使原本模糊的人物形象随着这一脉络逐渐明朗。这样，不但学生的思考遐想空间更为广阔，课堂也呈现出人人能说、人人会说、人人想说的良好局面，避免了乏味的说教。

程翔老师的教学始终围绕人物对话展开，通过分析人物对话找到矛盾，理解人物形象特点。这堂课中没有花花绿绿的形式，甚至没有使用多媒体，我们感受到的不是新鲜、热闹，而是一种大气、严谨，一种厚重中透露出来的实在。

第四章

把握文本主旨

主旨，是文本的核心。把握文本主旨是阅读教学的重要环节，是整体把握文本内容的体现和深化。对文本主旨的概括，既可以培养学生的综合概括能力，使学生对文本内容达到本质上的理解，又可以让学生接受深刻的思想教育，提高认识水平和道德修养。

10 因势利导，模拟创新

——胡明道《狼》教学片段品析

品析者：金月　牟春艳

【教学篇目】蒲松龄《狼》（人教版，七年级下册）

【教学说明】在传统教学中，有的教师把文言文教成了古汉语，把一篇文质兼美的文章分解得支离破碎。一段一段地读，一句一句地讲，一字一字地解。整堂课学生都处于被动地位，他们自然会感到枯燥无味，毫无兴趣。

全国著名特级教师胡明道教授《狼》这一篇文言文时，以其丰富的教学经验，在很短的时间里，充分调动学生的主动性，引导学生驱遣想象，合作探究，理解了《狼》这则故事的内容，把握了主题思想。

【品 析 点】运用想象，通过情境采访，把握故事内容和主题

【关 键 词】想象；故事内容；主题

精彩回放

师：你们看过朱军主持的《艺术人生》没有？看过王志主持的《面对面》没有？他们俩就有本领把别人心里的故事挖出来。我们现在就把"流汗的人"心里的故事挖出来。请后两排的同学组成记者团，一起设计问题采访屠户和蒲松龄。前排的同学研究文本，猜猜他们会问什么问题，从文中找出答案的依据。现在分头准备。

（用时三分钟。）

师："面对面"言谈开始。看看发问的能否问到对方心里去，回答的能否把问题准确地回答出来。

生问：屠户，你第一次流汗是什么时候？为什么流汗？

生答：晚归时，发现身后有两狼尾随着。

生问：第二次流汗是什么时候？

生答：前后都有狼，而骨头都扔完了，我怕前后夹击，狼会吃掉我的。

生问：当你发现麦场上的草堆时，你怎么想的？

生答：我想这下好了，我有救了。

生问：当你看到一只狼装睡时，你为什么要杀他？

生答：我想这是最好的机会，莫失良机，先下手为强。

生问：你怎么会到草堆后面杀另一只狼的？

生答：并非故意。当我来到草堆旁随便转转时发现的。

生答：我想另一只狼一定就在附近，就四处找找，果然找到了。

师：你觉得两个人的猜测谁更有道理？

生答：都有道理。

生问：请问经历了这些，你自认是个勇敢的人吗？

生答：应该是，基本上是。

师：基本上是，你们同意吗？

生答：同意。

师：（小结这部分的答记者问）屠户基本上是勇敢的，也还算机智，对不对？

（大家表示赞同。）

（另一组针对"蒲松龄"的访问开始了。）

生问：请问蒲先生，你为什么把故事安排在晚上？

生答：因为晚上更能突出恐怖的气氛。

生问：你为什么要笑？

生答：因为狼想欺骗屠户，但手段并不高明，所以想笑。

师:（补充问）写的是狼的故事，为什么故事的结尾却说"禽兽之变诈几何哉？止增笑耳"，而不是说"狼之变诈"？

生答：由狼推广到别的禽兽。

师:（恍然大悟状）我懂了，不仅是狼，一切想害人的，想坑人的，最后的下场一定是可悲的。

生问：蒲先生，你为什么要写这个寓言？

生答：这个故事可以使后人得到启发。

品评赏析

《狼》这篇课文虽然篇幅不长，但是对于初一的学生来说，也是一篇难度较大的文言文，而胡明道老师这个教学片段则使我们感受到文言文教学不是只能枯燥无味，也可以这样灵活多变，魅力四射。在此教学片段中，她准确把握学生的心理，因势利导，模拟创新，让学生自主思考，以"情境采访"的方式，引导学生把握文本故事情节和主题，做到了"精""细""活"。

一、自主学习，以教授学习方法为主

"情境采访（故事内容和主题）"的最大好处在于能够充分发挥学生的主动性，以学生为主体，通过老师引导，解决问题。这里蕴含着胡老师深而精的教学构思，短短两段话语，就把学生引入了自主学习的氛围中：

（1）请后两排的同学组成记者团，一起设计问题采访屠户和蒲松龄。前两排的同学研读文本，猜猜他们会问什么问题，从文中找出答案的依据。

（2）（恍然大悟状）我懂了，不仅是狼，一切想害人的，想坑人的，最后的下场一定是可悲的。

第（1）处，老师先对学生分组安排任务，并分别以采访屠户和蒲松龄两个任务为线索，让学生去寻找问题和答案，这就先把课堂思路拉了出来，清晰明确。实际上，"采访屠户"那条线是探究文本故事内容，"采访蒲松龄"那条线则是探究故事主题。第（2）处则由老师之口，得出学生心里所想，明确了本文主旨，并且也让学生学会总结结论的方法，凡事要多方面、全方位思考，才能得出正确的结论。

二、切入生活，因势利导

上课伊始胡老师就以"朱军的《艺术人生》"和"王志的《面对面》"为话题，激发学生兴趣，让学生自主融入文本人物中去。在学习中穿插生活，会让学生产生亲切之感，而在之后的情境采访中，胡老师又多次因势利导，通过学生的临场反应，使学生思路一直紧贴文本。

（1）你们看过朱军主持的《艺术人生》没有？看过王志主持的《面对面》没有？他们俩就有本领把别人心里的故事挖出来。

（2）你觉得两个人的猜测谁更有道理？

（3）基本上是，你们同意吗？

（4）屠户基本上是勇敢的，也还算机智，对不对？

（5）写的是狼的故事，为什么故事的结尾却说"禽兽之变诈几何哉？止增笑耳"，而不是说"狼之变诈"？

第（1）处是老师以现实生活为引子，激发学生探究人物心理的兴趣，联系电视，让学生更易接受问题。后面的（2）（3）（4）（5）四个问题，都是胡老师对学生采访问题的补充或者追问，都是通过学生的现场提问、回答，因势利导再提问，把学生一步一步引向预期的方向思考。看似简单，却步步精心。

三、模拟情境采访，发挥想象，创新教法

通过学生阅读文本，让其想象屠户和蒲松龄的心理，激起探究兴趣，这可以说是文言文教学的一个创新。

（1）我们现在就把"流汗的人"心里的故事挖出来。请后两排的同学组成记者团，一起设计问题采访屠户和蒲松龄。前排的同学研究文本，猜猜他们会问什么问题，从文中找出答案的依据。现在分头准备。

（2）"面对面"言谈开始。看看发问的能否问到对方心里去，回答的能

否把问题准确地回答出来。

（3）（恍然大悟状）我懂了，不仅是狼，一切想害人的，想坑人的，最后的下场一定是可悲的。

第（1）处和第（2）处是老师给学生提供场景想象，让学生自主地融入情境之中。这个部分应该说是该教学片段中最难的部分，激发学生的想象力，不是老师一句或者两句话就能做到的，老师为此要付出的应该说非常多。在第（1）处中，胡老师首先以人物心理探究为突破口，让学生在读了课文以后，自己去想。然后怎样去检查学生的想法呢？这就涉及后面的话："请后两排的同学组成记者团，一起设计问题采访屠户和蒲松龄。前排的同学研究文本，猜猜他们会问什么问题，从文中找出答案的依据。现在分头准备。"这是一个分组整合的话语，先是进行了有效的任务安排，而后第（2）处"'面对面'言谈的开始"则是这个情境采访真正的关键之处。面对这种灵活的、以学生为主的课堂教学，老师其实是很难把握的。但是看第（3）处，老师的"恍然大悟状"这一个让学生感觉好像老师也融进这个情境采访中的神态，使学生自然也就对这个采访活动更投入。

11　人物命运：主题的面纱
——曹勇军《守财奴》教学片段品析

品析者：李鑫　何启刚

【教学篇目】巴尔扎克《守财奴》（人教版·旧版，高二下册）

【教学说明】曹勇军老师本教学片段致力于使学生学会比较分析人物形象、把握人物命运、紧扣作品语言，以深刻理解主题思想。

【品　析　点】通过比较分析人物形象、紧扣作品语言来理解作品主题

【关　键　词】比较分析；紧扣语言

精彩回放

师：读小说不仅要理解形象，再现形象，而且还要把自己的感受提升到理性的高度。这就需要比较，需要思考，以获得评价。（板书：**比较思考，形成评价。**）

师：小说写了两个人的死，一是葛朗台的死，二是葛朗台太太的死。写两人的死有许多相同之处。第一，两个人都有遗言，遗言都是对女儿说的，两个人的遗言都是他们人生哲学的自白。第二，作者对两个人的死都有评价性的话。现在就请大家从他们遗言的内容和作者的评价两方面来比较一下，看看有什么不同之处。四人一小组讨论，讨论之后，推举一个同学发言。

（学生四人一小组讨论。）

生：两个人的遗言内容不同。葛朗台要女儿到天国去"交账"，表现了至死不变的守财奴性格。葛朗台太太的遗言中说，"幸福只有在天上"，她向往天国，她拿对天国的向往作为摆脱现实苦难的途径。对天上幸福的肯定，实际上是对人世间的否定。两人的遗言反映了各自不同的世界观。

生：作者对两个人的评价也不同。对葛朗台太太的评价是赞扬，而对葛朗台是讽刺、批判。

师：由此可见两个人物的关系是什么？

生：（齐）对比。

师：作者赞扬的是葛朗台太太，她是美的化身、善的化身、人性的化身，作者批判、揭露的是葛朗台，他是丑的化身、恶的化身、兽性的化身。作者拿葛朗台太太的美、善、人性去对比葛朗台的丑、恶、兽性，以此揭露批判金钱社会的罪恶。

师：通过比较分析，我们就形成了对小说的评价，到此，我们完成了一次鉴赏。鉴赏，首先是由鉴到赏（**板书：鉴→赏**）。通过阅读，感知文中基本内容，然后，对小说的内容、技法的方方面面进行"赏"。其次是由赏返鉴，在"赏"的基础上进一步去"鉴"（**板书：鉴←赏**）。这里要扣住一个东西——语言，只有扣住语言，才能扎扎实实提高鉴赏能力。

师：读完课文，我们获得了一次深刻的审美体验、一次深刻的人生教育。不过，还没完，还有一个人物没有接触到。谁呀？

生：（齐）欧也妮。

师：根据课文中有限的线索，大家推断一下，她的结局会是怎样的？

（学生热烈讨论。）

生：我认为她不会完全像她父亲一样成为金钱忠实的奴隶。她的父亲和母亲具有截然不同的性格特点。她继承了母亲善良的天性，然而后天又接受了他父亲的吝啬作风的训练，性格具有两重性。她的结局可能是苦命的，因为原文说她母亲临死前"最后的几眼似乎暗示女儿将来的苦命"。

生：我也觉得她不会像葛朗台那样守财，虽然她很富有，继承了父亲的遗产，但她同时又具有她母亲善良的本性。她的结局，我想应该是悲惨的。

师：回答得很好。注意紧扣住语言。刚才有同学讲到"后天又接受了她父亲的吝啬作风的训练"，这是熏染的结果，是潜移默化的影响。而且大家注意到了，在这个过程之中，她无法摆脱的是当时视金钱为万能的世界的影响。虽然她继承了母亲善良的天性，但在这样的世界里，她最后的结局可以想象出来。（投影：欧也妮肖像）这是我从原著中复印出来的她年老时候的肖像，也许它不完全符合你脑中的审美想象。通过这衰老、迟迈、一无所有、空无寄托的神态，作者似乎又在向我们大声疾呼什么。具体情况，希望大家课后都能读读原著。

师：最后，请大家注视屏幕。（投影：巴尔扎克肖像）让我们向他表示深深的敬意。（学生肃静。）

品评赏析

在小说教学中，不应只是引导学生欣赏小说精彩的故事情节和丰满的人物形象，而应该引导学生从更深的层面学会比较分析人物形象、把握人物命运、紧扣作品语言以深刻理解文学作品中所蕴含的主题思想。曹勇军老师的《守财奴》教学片段，给我们提供了绝佳的范例。

一、要旨：感性入手，理性升华

高中生对于作为文学四大体裁之一的小说已经非常熟悉，并且可以流畅地欣赏和阅读。人物形象的塑造和刻画是小说创作的中心任务，可以说没有形象便没有小说，因此分析人物形象便成了小说教学的重点。但是教师在小说教学中如何分析人物形象呢？我们来看曹老师对全班同学的引导：

读小说不仅要理解形象，再现形象，而且还要把自己的感受提升到理性的高度。这就需要比较，需要思考，以获得评价。（板书：比较思考，形成评价。）

教师开门见山地提出学生阅读小说的历程和要求，即理解形象—再现形象—将感性的思维提升到理性分析的高度，这样使学生迅速明确学习的核心任务：阅读小说不应只停留在作品表面的嬉笑怒骂、人生百态，而是要透过现象看本质，从感性的"感时花溅泪，恨别鸟惊心"的阅读境界升华到"不畏浮云遮望眼，自缘身在最高层"的深层鉴赏层面。人物形象是小说的核心，对于本片段来说，教师的要旨在于让学生通过分析人物命运来理解作品的主题，引导学生学会探索，学会思考。

二、路径：比较分析，紧扣语言

怎样通过分析人物命运来理解小说主题呢？曹老师主要抓了两个方面。

1. 分析人物命运：引导学生积极思考

文学作品一般都比较含蓄，主题并不显露，加之由于文学作品的主题有其客观性和主观性相结合的特点，"一千个读者就有一千个哈姆雷特"，所以学生对主题的把握有一定的困难。但只要我们掌握情节结构、分析人物形象，就能逐步看出作者的创作动机，从而把握作品的主题思想。曹老师引导学生注意小说人物形象刻画上的相同点：葛朗台、葛朗台太太两个人都有遗言，并且"遗言都是对女儿说的，两个人的遗言都是他们人生哲学的自白"；作者对两个人的死都有评价性的话。教师抛出问题，调动学生讨论，启发学生思考。而学生正是沿着教师指引的思维路径前行：

——两个人的遗言内容不同。葛朗台要女儿到天国去"交账"，表现了至死不变的守财奴性格。葛朗台太太的遗言中说，"幸福只有在天上"，她向往天国，她拿对天国的向往作为摆脱现实苦难的途径。对天上幸福的肯定，实际上是对人世间的否定。两人的遗言反映了各自不同的世界观。

——作者对两个人的评价也不同。对葛朗台太太的评价是赞扬，而对葛朗台是讽刺、批判。

至此，学生已经通过教师的点拨，直面文本，准确地通过对人物形象的比较，分析到了文本背后隐藏的深意：一是葛朗台和其妻子人生观、世界观的差异，二是作者对二者一褒一贬的写作态度——赞扬葛朗台太太，揭露老葛朗台，并"拿葛朗台太太的美、善、人性去对比葛朗台的丑、恶、兽性，以此揭露批判金钱社会的罪恶"。

这里，教师对学生回答的答案进行了条理清晰的概括和总结，教学生从一个点即比较分析的方法扩展到小说阅读和鉴赏的全过程：

鉴赏，首先是由鉴到赏（板书：鉴→赏）。通过阅读，感知文中基本内容，然后，对小说的内容、技法的方方面面进行"赏"。其次是由赏返鉴，在"赏"的基础上进一步去"鉴"（板书：鉴←赏）。

学生始终是学习的主体，而教师在此过程中更多充当的是引导者和指路人，老师给学生提供了一把小说鉴赏的金钥匙，学生成了钥匙的拥有者。

2. 紧扣语言：稳步提高学生鉴赏能力

小说语言的特点在于：（1）人物语言鲜明的个性化。（2）描写语言的具体化、形象化。（3）叙述语言的高度概括化。（4）作者语言的个人风格化。正因为小说的语言具有如上诸多特点，所以在小说教学中，让学生学会紧扣人物语言，学会品味语言，体会小说的艺术表现力显得尤为关键和重要，曹老师对此有着深刻的认识。且看：

——这里要扣住一个东西——语言，只有扣住语言，才能扎扎实实提高鉴赏能力。

——读完课文，我们获得了一次深刻的审美体验、一次深刻的人生教育。不过，还没完，还有一个人物没有接触到。谁呀？

《守财奴》这篇课文的作者着力刻画的人物形象只有三个，即葛朗台、欧也妮和葛朗台太太，因此教师在这里只是起着穿针引线的作用，教师提问，学生轻松应答，教师的用意在于引出对欧也妮命运的思考，深化学生关于作品主题的理解，使得学生对于主题的理解从感性上升到理性，从具体上升到抽象：

——根据课文中有限的线索，大家推断一下，她的结局会是怎样的？

——注意紧扣住语言。刚才有同学讲到"后天又接受了她父亲的吝啬作风的训练"，这是熏染的结果，是潜移默化的影响。而且大家注意到了，在这个过程之中，她无法摆脱的是当时视金钱为万能的世界的影响。虽然她继承了母亲善良的天性，但在这样的世界里，她最后的结局可以想象出来。

教师在这一环节的教学重点在于使学生们明白通过对小说语言的解读来深挖作品背后的主题思想。对于欧也妮命运的暗示，正是通过"后天又接受了她父亲的吝啬作风的训练"这一具体语言细节来体现的。虽然教师关于欧也妮命运的问题是开放性的，似乎没有标准答案，但是通过教师的解答，学生明白了作者通过细微的语言已经暗示了欧也妮命运的走向，学生更能深刻地认识到在小说阅读中紧扣语言的重要性。得益于此，关于小说的主题，学生有了更为明朗的认识。万变不离其宗，所以，学生要有勤于思考的大脑，善于比较的思维，细微观察的双眼。只要掌握了正确的方式方法，小说的阅读鉴赏并不难。

三、拓展：形象只在文本中

我们来看曹老师课堂最后的课外拓展——投影欧也妮肖像，动情地说"通过这衰老、迟迈、一无所有、空无寄托的神态，作者似乎又在向我们大声疾呼什么"，并希望同学们课后都能读读原著。

我们试想，如果像大多数一线教师教这篇课文常用的手法那样，在刚开始上课的时候即用PPT给学生们投影出欧也妮的人物形象，会怎样？如果是这样，我想学生一定会在大脑中先入为主，认为欧也妮就是一副悲惨的形象，那么关于其命运的提问的答案当然也是悲惨的，学生自我思考的机会就少了。叶圣陶先生说过："纯粹的被动学习态度必须彻底打破，学生不应该把教师的讲授看作学习的终极目的，教师的讲解只是发动学习的端绪。"[1]

教师应该充分地尊重文本，直面文本，使得学生开始时的一切阅读和思考活动都深深植根于文本，通过自己的解读找到最正确的答案，然后教师可以利用多媒体加深学生的印象，巩固教学成果。曹老师把投影放在最后拓展环节，可谓匠心独具，用意深远。通过此，激发学生走进文本、走进原著《欧也妮·葛朗台》的兴趣。

---

[1] 叶圣陶.叶圣陶集(11卷)[M].南京：江苏教育出版社，2014.

12 挥主题利剑，开思维新篇
——张玉新《阿房宫赋》教学片段品析

品析者：陈国华 张家银

【教学篇目】杜牧《阿房宫赋》（人教版·旧版，高一下册）

【教学说明】《阿房宫赋》遣词华美，思想深刻，是脍炙人口的经典古文，今人誉之"古来之赋，此为第一"。作者借古讽今，通过对阿房宫的兴建及其毁灭的描写，总结了秦朝统治者不能爱民、难图久安、骄奢亡国的历史教训，以此讽喻当时的唐朝统治者大修宫殿、沉迷声色的腐败行为，表现了作者忧国忧民、匡世济俗的情怀。

本课例是特级教师张玉新在 1992 年 6 月执教的《阿房宫赋》第二课时。张老师在阅读教学中以精准儒雅的文学语言引领学生把握文章主旨，以深谙此道的个人魅力激荡学生探讨文章主题。其整体教学思路是：新旧衔接—引入新课，循循善诱—解析文本，激荡思维—归纳主题。此处截取的是第三个环节。

【品 析 点】主题探讨

【关 键 词】主题；思维；写作

精彩回放

师：下面，大家考虑一下，作者在《阿房宫赋》的最后两个自然段，表现出了一种什么样的思想？这种思想是紧紧地围绕着什么的？

生：秦国的灭亡在于秦国的奢侈。还有不爱六国之人。

师：这是借古讽今，是让当时的统治者借鉴的，是为了本阶级的利益，或者说是为了统治的长治久安。那么关于与此相类似的问题，像我们学过的贾谊的《过秦论》，它也探讨了秦王朝灭亡的原因。由于秦朝是中国历史上第一个中央集权国家，对中国历史产生了深远影响，所以很多人对秦朝灭亡的原因都进行了探讨，也分别有许多不同的观点。下面我们就看一看其他人的观点，看完观点之后呢，请同学们对这些观点加以评述。（幻灯片展示并解说。）

商始兴，而太甲放；周始兴，而文王危；秦并天下而扶苏自杀……天下初定，人心未靖，则天命以之不康。汤、武且不能弭，后代勿论已。然而胡亥杀兄，旋以死亡；太甲、成王终安其位；则伊尹、周公与赵高，相去不但若霄壤也。秦始皇之宜短祚（皇位、国统）也不一，而莫甚于不知人。非不察也，推其好谀也；托国于赵高之手，虽圣主不足以存，况胡亥哉？

（王夫之《读通鉴论》）

师：那么哪位同学说一下，上述文字，表明秦国灭亡的观点是什么？

生：秦王没有知人善任，而任用奸臣。

师：好，请坐。下面我们看另外一篇文章。（幻灯片展示并解说。）

秦政如是，然而卒亡其国者，非法之罪也。六国公族散处闾巷之间，秦以守法，不假以虚惠结人。公侯之欲复其宗庙，情也。且六国失道，不逮王纣，此战败而失其地，非其民倒戈也。审武王既没，成王幼弱，犹有商奄之变。周继世而得胡亥者，国亦亡；秦继世而得成王，则六国亦何以仆之手？如贾生之过秦，则可谓短识矣，秦皇微点（同"玷"），独在起阿房，及以童男女三千资徐福，诸巫食言，乃坑术士，以说百姓，其他无过。

（章太炎《秦政记》）

师：大家想一想，作者这里的观点是通过推理得出来的。这是什么样的观点呢？

生：秦国的灭亡和王位继承人有关系。

师：怎么推导出来的呢？大家想，秦国灭亡，表面上看是"戍卒叫，函谷举，楚人一炬，可怜焦土"，有民倒戈。由于倒戈，由于秦二世的无能，国家就灭亡了。而周成王当政的时候呢，也有人倒戈，但是由于接班人素质好，结果周朝继续兴盛。由此可见，接班人的素质，在国家兴亡这方面呢，是起到一个关键作用的。

师：下面就请大家讨论一下，你对他们的观点是否同意？他们的观点是否正确？大家注意，我们不要脱离开材料和课文，现在开始讨论。

（学生讨论。）

师：同学们静下来，哪位同学发表一下自己的看法？

生：秦国灭亡有多种原因，其中最主要、最根本的原因就是不施行仁政。因为仁政是直接作用于百姓的，而国家的兴亡与百姓有直接关系。得民心者得天下，失民心者失天下。

师：好，你的中心意思就是贾谊说得对。好，请坐，有没有和他观点不同的？

生：我认为是由于奢侈和勤俭之间的关系造成的。就是因为秦这么奢侈，所以它才灭亡。

师：你认为，勤俭可以兴国。好，请坐。还有没有其他的观点？

生：我认为并不是在于奢侈，而是因为接班人素质问题。假设胡亥是一个贤德的明君，一方面他可以除掉奸臣，一方面可以勤俭持国。

师：有没有同学还有别的意见啊？

生：我认为秦国灭亡的原因是任用奸臣。

师：奸臣误国。

生：我同意上一位同学的观点，虽然他说的不全面。社会中有两个阶级，一个是统治阶级，一个是被统治阶级。他们的阶级矛盾已经形成，秦国灭亡和其他以后的各个国家灭亡一样，都是由被统治阶级推翻统治阶级。

师：一言以蔽之——

生：秦朝的灭亡，是因为阶级矛盾不可调和。

师：好，请坐。

生：我认为这位同学的说法不完全正确，如果是仁君，就会缓和这种阶级矛盾，还是接班人的素质问题。

生：接班人问题只是间接矛盾，我们应该抓住最主要的本质问题。这应该是最主要、最直接的。

师：那你说最主要、最直接的是什么？

生：就是仁政。

生：奸臣误国不可能是间接的原因，太甲如果没有伊尹的话，也不可能变成明君。还应该是奸臣误国。

生：我认为阶级矛盾不可调和是直接的原因。

师：大家注意，我们要围绕着材料，并且要用历史的、发展的眼光看问题。我们不能仅仅局限在某一篇文章当中，要超越它，把它放在历史发展中去看。古人对这个问题的看法，都看出了其中的一个方面。但他们又不全对，为什么？

生：秦灭亡的主要原因是阶级矛盾不可调和，其他原因都是加速其灭亡的一种催化剂。

师：这个问题大家同不同意？

生：（齐）同意！

师：当然了，阶级矛盾最根本的表现是经济上的剥削，而经济牵扯到生产力和生产关系的问题。生产力和生产关系不相适应，必然会导致灭亡。

师：大家注意，语文课固然也要归纳历史的原因，但是更重要的是把这种思考问题的方法运用到我们文章的写作上，下面就给大家留一个作业——以《从秦政之失谈起》为标题，写一篇不少于800字的文章。

品评赏析

杜牧的赋体散文《阿房宫赋》作为一篇千古流传的经典之作，已经被历朝历代的文人骚客解读了千百遍，时至今日，仍有无数文人志士一遍一遍地品赏。站在教育的角度，要对这样一篇文章进行主题解读，无疑是容易的。然而，面对高一的学生，要将它的主题解读透彻却着实需要一些功力。而相较于一般的教育者局限于本文的主题剖析，张老师还进行了更深层次的处理。结合历史上其他名人对于秦灭亡原因的分析与归纳，从历史发展的角度来对文章的主题进行了探讨与丰富。这除了需要老师有广泛的阅读面和渊博的知识之外，更需要老师有掌控课堂，使之能够始终不脱离"语文课"，始终围绕着文章主题来进行分析的能力。

一、精确类比掘文意

时代在不断发展和进步，看待问题最忌固步自封，停留在一个点上看历史。高中语文课程标准明确指出："学习中国古代优秀作品，体会其中蕴含的中华民族精神，为形成一定的传统文化底蕴奠定基础。学习从历史发展的角度理解古代文学的内容价值，从中汲取民族智慧；用现代观念审视作品，评价其历史意义与历史局限。"①

针对这一点，张老师采用"比较鉴赏"的方法，截取了明末清初文学家王夫之《读通鉴论》和清末民初的学者章太炎《秦政记》中的部分内容，辅以幻灯片展示并解说。在"比较"中，教师据文释义，一步一进。对于这两则内容，教师旨在组织学生从历史发展的角度对秦灭亡的原因进行探讨，在师生"共识"中收束。教师引导学生层层解剖悟出文章的主题——借古讽今，借秦亡的教训来规谏唐朝统治者，以史为镜，鉴古知今。在比较鉴赏中学生的发现能力和感悟优劣的灵性得到提升，思路、视野也越来越开阔。

二、质疑激思论主题

以布鲁纳为代表的认知教学理论认为"不仅要教育成绩优良的学生，而且也要帮助每个学生获得最好的理智发展"②。张老师从文章主题入手，重锤敲打，让学生无拘无束，求异探真，思维得以激发。我们可以一起来品味张

---

① 教育部. 普通高中语文课程标准（实验）[S]. 人民教育出版社，2003.
② [美] 布鲁纳. 教育过程 [M]. 邵瑞珍，译. 北京：文化教育出版社，1982.

老师的引导语：

——大家想一想，作者这里的观点是通过推理得出来的。这是什么样的观点呢？

——怎么推导出来的呢？……由此可见，接班人的素质，在国家兴亡这方面呢，是起到一个关键作用的。

——下面就请大家讨论一下，你对他们的观点是否同意？他们的观点是否正确？大家注意，我们不要脱离开材料和课文，现在开始讨论。

"怎么推导出来的呢"——循循善诱；"接班人的素质，在国家兴亡这方面呢，是起到一个关键作用的"——环环相扣；"下面就请大家讨论一下……我们不要脱离开材料和课文，现在开始讨论"——进入讨论。张老师对文言文的讲授让大家觉得十分轻松快乐。整个教学过程中，对文言字词的讲解并不多，只是提出了最重要的部分，而更多的是循循善诱，以启发式的教学方法将学生引到迷宫的出口，帮助每个学生获得最好的理智发展。

"学生对同一主题，理解不一致，由理解不同而引起的争论，这种争论实际上反映了各自在感知矛盾过程中知识的思维差异"。[①] 案例中"你对他们的观点是否同意？他们的观点是否正确？"老师抛出质疑点，引导学生围绕"材料和课文"进行讨论。学生讨论，主要看一个班的学生真正参与到课堂教学中的有多少，参与的深度如何，成效怎么样，课堂上达标没有。很显然，张老师抓住分歧点进行质疑是高效的，在有限的时间里，学生的开口度、参与面较广，共有 10 位学生进行了 12 次发言。通过质疑争论，学生明辨是非，激起兴趣，激发思维，深度剖析了文本主题，课堂成效、达标度堪为楷模。

三、借梯上楼探本真

语文阅读教学的落脚点应该在表达与交流上。苏东坡曾说过："文章最忌随人后。"学生要有话可写、新颖别致，就应做到"个个心中有，人人笔下

---

① 刘永康. 语文课程与教学新论 [M]. 北京：高等教育出版社，2011.

无"。张老师开始锁定主题进行文本解读，结尾升华了主题，进行本真写作。且看教学中的引导性话语：

（1）下面，大家考虑一下，作者在《阿房宫赋》的最后两个自然段，表现出了一种什么样的思想？这种思想是紧紧地围绕着什么的？

（2）大家注意，语文课固然也要归纳历史的原因，但是更重要的是把这种思考问题的方法运用到我们文章的写作上，下面就给大家留一个作业——以《从秦政之失谈起》为标题，写一篇不少于800字的文章。

第（1）处教师抓住"表现出了一种什么样的思想""紧紧地围绕着什么"进行主题教学，第（2）处"把这种思考问题的方法运用到我们文章的写作上"，我们说这是一堂语文课，把它称为"语文课"，那么就必然区别于历史课或者是政治课，而我们之前的讨论如果就到那里结束难免会有将历史原因政治化归纳的嫌疑。因此，张老师的最后这一笔才是真正的点睛之笔，借梯上楼，直接将我们的讨论作为一种材料，而将讨论的方法作为写作方法，成功地将主题回归到"语文课"上来，回归到写作上来。这样避免了把语文课上成历史课或政治课的尴尬，学生也能将自己所掌握的知识、方法进行梳理，他们自会笔下生风，高效地本真写作。

第五章

理解作者情感

文本是移植于作者头脑中的对客观存在的反映，任何文本的内容、主旨，都受到作者生活（经历、经验、思想、认知）的影响。理解作者的情感就能叩响文本的心灵之门；只有理解作者情感，才能更好地对文本进行二度创作。在此过程中，要避免用自己对生活的看法代替对作者情感的理解。

13 因声传情，情以声达

——余映潮《马说》教学片段品析

品析者：陈钦兰

【教学篇目】韩愈《马说》（人教版，八年级下册）

【教学说明】余映潮老师的板块教学艺术，除了表现为板块突破艺术，还表现为教学板块组合艺术，这充分地展现了教师教学设计的技艺、创新意识与审美意识。《马说》一文的教学分为三个板块——辨读文词，析读课文，品读文情，表现出一种整齐的造型美。三个板块都突出了对"读"的训练，而这个"读"不是简单的重复，而是由"辨读"到"析读"再到"品读"的逐步深入课文的读。此片段是第三个板块，重在抓住关键词品味作者情感。

【品 析 点】抓住关键词，反复品读，理解情感

【关 键 词】语气；朗读；文本

精彩回放

师：《马说》表现的是深沉的感叹。你们看作者笔下的马，它的遭遇是不幸的，因此我们要将对千里马的那种同情读出来。那么如何读出那种情感呢？抓住两个字"语气"。我们第一步学习用句子内部的停顿来表达语气。拿起笔，听老师读，做上记号。

（老师范读课文。）

师：体会到老师读的句中停顿没有？

生：体会到了。

师：现在我们就来试一下，各读各的，大声地读。

（学生齐读。）

师：快了，一出口就快了，重来。

（学生再齐读。）

师：刚开始还可以，越往下读就越快了。特别是"呜呼"的前面，要停一下，食马者的那一种嘴脸和作者的愤慨不能连读，这些地方要注意。"食（sì）马者"不是"食（shí）马者"，"策之不以其道，食之不能尽其材"，也读"sì"，不卷舌。还有停顿的地方，"才——美——不外见"，才能和优劣显不出来；"且欲与常马等——不可得"，况且想和一般的马相同都不可能。

师：我们第二步学习通过句中的关键词来表达语气。老师给大家点示一下，《马说》里有一个很关键的词语，叫作"不"，你们数一下有多少个。

生：（学生数后）11个。

师：朗读《马说》，就要把这11个"不"字读好，它表现了作者的不平与愤慨，表现了千里马的不幸遭遇。下面就在掌握停顿的基础上，通过读好课文中的关键词语来表达文章的语气。读的时候，一定要做到慢一点读，各读各的，要旁若无人地朗读。好，开始。

（学生朗读。）

师：有没有同学把第一段读给我们听一下？

（一名学生读第一段。）

师：读得好！那么第三步咱们学习什么呢？通过句末的叹词——三个"也"字来体会文章的语气。听老师读。

（老师示读："祇辱于奴隶人之手……不以千里称也。"）

师：这里要读出惋惜的意味。再看第二个"也"。

（老师示读："且欲与常马等不可得，安求其能千里也。"）

师：这个"也"表现出不平的语气。

（老师示读："呜呼！其真无马邪？其真不知马也。"）

师：这个"也"字要读出作者愤慨的语气。

师：好，把上面三步结合起来，注意停顿，注意句中关键词的语气，注意句末虚词的语气，再自己试着按这三种要求来朗读。

（学生按要求朗读。）

师：好，女生读第一段，要注意全段的语气，包括惋惜的语气。男同学读第二段，全班读第三段。要大声地朗读，要把握节奏，不要往前赶。

（学生再按要求朗读。）

师：下面我们继续来学习。这一次学习，要学会表现精段里的语气。第三段写得非常好，它里面包含了多种语气。你们看，前面有虚词的句子，表现出了什么样的特点呢？"策之……，食之……，鸣之……"，这些排比句加强了语气。"执策而临之，曰：天下无马！"这是对食马者嘴脸的勾画，要很好地表现食马者说"天下无马"的语气，然后停顿一下，表达作者的愤慨，到后来"其真不知马也"好像是数着读出来的，一个字一个字地读。听老师读一下。

（老师示读第三段。）

师：大家来学一遍。

（学生模仿老师朗读第三段。）

师：为了把这一段读好，我还要问一下，食马者是一副什么样的嘴脸？这么好的马在面前，他为何还说"天下无马"？你们能不能用你们自己的体会来模仿一下"天下无马"这几个字的语调呢？或者是低沉的，或者是高昂的，总之，是瞧不起马、鄙视马的语气。它可以有很多种不同的表现方式，有没有同学来试一下？

（一学生举手朗读。）

师：你不像那些食马者！

（学生笑，又一学生举手朗读。）

师：读得好！还有谁来读？老师试了一下，可以有好多种读法。

（又一学生举手朗读。）

师：这可能是在叹气，食马者感叹世上没有好马了。读得很好！还能不能读出一种专横的语气呢？

（老师示读"天下无马"。）

师：下面我们再来将最后一段读一遍。

（学生齐读。）

师：这里有一个小缺点，就是"天下无马"后面要停顿一拍，然后再"呜呼"。（生笑）"天下无马！呜呼！"那就不好听了。再来，"策之……"读！

（学生齐读。）

师：这里又有个缺点，"呜呼"一点劲也没有。（生笑）再来，"呜呼"要感叹，既要停顿，又要"呜呼"。（生笑）"策之……"读！

（学生齐读。）

师：这就可以了。下面就要准备自己演读，过会儿选三位同学出来在这里演读。

（学生准备。）

师：有没有同学自告奋勇？来三位同学在前面读，三个小韩愈来朗诵你的文章。

（三个同学上台，分别读第一、二、三段。）

师：读得很好！（学生鼓掌）这使我想起一句名言："花儿不敢开出自己的颜色，怎么能够立身于烂漫的春光中呢？"你们就是美丽的花朵，敢于开出自己的颜色！好，咱们"诵读"就到此为止。

品评赏析

　　朗读是因声传情，通过朗读可以加深对作者情感的理解，对作者情感的理解又可以通过朗读传达出来。余映潮老师《马说》的课堂里回荡着学生琅琅的读书声，且每一次的朗读，学生都是在老师的指导下有所领悟，有所收获。

一、重视朗读，情由声生

语文教学的目的是指导学生正确理解和运用祖国的语言文字，使学生具有初步的听说读写能力。读是学习语言的重要途径，因此在听说读写的综合训练中，必须将读放在优先的位置上，教学中也应重视朗读的训练。余老师的课堂就充分体现了这一要求，在短短的十多分钟的教学片段中，余老师就通过各种形式引领学生读课文达十多遍，学生在读的过程中充分感知文本，熟读成诵。

朗读作为阅读的一项基本功，教师必须根据教学材料特点对学生进行有效指导。余老师就依据文本特点引导学生通过朗读的语气来理解作者的情感。对此，他对学生进行了细致、细腻的朗读指导：

——用句子内部的停顿来表达语气；

——通过句中的关键词来表达语气；

——通过句末的叹词——三个"也"字来体会文章的语气；

——表现精段里的语气。

值得注意的是，要提高学生的朗读水平，教师的示范朗读尤为重要。因此，在教学中，要经常以身带读，让学生有样可学，可起到十分显著的效果。在这堂朗读课上，余老师就多次示范朗读，有全文示范，也有小段示范，甚至还有句子和词语的示范，在示范过程中还有恰如其分的讲解。

除了教师的示范朗读外，余老师还采用了其他方式朗读，避免学生感到枯燥。有自读、齐读、抽读、合读、演读等。学生每读一次，老师都有恰当的提示和点评，学生可以在教师的指导下不断改进，最终达到品味感情、理解文意的目的。学生在余老师的指挥下一步步靠近作者的情感，并把这种情感又融入到自己的朗读中，通过声音表现出来，声情并茂。这是真正意义上的诵读。

二、抓准关键，重视方法指导

时代发展到现在，一味强调"书读百遍，其义自见"是不恰当的。若教师在学生反复朗读的过程中加入恰当的方法指导，学生的朗读就能事半功倍。余老师在引导学生品味课文情感时，以"语气"一词带起，从正确停顿、把握语速、抓准关键词等方面入手让同学们反复感受体验。如对关键词的把握，余老师作了重点指导：

——朗读《马说》，就要把这 11 个"不"字读好。

——通过句末的叹词——三个"也"字来体会文章的语气。

——"策之……，食之……，鸣之……"，这些排比句加强了语气。

这里，老师通过对"不""也"等词进行品析，使学生全身心地投入到文本之中，身临其境，用心灵去感受，体会到流淌在字里行间的"同情""愤慨""不平""惋惜""瞧不起""鄙视""专横"等情绪、情感。

当然，个人认为这节课中也有不足的地方，即余老师在引导学生抓关键词来品读语气的时候，直接交给了学生结果，而缺少了让学生探索的过程，这样的课堂传授知识的效率很高，学生得到的答案也很准确，但也在无意中减少了学生的课堂思维活动，印象也就不会很深刻。如果不由教师直接告知朗读的注意事项，而让学生来设计，也许效果会更好。

14 举重若轻，行云流水
——李镇西《荷塘月色》教学片段品析

品析者：刘静

【教学篇目】朱自清《荷塘月色》（人教版，高中必修二）

【教学说明】《荷塘月色》是朱自清现代散文中情景交融、寄情于景的名篇佳作。在教学中，有些老师急于想让学生感受到其中的意境美，于是大篇幅地给学生分析美的地方，反而没能让学生真正地感受到美，原因是没有充分发挥学生的主体作用，没有引导学生走进作品中。正所谓"一切景语皆情语"，景为情设，情因景生，通过欣赏美景来领悟作者的思想感情才是此文教学的一个重点。

李镇西老师拒绝传统讲解模式，引导学生探究作者的内心世界，走进文本。其教学思路为：品读——激发兴趣、整体感知；对话——旁征博引、质疑讨论。

【品 析 点】紧扣文本，巧悟作者的情感

【关 键 词】文本；质疑；情感

精彩回放

我看到已经有同学在情不自禁地点头，趁势把话题一转："好，我说了那么多，现在该同学们说一说了。同学们能不能交流一下，这篇文章最打动自己的文字？不需要说理由，只要把有关的语言读一遍就可以了。"

熊昕同学说："我最喜欢这几句：'路上只我一个人，背着手踱着。这一片天地好像是我的；我也像超出了平常的自己，到了另一世界里。我爱热闹，也爱冷静；爱群居，也爱独处。像今晚上，一个人在这苍茫的月下，什么都可以想，什么都可以不想。便觉得是个自由的人。白天里一定要做的事，一定要说的话，现在都可不理。这是独处的妙处，我且受用这无边的荷香月色好了。'"

易维佳同学说："我最喜欢这一句：'层层的叶子中间，零星地点缀着些白花，有袅娜地开着的，有羞涩地打着朵儿的；正如一粒粒的明珠，又如碧天里的星星，又如刚出浴的美人。'"

吴桐同学说："我最喜欢写《采莲赋》的那一段。"

"哦？是吗？"我感到引导学生领悟文章思想感情的机会快来了，"请问，你为什么喜欢这一段呢？"

"因为我觉得这一段写得特别快乐。"吴桐同学答道。

"嗯，原来是这样。"我沉吟道，然后又追问道，"你从哪儿看出了快乐？"

"那是一个热闹的季节，也是一个风流的季节。"吴桐读着课文中的句子，然后又说，"还有《采莲赋》对采莲人的描写，都是很快乐的。"

我说："这一段的确描写了一种很自由欢乐的生活。但是，同学们知道吗？这一段在过去的高中课本里却是被删去了的啊！"

"啊！"同学们全都表现出很惊讶的样子，并问我："为什么会删去呢？"

我说："我先不说为什么会删。我先要问问大家，你们觉得该不该删？"

"不应该删！"几乎全班同学异口同声地说。

"为什么不该删呢？"我问。

教室里却一下沉默了，没人回答这个问题。

我说："是不是你们觉得，既然现在课文将这一段补上了，说明编辑自有他的道理，这就证明原来删去是不应该的？如果真是这样认为的话，那证明大家并没有动脑筋独立思考，而仍然还是对教材的一种迷信。"

接着，我"斩钉截铁"地说："我却认为，原来的教材删得对！"

"为什么？"有几个学生在下面小声地问我。

"为什么？道理很简单，因为这一节与全文的中心并不太吻合。"我"理直气壮"。

学生大脑里的思考火花显然被我点燃了，因为马上就有好几个同学举手，表示不同意我的观点。同时，也有学生点头表示同意我的说法。

我说："看来我和一些同学有分歧。那么我们首先来讨论一下，这篇文章究竟表现了什么样的思想感情。"

易维佳说："我认为这一段与全文的中心是吻合的。因为作者在这篇文章中表现的正是一种喜悦的、祥和的感情。"

"何以见得？"我问。

"比如，"易维佳翻开书说道，"他对荷花的描写，对月光的描写，等等，表现的都是一种恬静愉快的心境。"

熊昕说："不对。这篇文章主要表现的，还是一种惆怅的心情。因为第一句就说得很清楚，'这几天心里颇不宁静'。"

我故作不解："这就怪了！易维佳和熊昕说的好像都是对的，因为她们都在文中找到了依据。那么，朱自清在文中的思想感情是不是有些矛盾或者说混乱呢？"

唐懋阳说："不矛盾。因为作者的思想感情在文中是变化的。他开始是不宁静的，为了寻找宁静来到荷塘，在这里，他的心情获得了一种暂时的愉悦。但最终他还是没有摆脱烦恼。"

吴秦科说："作者的思想感情是从不静、求静、得静到出静，时而烦恼时而愉悦，最后仍然摆脱不了先前的烦恼。"

虽然吴秦科的发言基本上是转述课文后面的分析文字，但我仍然肯定了他读书的认真。我继续问："从哪里可以看出他最终还是没有摆脱烦恼？"

学生们来不及举手，七嘴八舌地说："但热闹是他们的，我什么也没有。""这令我到底惦着江南了。"……还有学生说："他引用《采莲赋》，描写采莲时热烈活泼的情景，本身就说明他因内心的苦闷而产生了对自由快乐的向往。因为作者说'可惜我们现在早已无福消受了'。"

"好极了！"我忍不住赞叹道，"可见作者的这一段关于采莲场面的描写是不能删去的，因为它恰好反衬出作者对现实生活的失望。是吧？"

"对，对！"许多同学都点头表示同意。

我继续说："有人把这篇文章所表现的思想感情概括为'淡淡的喜悦，淡淡的哀愁'，我认为是很贴切的。但作者的感情底色是'不宁静'。"

有学生问："李老师，作者的心情为什么会'不宁静'呢？"

"这个问题问得好极了！"我说，"不过我也不知道，因为这可能永远是个谜。但是，正因为这是个谜，所以，它为无数读者提供了品味、解读、思考的无限空间。关于朱自清心情'不宁静'的原因，有人认为是源于对蒋介石'4·12反革命政变'的愤懑，联系到朱自清当时的思想背景和这篇文章的写作时间，这不能说没有道理；也有人认为是源于作者的思乡之情，因为结尾作者说'这令我到底惦着江南了'；还有人认为源于作者作为一名小资产阶级知识分子面对人生十字路口而产生的苦闷、彷徨；甚至还有人根据一些史料，认为朱自清的'不宁静'是源于家庭生活的不和谐；如此等等，还有其他的说法。我认为，在这个问题上，没有必要规定一个权威性的惟一答案，应该允许仁者见仁智者见智。而且也正因为如此，《荷塘月色》将成为一首耐读的朦胧诗，过去、今天和未来的每一位读者会因年龄、阅历、所处时代等因素，而从同一篇《荷塘月色》中读出属于自己的一片荷塘月色。这就是创造性阅读，这就是阅读名作的乐趣！"

品评赏析

《荷塘月色》一文，与其说作者在观赏景物，不如说他是在审视自己心灵深处的情感。这情感较复杂，让人难以把握。因此，给教师的教学和学生的理解带来了难度。李镇西老师一反传统的教学模式，巧妙地引导学生"赏景悟情"，帮助学生走进朱自清的内心世界，去感受渗透于其中的复杂的情绪变化。教学可谓"举重若轻，行云流水"。具体体现在：

一、感知文本，引领教学

李老师采用了提问、讨论、质疑、讲解等对话式的教学模式，引导学生自主阅读课文，与文本对话，与作者对话，与自己的心灵对话，一步一步地带着学生走入作者的心灵深处。如：当学生对课文形成初步感知后，李老师就鼓励学生找出文章中最打动自己的文字，然后有感情地朗读，逐步引导学生赏析课文的精彩语段；当有一位学生说到喜欢《采莲赋》那一段时，李老师就以此为切入口引导学生去领悟文章的情感，把握全文的感情基调。

二、深入文本，巧妙点拨

课程标准在"教学建议"中指出："教师既是与学生平等的对话者，又是课堂阅读活动的组织者，学生阅读的促进者""阅读是学生个性化的行为，不应以教师的分析代替学生的阅读实践"。因此，在教学中教师不应带着书本走向学生，而应带着学生走向书本。李老师是怎样带着学生走向文本的呢？

1. 挑起矛盾质疑

当学生还沉浸在《采莲赋》自由欢乐的氛围中时，老师就有意识地告诉学生一个事实——"这一段在过去的高中课本里却是被删去了的啊"，一瞬间就唤起了学生的好奇心和求知欲，学生急于想知道删去的原因，李老师并没有给予正面的回答，而是把"该不该删"这个问题抛给了学生。接着强硬地说"是不是你们觉得，既然现在课文将这一段补上了，说明编辑自有他的道理，这就证明原来删去是不应该的？如果真是这样认为的话，那证明大家并没有动脑筋独立思考，而仍然还是对教材的一种迷信"，再次激起了学生不服输的情绪。

当学生的认知、理解流于表面时，老师却故意斩钉截铁、理直气壮地给出了一个答案："教材删得对""因为这一节与全文的中心并不太吻合"，学生思考的火花彻底被李老师点燃了，心中产生了大大的疑问，就想要弄个水落石出。

在这一环节中，李老师巧妙地抓住那些貌似自相矛盾的地方以引起学生思索，从而帮助学生更深刻地理解课文。

2. 抓住分歧点质疑

学生对《采莲赋》该不该删的问题产生了分歧，李老师顺着这一思路，启发学生探索文章表现的思想感情。有学生认为是喜悦，有学生认为是惆怅。由于思维的差异产生的认知矛盾都在李老师的预料之中，所以他并不急于给出一个结论，而是继续引导学生"生疑"。孔子曰："不愤不启，不悱不发"，调动学生进入一种"愤悱"的最佳状态，学生与学生之间才会有思想的碰撞。正如李老师所言："我没有也不想以'权威'自居而给学生们'指点迷津'，我把这些问题抛给学生自己解决，在这个过程中我适时以平等的一员，参加他们的讨论，并发表我个人的看法，学生是完全有能力思考并解决这些疑问的。"

经过学生的一番争论，终于有学生深刻地理解了作者的情感并不是单一的，而是变化的，甚至"最终还是没有摆脱烦恼"。对学生能有这样的理解，李老师马上给予了肯定和认可，并不忘乘胜追击，继续深入文本，且看引导性的话语："从哪里可以看出他最终还是没有摆脱烦恼？"让学生知其然还要知其所以然。学生的回答有根有据，李老师忍不住地发出赞叹，并作了总结性的发言："可见作者的这一段关于采莲场面的描写是不能删去的，因为它恰好反衬出作者对现实生活的失望。"

这样，通过质疑、讨论、对话，学生推翻了李老师前面说的"《采莲赋》删得对"的定论。通过设问的方式，李老师故意制造理解误区，引诱学生进入，又引导学生走出，使学生在解决问题的过程中获得了知识和成就感。

三、驰骋千里，综合教学

在节选的这一教学片段中，我们还可以发现李老师并不局限在"领会作者思想情感"这一个知识点上。当学生再次追问"作者的心情为什么会'不宁静'"这个问题后，李老师首先赞扬了学生"善问"的主动性和积极性。爱因斯坦曾说："提出一个问题往往比解决一个问题重要"，提出一个问题就是创新的开始。李老师利用问题来诱导学生主动参与，让学生在参与过程中又产生了问题，更好地调动了学生学习的积极性，使学生由一个被动接受者变成一个主动探索者。在教学中，这些鼓励性、启发性的话语看似普通却在挖掘学生的潜力和能力上起了至关重要的作用。

李镇西老师的这堂课看似简单、随意，可事实远非如此。他始终把学生放在第一位，和学生平等对话，真正地做到了将教育意图隐藏在教学的背后。

15 返璞归真，回归传统
——吴泓《陈情表》教学片段品析

品析者：田丽萍

【**教学篇目**】李密《陈情表》（人教版，高中必修五）

【**教学说明**】本课例是吴泓老师应邀参加澳门特别行政区举办的首届"两岸四地同文异教"活动而上的课。吴泓老师把"学会做人，学会表达"设为本课的教学目标，采用"四阶段"教学设计（创设情境—阅读感知—探究发现—扩展提升）。整节课细针密线，衔接得当，教程流畅。

其教学整体思路是：引导学生阅读课文，划分层次；掌握重点词语、特殊句式；探讨文段大意，品味语言，体味情感。此处截取的是第三个教学环节"体味情感"。

【**品 析 点**】紧扣文本语句，层层推进

【**关 键 词**】整体阅读；文本；对话；质疑激思

精彩回放

师：这很好，读书要有精神。其实，读书有助于消化，我们这样读，晚饭就吃得非常香非常甜。那么，李密怎样解决这个进退两难的问题？我们看第三段。第一段写李密尽孝很艰难，家门不幸，相依为命；第二段呢，朝廷优礼，照理应该尽忠，但是刘病日笃，尽孝很不容易；在第三段，作者就作

了进一步思考。下面，我要求同学们划分一下层次，看作者有哪几层思考。（生分层，师巡视）好，我请这位同学来回答。

生：分到"有所希冀"。

师：她说分到"有所希冀"，你们觉得对吗？

生：（大部分）对的。

师：对的。因为前一部分写一回事，后一部分写另一回事，同学们先把这里画下来。我还想问问，如果老师还想分一层出来，在哪里分呢？

生：（部分）"特为尤甚"。

师：你为什么要在这里分呢？

生：我觉得前面这一句写的是朝廷以孝治天下，他自己的情况更加突出。

师：接着，后面是写他的什么来着？

生：后面写他的……（生犹豫。）

师：我后来在做什么呢？

生："少仕伪朝"。

师："少仕伪朝"。我年壮的时候，曾在哪里做官呢？

生：蜀国。

师：现在蜀国亡了，"今"我是"亡国贱俘"。实际上刚才画出来的这后一层都是在说他的什么？

生：经历。

师：经历，好，很好，分三层。那我又想问同学们了，李密说的这些话的背后潜藏着他怎样的意图？就是我们常说的潜台词。李密为什么要说这些话呢？最后会给他带来一个什么样的结果呢？这是非常关键的。我们看第一层："伏惟圣朝以孝治天下，凡在故老，犹蒙矜育，况臣孤苦，特为尤甚。"你想，这句话背后的意思是什么？哪位同学说说？（生犹豫，师启发）你这圣朝是以孝治天下的，揣摩揣摩。好，我们请这位同学。

生：应该说是我尽孝也是理所当然的，因为……

师：（启发地）理所当然的，就是符合国家——

生：治理天下那种……

师：（再启发）就好像我们现在说，要向雷锋同志学习，就到街上做好事。在晋朝的时候，你们都要怎么样？（略停顿）孝敬父母，我李密在家里对祖母那么好，"臣侍汤药"，我是响应什么？

生：响应国家号召。

师：哎，对了！响应国家号召，说明我这个尽孝合情合理而且合法，就是说，我是应该被皇帝理解的。第二层什么意思呢？因为有点难，老师来讲解。意思是说我是一个经历特殊的人，我过去是"少仕伪朝"，今是"亡国贱俘"，而且我"本图宦达，不矜名节"，就是说我是想做官的，我不是不想做官，您如此优待我，我是不敢有什么别的想法的。他说这话的意图、目的是什么？知道吗？这位男生说说。

生：觉得他不配做这个官。

师：觉得他不配做这个官？（再启发）比如说你就是李密，（指示同桌）他就是皇帝，你琢磨琢磨你俩的关系，你说，我过去在伪朝做官，我是不讲究名节的，就是一心一意想做官的，你说给谁听的？

生：给他听的。

师：给他听的，对吧？然后你说，我现在是"亡国贱俘"了，被你俘虏了，你对我"过蒙拔擢，宠命优渥"，我是不敢"有所希冀"的。如果你不说这几句话，他会对你什么态度？

生：态度不好。

师：态度不好，甚至会怀疑你。你要把这个怀疑消除了，对不对？（生点头）这就是这几句话的用意所在。我们看第三层。"但"字一转，反复陈说，突出了"孝治天下"的大义和"不能废远"的小我之间的冲突，第三层解决问题了没有呢？仍然不能解决问题，仍然在说"母孙二人，更相为命，是以区区不能废远"，我还是不能到朝廷里做官。好的，我们把这一层读一下，我起头，"但以刘"一二读——

　　《陈情表》"淡语皆有致，浅语皆有情"，情深意切，感人肺腑。从文中我们可以感受到李密对他祖母的一片拳拳挚爱。但现在的中学生关注得更多的却是友情、爱情，最易忽略亲情。这就需要执教者能在宏观把握文本的前提下质疑激思，引导学生深入文本，理解品味作者的情感。

　　吴泓老师抓住文本的情感点和学生的情感点，使学生在激荡的情感中，受到感染、熏陶和激励。整堂课传统而朴实，洋溢着浓浓的语文味。

　　一、整体观照，上下关联

　　宋代陆象山曾以诗的形式概括了这种方法的特点和过程："读书切戒在慌忙，涵泳工夫兴味长，未晓不妨权放过，切身须要细商量。"它的过程包含三点：一是从容诵读；二是进入语境；三是体察领悟，增强语感、文感。这种方法，避免了由支离破碎的繁琐分析导致文本失去生气与活力的现象发生，而以整体观照、综合理解、把握主旨作为起点和落脚点。在节选的这一教学片段中，吴老师首先让学生分层次理解段落大意。在此基础上，再启发学生品味、体会李密在提出朝廷以孝治天下后，又写自己的个人经历的意图，帮助学生从文本的表层意思逐步深入品悟到作者转写自己"不矜名节"，并非"有所希冀"，不应诏做官，只因"祖母无臣，无以终余年"。在消除晋武帝的怀疑这个前提之下，再抒发对祖母刘的孝情，就显得更真实、更深切、更动人。这样的段落分析并不是孤立地进行，而是注意到了段落的内在联系，尤其是注意到了段落在整个文本中的作用和意义。

　　二、深入文本，互动对话

　　俗语曰："一朵花里显真性，一粒米里看世界。"语文教师如果具备较强的文字敏感力，能从文本中一个字一个词出发，挖掘出整个文本的意蕴，也就能够在课堂上游刃有余，引领学生走进文本深处，真正创造出"心动的课堂"。吴老师的这堂课传统而实在，抓住文本中能给学生启发的关键语句，以对话的方式一步步引导学生深入文本，在前后联系中理解文本内涵，理解作者的写作意图。我们一起来看看：

——我们看第一层："伏惟圣朝以孝治天下，凡在故老，犹蒙矜育，况臣孤苦，特为尤甚。"你想，这句话背后的意思是什么？哪位同学说说？

——我过去是"少仕伪朝"，今是"亡国贱俘"，而且我"本图宦达，不矜名节"，就是说我是想做官的，我不是不想做官，您如此优待我，我是不敢有什么别的想法的。他说这话的意图、目的是什么？知道吗？这位男生说说。

——我现在是"亡国贱俘"了，被你俘虏了，你对我"过蒙拔擢，宠命优渥"，我是不敢"有所希冀"的。如果你不说这几句话，他会对你什么态度？

从这些对话当中，我们可以发现，吴老师对学生的引导是紧紧扣住文本、扣住关键词句的。同时，我们也看到：学生阅读的知识和经验不足，老师作为平等对话的首席（而不是权威），不断地激发学生的对话热情。

三、质疑激思，力透纸背

问题是人们认识活动的启动器和动力源，围绕主题思想的探究，应多设问，巧置疑，以疑激思。特别应抓住文本中能给学生启发的关键语句，重锤敲打，使学生在前后联系中理解文本内涵，品味作者情感。在这节课中，吴老师不但善于答疑，更善于激疑，善于在教学中使学生"于无疑处生疑"，把学生思维引进峰回路转的知识道口，使他们动脑筋、想问题。我们来看看吴老师是如何巧设问题，引发学生思考的：

——那我又想问同学们了，李密说的这些话的背后潜藏着他怎样的意图？就是我们常说的潜台词。李密为什么要说这些话呢？最后会给他带来一个什么样的结果呢？

——你想，这句话背后的意思是什么？哪位同学说说？

——我李密在家里对祖母那么好，"臣侍汤药"，我是响应什么？

——他说这话的意图、目的是什么？知道吗？这位男生说说。

——觉得他不配做这个官？（再启发）比如说你就是李密，（指示同桌）他就是皇帝，你琢磨琢磨你俩的关系，你说，我过去在伪朝做官，我是不讲究名节的，就是一心一意想做官的，你说给谁听的？

——如果你不说这几句话，他会对你什么态度？

这一组问题，问问相接，环环相扣，当学生苦于"山穷水尽疑无路"时，吴老师因势利导，抓住时机释疑，以收到"柳暗花明又一村"的效果。这样，就使学生在质疑、解疑中长知识、增智慧，学得生动活泼，既培养了学生的探索精神，又提高了发现问题、分析问题、解决问题的能力。通过教师的启发引导，学生能真切感受到李密进退两难下抬出"以孝治天下"的大旗，恳求所请，同时剖白自己的心迹，排除了不愿出仕的政治因素，解除了当朝统治者的疑忌。

吴泓论精神、思想和言语共生

要让学生在语文学习中首先找到"感觉"，即生活美丑的感觉，思想高下的感觉，结构形式的感觉，言语运用的感觉；要千方百计地唤醒、开发、保护、提升这种感觉，进而使这种感悟直觉化为学生自己的一种生活态度和生活方式乃至于生命形态，即在精神、思想的导引下，让精神、思想和言语共生。

（吴泓：《精神和言语共生》，广东教育出版社，2003 年）

第六章

解读文本形式

文本形式，是指文本言语表达形式，是文本"怎样写"的具体表现形式。经典文本，往往是作者运用各种写作技巧精心营构而成的。语文课程的"学习语言文字运用"在阅读中就是指学习作者对语言文字的运用。其中，既有对谋篇布局的筹划，也有对语言表达技巧的考量。在阅读教学中，需要用足、用好文本资源，巧借文质兼美的文本进行对文本形式解读的探究，并通过探究给学生写作提供借鉴。

16 "一字立骨"理思路
——宁鸿彬《皇帝的新装》教学片段品析

品析者：李华平　胡淑秀

【教学目标】安徒生《皇帝的新装》（人教版，七年级上册）

【教学说明】精心设计、精讲精练是宁鸿彬老师语文教学中最显著的特点。1996 年，宁老师受邀到广西上示范课《皇帝的新装》。本处截取的是理清文本思路（故事情节）的教学环节。

【品　析　点】理清故事情节

【关　键　词】文本；信息；创新

精彩回放

师：大家从现象到本质阐明了自己的观点，这很好。刚才大家的发言绝大部分是对的，个别有点毛病的也纠正了。通过这个练习，我们对课文中的主要人物——皇帝有了一定的认识。下面我们再来研究一下这个故事的情节。谁能用一个字概括这篇童话的故事情节？或者说这个故事是围绕哪一个字展开的？给大家一分钟准备时间。（生翻书、思考。）

生：我认为用"蠢"字来概括。因为皇帝和那些大臣的言谈举止都特别蠢。

生：我认为用"骗"字概括，就是骗子的骗。因为开始是骗子骗皇帝，后来发展到皇帝、大臣、老百姓自己骗自己。

生：我认为用"伪"字，就是虚伪的伪。因为皇帝、大臣和老百姓谁也不愿让别人知道自己什么也看不见。他们宁愿欺骗别人、欺骗自己，也不愿讲真话，所有的一切都是虚伪的。

生：我认为用"假"字。因为根本没有什么美丽的布料、美丽的花纹，而且骗子、皇帝、大臣、骑士和老百姓对这件衣服全说了假话，所以我用"假"字概括。

生：我认为用"傻"字。那两个骗子的骗术很容易识破，而皇帝等人却信以为真。骗子在给皇帝穿衣服时，其实什么也没穿，皇帝却说特别合身。大臣、骑士以及老百姓对皇帝所谓的衣服也大加赞扬。其实穿没穿衣服，只要用手挠一挠不就知道了吗？这个皇帝太傻了！

生：我认为应该用"装"字来概括。这个故事从始至终是围绕着那一套新装展开的，如果没有了新装，就没有了这个故事。

生：我认为不应该是"新装"的"装"，而应该是"新装"的"新"。因为那个皇帝喜欢穿新装，关键是那个"新"字。那两个骗子胡说的那些特性，也是指的新织的布和用它做出的新装。大臣们称赞的，也是那新织的布和新缝制的衣服。

生：我也用一个"心"字来概括，不过不是新装的"新"，而是心脏的"心"。我认为骗子骗人是居心不良，大臣、骑士们说假话是心怀鬼胎，皇帝不说真话也是心里有鬼。因此，我认为这个故事是围绕一个"心"字展开的。

师：大家发表了不同的见解。你们分别用蠢、骗、伪、假、傻、装、新、心八个字概括这篇课文。那么，这八个字哪个是正确的呢？

（众生纷纷举手要求发言。）

师：很好！大家的积极性很高。不过，如果请你们现在就发表意见，恐怕还是各抒己见，一时很难统一。那么，怎样才能比较迅速地把正确答案筛选出来呢？下面我就教给你们几种办法。

（众生活跃。）

师：首先，大家使用"排除法"，把不切题的答案排除掉。我们先回忆一下，刚才我是怎么提出问题的。刚才我说的是：谁能用一个字概括这篇童话的故事情节？（"故事情节"四字语气加重。）

生：既然题目的要求是用一个字概括故事情节，那么"蠢、伪、假、傻"这四个字是不对的，因为这四个字说的是皇帝这个人物，是不切题的。

（众生纷纷点头，表示赞同。）

师：完全正确。咱们就把这四个字排除掉。现在还剩下"骗、装、新、心"四个字，咱们使用"检验法"进一步解决。什么是"检验法"呢？就是把这四个字，一个一个地试用，进行检验，能够适合于文中所有人物的就留下，不能适合于文中所有人物的就去掉。

生："新""装"这两个字都不能单独用在课文中所有人物身上。因为单独用就说不清是什么意思啦。所以，这两个字是经不住检验的，应该去掉。

生："骗"和"心"这两个字都可以。我试了一下，这两个字用在哪个人物身上都说得通。

师：现在还剩下两个字了，咱们使用"比较法"来解决，作最后的筛选。怎样比较呢？就是用这两个字分别用于每个人物，比比看，看哪个字更准确，哪个字更能表现出这个故事的特点。

生：我认为"心"字不如"骗"字好。在这个故事中，所有的人物都和"骗"字有关系，有骗人的，有被骗的，还有不被骗。总之，一个"骗"字说出了这篇课文的特色。

生：我也认为"心"字不如"骗"字。"心"指的是心理活动，就是思想。这个故事中的人物都有他自己的思想。这样一想，用"心"字概括很好。可是再一想，哪一篇课文中的人物都是有思想的。这样一来，这个"心"字，用它概括这一课可以，用它概括别的课也可以。所以，用"心"字概括这一课，不能说出这一课的特色。

师：还有不同意见吗？

（众生摇头。）

师：大家的看法是对的，本文是围绕一个"骗"字展开的（板书：骗）。请大家回忆一下，开始你们提出了八个字，我们为什么能够在这样短的时间里就统一了认识呢？这是因为我们采用了恰当的筛选方法，这就是排除法、检验法和比较法。希望大家记住这三种方法，并在今后注意学习运用。

师：这篇课文是围绕一个"骗"字展开的。请同学们说说，文中的各种人物是怎样围绕这个"骗"字进行活动的呢？

生：骗子骗人。

生：皇帝受骗。

生：那两个老大臣还有其他官员是既受骗又骗人。

师：对大臣官员们来说，他们在这个故事中的作用，受骗是主要的呢，还是骗人是主要的呢？

生：（齐）骗人。

师：对。不管是为了什么，他们实际上是帮助骗子骗了皇帝。

生：老百姓也是既受骗又骗人。对他们来说，受骗是主要的。

师：你学了马上就用，很好。老百姓受骗，是那两个骗子直接骗的老百姓吗？

生：不是。是听别人说的，逐步就谈论开了。我明白了，是老百姓传播了骗子的谎话。

师：很好！你那个"传"字用得好。

生：那个小孩不受骗。

生：那个小孩把两个骗子的谎话说穿了。

师：那么，那个小孩在这个故事中起到了怎样的作用呢？

生：小孩揭露了骗子。

师：很好！就是这样，现在我们总的看一下。（边说边板书）骗子行骗，皇帝受骗，官员助骗，百姓传骗，小孩揭骗。这个故事从骗子行骗开始，到小孩揭骗结束，始终没有离开这个"骗"字，所以说，这个故事是围绕着一个"骗"字展开的。

（下课铃响。）

师：这节课我们就学习到这里。下课。

　　阅读教学最忌没有整体观，教师牵着学生枝枝节节随文爬行，给人一种匍匐前行的痛苦感觉。实际上，并不是文本的每句话都值得反复推敲，细细品味。如果执着于文本的每一句话，反而不得要领。教学中，引导学生运用"一字立骨法"解读文本则可以以少总多、以简驭繁，高度概括文本的内涵，可以非常迅速地整体把握文本。这样集中精力理解一个字，用这"一字"带动对全篇的理解，对于训练归纳概括能力、理解分析能力很有帮助。这样的教学就具有一定的高度，是一种大气的课。宁鸿彬老师教学《皇帝的新装》，引导学生寻找、确认、辨析能够贯穿全文的一个字——"骗"，通过对这一个字的理解带动对故事情节的理解。整个教学思路清晰，学生活动充分，教师点拨精当。

一、"一字立骨法"概述

　　所谓"骨"，即文本的"主心骨"，也可称为一个文本之"本"（根本），可以指文本的主旨，或文本的主线，或作者的主意（主要意图）。写作讲究炼意立骨。意不炼，不能深刻感人；骨不立，不能紧凑挺拔。炼意又立骨，则意深而文俊。《文心雕龙·风骨》对文本中的"骨"之重要性作如此阐释："沉吟铺辞，莫先于骨。故辞之待骨，如体之树骸……结言端直，则文骨成焉。"王夫之说："意犹帅也。无帅之兵，谓之乌合。"

　　"一字立骨法"亦称"一字经纬法"，本是文学创作中常用的一种技法，是写作中的一种窍门。犹如沙里淘金，需要从大量的材料中概括出一个闪光的字眼，为文本立骨，使人物的行动、故事的发展、论述的展开，围绕着这一个字，浑然一体、卓然挺立。巧妙地运用"一字立骨法"，可以把零散的材料组织成一个有机的整体，把纷繁复杂的内容归拢集中到焦点上，从而使文章线索明晰、结构缜密、主旨凝聚。

　　"一字立骨"其实指的是经过高度浓缩的主旨线索，与传统的诗眼、文眼相近似。如古人所说的"立片言而居要，乃一篇之警策；虽众辞之有条，必待兹而效绩"，说的就是写文章应当先立纲领，并以之作为统帅全文的出发点和归宿。

"一字立骨"的"一字"指凝结着文本立意的关键性的一个字。它是全文的精粹，主旨的浓缩；又是文本结构的聚点，全文环之而开合变化，因之而一动万随。因此，这个词或这个字就成了文本的纲，纲举而目张，以简而驭繁。设置这样"立骨"的字词，需要把凝结着立意的字词安排在最关键的层次。因为一个文本无论形式如何千变万化，在其纵横交织的结构中必然有各种力量交叉的中心环节，这就是着力点，也是"一字立骨"的设立之处。并且要使这个相同或相近的字词反复出现，形成"意"脉，不必处处求显，但要能"东云出鳞，西云露爪"，使人反复揣摩。一般情况下，"一字立骨法"适用于叙事性文本，尤其是长篇叙事性文本，要在较长的情节链中设置并确定一些关节之处，使立意明而意脉通。诗词中也经常可以见到"一字立骨"的章法。

既然作者写作时，常用"一字立骨法"谋篇布局，精心经营，用心血熔铸成一篇美文、一首诗歌，一篇小说。这一个"字"，会在文本中时隐时现，似隐似现，如水波荡漾，波光粼粼。解读，则需"沿波讨源"，由这时隐时现、似隐似现的一个字，发现作者构思行文的佳妙，把握文本的主要内容，理解作者所表现的主旨。当然，也有作者在写作时，并没有有意识地注意以"一字立骨"，但只要是一个优秀的文本，经过我们的归纳、浓缩，却也能够找到"立骨"之"一字"，进而迅速地从整体上把握文本。

二、"一字立骨法"的操作

用"一字立骨法"解读文本，一般操作步骤是"抓取—确认—分析"。宁鸿彬在引导学生把握《皇帝的新装》的故事情节时抓住一个"骗"字，与学生进行了丰富生动的教学对话[①]，教给了学生解读文本的具体方法，指导细腻到位。

1. 抓取

抓取，就是找出"一字立骨法"的"一字"。在教学中，学生找出的"一字"可能不止一个，教师要善于引导学生说出理由。在这一教学环节结束，

---

① 邹贤敏. 宁鸿彬：走"思维训练"之路 [M]. 武汉：湖北教育出版社，2001.

进入确认环节时，教师也要对学生的发言作简要概括。

在这一环节中，学生抓取了"蠢、骗、伪、假、傻、装、新、心"八个字。这也符合此法运用的基本要求——抓取"一字"的过程，往往不是一步到位的。从不同的角度，抓取出来的"一字"往往不同。作为教师，在独立解读文本的过程中，也要经历这个从不同角度抓取"一字"的过程。要做到在教学过程中游刃有余地引导学生，就得先下一番苦功夫。

"一字"既是此法的优越性所在，也是此法的困难点所在。在教学中，教师自身功力特别重要，有些文本，"立骨"的"一字"在文中并不明显，就需要透过表面发现文本各个部分之间的联系，这种联系所指向的"一字"，还需要教师善于归纳、概括。于漪先生教学《周总理，你在哪里》时，从八节诗中提炼出了一个支配全诗的字——"找"。这个"找"字，在诗中只出现了一次，如果没有对诗歌的深入理解，是不会提炼出来的。于老师眼光犀利，发现全诗处处有"找"字——主体诗节反复出现"我们对着××喊，周总理——"，这种呼唤，就是"找"，全诗就是写沿着总理的足迹到高山、大地、森林、大海乃至整个世界去寻找总理，得到的回答是"他刚离去"。最后，回到首都北京，终于找到了总理——总理永远活在人民心中。一个"找"字，成为全诗的行为线索；一个"找"字，体现了总理与人民的血肉联系；一个"找"字，包含着人民对总理的深切怀念。

高明的读者，往往能够比较准确、独到地抓取"一字"。毛泽东在读《琵琶行》时，抓取了一个"同"字。他这样批注："江州司马，青衫泪湿，同在天涯。作者与琵琶演奏者有平等心情。白诗高处在此，不在他处。其然岂其然乎？"[1]尽管毛泽东从阶级社会学的角度来看这首诗，认为关键是"有平等心情"，眼光独到，力透纸背。学生抓取"一字"的功夫则需要长期训练，需要教师的引导，先易后难。

2.确认

如前所述，从不同的角度抓取到的"一字"往往不同，各有各的道理。

---

[1] 中共中央文献研究室. 毛泽东读文史古籍批语集 [M]. 北京：中央文献出版社，1993.

而要通过对"一字"的理解把握全篇，这个"一字"就不能是"公说公有理，婆说婆有理"，而要经过比较、辨析、筛选，最后确认最合适的"一字"。在个人解读时，在课堂教学中引导学生运用此法解读文本时，都需要经过"确认"这样一个步骤。宁老师在引导学生确认"一字"的过程，非常注重思维方法的传授与训练。他教给学生的筛选方法——排除法、检验法和比较法，是经常用到的思维方法，在学习过程中具有很重要的价值。文本解读的过程，就是综合运用各种思维方法的过程。

3. 分析

在抓取、确认支配全文的关键"一字"后，要对它进行深入细致的分析。分析，就得再一次回到文本，看作者怎样将这"一字"贯穿全文，通过这"一字"表现主旨。宁老师引导学生分析了"骗"字在《皇帝的新装》中的运用之妙，一个"骗"字贯穿全文——骗子行骗、皇帝受骗、官员助骗、百姓传骗、小孩揭骗。这里，既有学生的分析发言，也有教师的引导点拨。最后，教师进行小结，把学生的分析聚拢，使学生获得一个比较完整的印象，对这个"一字"怎样"立骨"的理解更加深刻：

很好！就是这样。现在我们总的看一下。（边说边板书）骗子行骗，皇帝受骗，官员助骗，百姓传骗，小孩揭骗。这个故事从骗子行骗开始，到小孩揭骗结束，始终没有离开这个"骗"字。所以说，这个故事是围绕着一个"骗"字展开的。

17　巧分层次，主次分明
——高润华《最后一课》教学片段品析

品析者：杨小群　黎昌桂

【教学篇目】都德《最后一课》（人教版，七年级下册）

【教学说明】高润华老师的教学思路是：巧妙分段，理清思路—逐段分析，把握人物思想变化—升华主题。此处截取的是第一个教学环节。

【品 析 点】巧分层次，理清思路；教学内容主次分明

【关 键 词】体裁；情节；人物；情感

精彩回放

师：现在，我们同学已经知道这是一篇短篇小说。短篇小说的人物、情节，是比较集中的。那么按照地点来分，大概分几部分？怎么个分法呢？（学生举手）×××说。

生：分为两个部分。

师：分为两个部分？

生：第一个部分：小弗郎士在校外。

师：嗯，在校外。

生：第二个部分：小弗郎士来到学校。

师：那么你说说，第一个部分是从哪里到哪里？

生：第一段，"那天早晨上学"到"静一点，静一点……"

师：到"静一点，静一点……"坐下。（学生举手）×××说。

生：第一段到"……赶到韩麦尔先生的小院子里"。

师："……赶到韩麦尔先生的小院子里"，对不对？——这个时候还在路上呐。（板书：一、路上）小弗郎士在上学的路上。然后写到什么？在教室。（板书：二、教室）这是很集中的——两个地方。在教室里呢，就上这最后一课。

那么，现在，我们再看看这最后一课，大致上哪些内容呢？一跑进去的时候，小弗郎士感到教室里的气氛是不平常的——教室里的气氛不平常，到哪里啊？（学生举手）×××说。

生：到"书上横放着他……"

师：大声一点嘛。

生：到"书上横放着他那副大眼镜"。

师："书上横放着他那副大眼镜"，对吧？——做个记号。说明教室里的气氛。（边讲边板书：1.教室里的气氛）——教室里的气氛。接着，老师宣布了这是最后一课！小弗郎士呢就想得很多。这个到哪里呢？——到哪里？（学生举手）好，×××。

生："来表示对就要失去的国土的敬意。"

师：对的。145页"来表示对就要失去的国土的敬意"，对不对？所以，老师宣布这是最后一课了。（板书：2.老师宣布"最后一课"）做做记号呀！好，接下去，上课了。首先他们上的什么内容的课呢？语法课。那么到哪里？（学生举手）×××说。

生："一下子塞进……"

师：大声一点。

生："一下子塞进我们的脑子里去。"

师："一下子塞进我们的脑子里去"，对吧？对的。上语法课。（板书：3.上语法课）同学们看看，上语法课以后还上什么呢？——上什么呢？（学生举手）好，××说。

生：上习字课。

师：上习字课。——习字课到什么地方？

生：到"他们明天就要永远离开这个地方了"。

师：嗯，好，坐下。"他们明天就要永远离开这个地方了。"（板书：4.上习字课）好，我们再看看，上了习字课以后，还上什么呢？——这里写了，看看还上什么。（学生举手）×××说。

生：上历史课。

师：上历史。还有呢？

生：拼音。

师：上拼音。——上历史、拼音课。（板书：5.上历史、拼音课）好，最后一部分是什么？——这堂课上完了，老师宣布什么？只向我们做了一个手势："散学了，——你们走吧。"（板书：6.老师宣布散学。）

通过听录音，又读了一遍以后，我们对内容有一个大致的了解了。同学们，当自己的国土已经被割给别的国家，而在自己的国土上学习的同学、教书的老师，再也不能教和学自己的语言了，他们的心情是很悲痛的，他们对自己的祖国就更加热爱了。所以，这篇文章呢，通过两个人——大家一起说，老师叫什么名字？

生：（齐）韩麦尔。

师：学生叫什么名字啊？

生：（齐）小弗郎士。

师：小弗郎士。——通过韩麦尔先生和小弗郎士这两个人物集中反映了法国人民热爱祖国的爱国主义思想。

品评赏析

叶圣陶先生曾经说过："作者思有路，遵路识斯真。"[①]我们在阅读文本时，

---

① 叶圣陶.叶圣陶语文教育论集[M].北京：教育科学出版社，1980.

只有理清了作者的写作思路，才能准确地把握文本的内容和主题。能够引导学生把一个文本的思路摸清楚就是好的语文老师。那么该怎样理清文本的思路呢？高润华老师通过巧妙地划分文本整体结构和局部层次，把握文本的故事情节，把握文本的内容和主题，为引导学生理解阿尔萨斯地区人民由衷的悲痛和对侵略者无声的抗议，以及对祖国的恋恋深情奠定基础。

一、量体裁衣，恰到好处

文本的思路是作者写文章的思维活动过程，不同的文本思路遵循着不同的规律。理清文本的思路也应从不同的体裁入手。高老师在执教《最后一课》时首先就点明了这是一篇短篇小说。从创作角度看，短篇小说主要是截取生活的横截面，借富有情趣、意义的人物或事件反映社会现实。《最后一课》的横截面是主要人物在上最后一课的表现。作者将笔墨集中于小弗郎士和韩麦尔先生的身上加以突出地刻画，而且将故事发生的场地集中于教室，这是由短篇小说的特点所决定的，它不能像长篇小说那样频繁地变化场景，人物活动的范围一旦扩张，要在千字的篇幅内就把故事演绎完，则文章结构势必分散。故执教者抓住这一特点，以地点的变换为依据划分文本结构，可谓十分巧妙。

二、烘托情节，妙到毫巅

重大的非常的历史事件都是由普通的日常生活积累起来的，但是并不是任何一个日常生活的场景都能反映出某个巨大的事件。正如不是任何一颗露珠都能反射出太阳的光彩一样，这就需要选择，需要集中，需要典型化。选择足以表现事件本质的日常生活场景，需要把人物和情节都集中浓缩在日常的生活事件中，这也是短篇小说最大的特点——情节集中。本文小弗郎士在上学路上的见闻和心理为情节的发展作了铺垫。为什么说是铺垫呢？这与交代故事背景小弗郎士的身份性格有关，这样一来教室就成为我们所聚焦的地方，当然高老师也正是抓住了这一情节的集中地来划分结构。他是怎样引导学生们理解的呢？且看：

"……赶到韩麦尔先生的小院子里"，对不对？——这个时候还在路上呐。（板书：一、路上）小弗郎士在上学的路上。然后写到什么？在教室。（板书：二、教室）这是很集中的——两个地方。在教室里呢，就上这最后一课。

三、变换角度，划分层次

"教室上课"是文本的主要部分，让学生理清这一部分的思路也很重要，高老师则变换角度，从上课内容的角度引导学生划分层次：

对的。145页"来表示对就要失去的国土的敬意"，对不对？所以，老师宣布这是最后一课了。（板书：2. 老师宣布"最后一课"）做做记号呀！好，接下去，上课了。首先他们上的什么内容的课呢？

学生在教师的引导下，通过筛选信息弄清楚了"最后一课"所上内容——语法、习字、历史和拼音。

高老师巧借故事情节分段、分层，带领学生走进文本，初步感知了文本浓浓的爱国之情，也为后面的深入分析作了铺垫。

18　以生为本，循循善诱

——魏书生《统筹方法》教学片段品析

品析者：李华　刘静

【教学篇目】《统筹方法》（苏教版，八年级下册）

【教学说明】魏书生老师是中学教育界的一个"奇人"，是"教学管理派"的倡导者。多年来，无论是他的语文教学还是他的班主任管理工作都备受同行们的称道和青睐。《统筹方法》是他的经典课例之一，较典型地体现了他的语文教学理念和特点。

其整体教学思路是：了解说明对象，明确定义—速读课下注释，积累字词—紧扣课文事例，学习说明方法—联系生活实际，运用知识。此片段截取的是第三环节。

【品 析 点】自主学习，实践领悟

【关 键 词】自主；实践；引导

精彩回放

师：我暂时不提问，下面做第二件事，老师想领着咱们思维的战舰驶向何方呢？（学生边思考边说，教师板书：1.字词：万事俱备，只欠东风/不无裨益；2.学习用图表说明事物的方法；3.读懂全文，会说、会写、会用。）

师：先学习用图表说明事物的方法。作者举了一个例子，同学们想用多长时间在课文中找到这个例子并记住它？

生：（齐）一分钟。（接着学生立即看教材，全神贯注，学习积极性极高。教师看表，一分钟后喊停。）

师：时间到。作者举了一个什么例子？

生：泡壶茶喝。（听众大笑。）

师：（笑着纠正）是"烧开水泡茶"。请你把烧水泡茶的过程讲一遍好吗？

（学生回答。）

师：他说得对不对呀？

生：（齐）对！

师：他说泡茶有几道工序？

（学生数了五道工序。）

师：作者说这五道工序有三种安排方法，书上还画了图表说明，大家看看书上图表是对哪一种方法的说明。

生：（齐）是对办法甲的说明。

师：办法乙和办法丙怎么样？

生：这两种办法都窝囊。

师：作者没说"窝囊"，他说的是"窝工"。好，下面准备把办法乙和办法丙也分别用图表加以说明，请男女同学各自推荐一名代表在黑板上画图。

（男女生各一名到黑板上画图表。）

师：让他们两人先画，咱们看书上的图表。大家想，如果文章没有文字解说，只有图表，能不能看得懂？

生：光有图表，我认为也可以看懂。因为图很清楚，图上又有文字注释。（学生指着图述说了一遍。）

师：好！他说得很明白，的确只看图也能懂。现在请大家看黑板。（女学生已经画完，教师对她小声说了句话，她转身在图上改了一处。）

师：同学们看，他们画得对不对？

生：办法乙我认为画对了，办法丙画得不对。

（教师请他上黑板进行订正，并交待下面的同学可以互相商量，也可以上讲台帮助修改。一男学生在座位上小声说图画得不对，教师亲切地拍拍他的头，笑着问："你怎么不上去改？"男同学站起来跑到黑板前修改。全班学生的积极性被调动起来，有的热烈商讨，有的跑到黑板前去订正图表。黑板前有四五个学生争争抢抢，你擦我画，很是活跃。）

师：（男女生都已画完，回到座位）好，我们比较一下，看起来还是女同学画得好一些，一看图就一目了然。男同学的图表用序号表示，也算是一种创造。（女生们非常自豪，男生们也觉得公平。）

品评赏析

由于说明文的文体特征，其教学常常陷入"枯燥""呆板"的困境中。魏老师是如何让说明文教学"活"起来的呢？主要有以下几点：

一、目标集中，指向明确

教学目标是学习的指向、动力、目的，因此，目标指向明确是教学的关键。该堂课，魏老师通过教会大家几样东西（字词；学习用图表说明事物的方法；读懂全文，会说、会写、会用）巧妙地将教学目标一一展示出来并分别落实在教学的三个环节上，不仅整个教学指向明确，每个环节的教学活动指向也十分明确。

二、思路清晰，层次分明

教学目标落实在每一环节的教学过程中，思路清晰是每一环节教学的关键。该片段教学中，魏老师教学思路清晰、层次分明。请看：

（1）先学习用图表说明事物的方法。作者举了一个例子，同学们想用多长时间在课文中找到这个例子并记住它？

（2）（笑着纠正）是"烧开水泡茶"。请你把烧水泡茶的过程讲一遍好吗？

（3）他说泡茶有几道工序？……作者说这五道工序有三种安排方法，书上还画了图表说明，大家看看书上图表是对哪一种方法的说明？

（4）作者没说"窝囊"，他说的是"窝工"。好，下面准备把办法乙和办法丙也分别用图表加以说明，请男女同学各自推荐一名代表在黑板上画图。

第（1）处，确定目标，筛选信息；第（2）处，整合信息，复述内容；第（3）处，联系内容，学习方法；第四处，使用方法，学习内容。可见，教学层层深入，环环相扣。

三、学以致用，举一反三

语文学习的最终目的是提高语文能力，促进个体全面发展，因此，教师在教学中需注意引导学生将知识转为能力，即从"教"知识向"学"知识转变，从"学"知识向"用"知识转变。魏老师在此教学片段中，紧扣教学材料的特点培养学生的能力，将"学以致用""举一反三"的原则真正地落实到了课堂上。如：教说明方法时，魏老师首先让学生将文中的"烧开水泡茶"的三种安排方法和插图进行一一对比，通过明确图表说明的是哪一种泡茶方法，了解什么是"图表说明方法"。其次，让学生用"图表说明方法"画出另外两种泡茶方法。最后，通过修改、订正加深学生对"图表说明方法"的认识。在整体教学上，最后还联系生活实际运用"统筹方法"。

四、巧设活动，激发兴趣

教学中，魏老师还抓住学生的心理特点巧妙地设计活动，充分地调动学生的积极性和自主性。如：男生和女生各自推荐一位同学作为代表分别用"图表"说明乙和丙两种泡茶方法，紧接着由各方修改，最后再比较优劣。在此过程中，学生积极调动自己的认知，争先恐后地到黑板上你擦我改，让课堂"有序"地"活"了起来。

19 抽丝剥茧，因文悟法

——刘永康《简笔与繁笔》教学片段品析

品析者：李华平　苏子兰

【教学篇目】周先慎《简笔与繁笔》（沪教版，高三上册）

【教学说明】《简笔与繁笔》是一篇老课文，现行教材多没选用，但并不意味着该文没有价值。刘永康教授就通过这篇老课文上出了符合新课改精神的精彩的语文课。其教学大体分为两个部分：一是引导学生理解文本内容，二是凭借此文本教授学生理解议论文事例论证的基本原则。此处截取第二部分进行品评赏析。

【品　析　点】透彻地理解写作方法

【关　键　词】思路；文本；巧问

精彩回放

师：事例论证。好了，现在我们就来探究一下这篇文章事例论证有什么特点。教材无非是例子，我们通过研究这篇文章的事例的特点，大家要去发现，发现什么？——议论文事例论证的基本原则是什么。发现以后我们才能运用这个原则去读议论文，用这个原则去写议论文。

现在我们开始研究，这篇文章的事例究竟有什么特点，从这些特点中你悟出了议论文使用事例论证应该遵循怎样的基本原则？

怎么探究呢？大家看，说明简笔的妙用用了几个例子？

生：两个。

师：成双。说明繁笔的妙用又用了几个例子？

生：两个。

师：成对。好了，问题就出来了，为什么说明简笔和繁笔的妙用都分别用了两个例子？我们从中去掉一个行不行？比如说明简笔的妙用的两个例子——"破落"和"紧"，我们随便从中去掉一个，行不行？

生：不行。

师：为什么？说说理由。

生：因为我们都举两个例子，能使文章表达得更全面，使它更具说服力；如果去掉了就不全面了。

师：你这个回答大方向是正确的。我们的探索是一步一步地，我们不可能一次就是正确的。刘老师也经常是肤浅的，没关系。接着说（**把话筒递给另一个同学**）。好，你说，为什么是两个例子，去掉一个例子行吗？

生：不行。如果只用一个例子，那么这个例子就有偶然性，并不严密。

师：这个回答我还不够满意。我认为这个同学没有答全面。好，那个同学说。

生：如果这么砍掉的话，这么说就是作者赞成这个写法，因为他说写繁笔的例子多一些，写简笔的例子少一些，我觉得不平衡，给人的感觉就是作者赞成写繁笔，对简笔持一种否认的态度。

师：嗯，你们同意她的看法吗？

生：同意。

师：我不同意。（**该生坐下**）你不忙坐，问题还没有理清。我一定要你把这个问题说出来，怎么办？我告诉她行不行？

生：不行。

师：不行怎么办？我们帮助她一下。我们经常用的一个词就是"点拨"。这两个例子，你看一看，和课文第一自然段第一句话有关系，那就是"惜墨如金"的后面是什么？

生：力求数字乃至一字传神。

师：好，那么这两个例子和这一句话是什么关系？哪个例子说明"数字"传神的？

生：破落。

师：哪个例子是说明"一字"传神的？

生：紧。

师：砍掉"破落"的例子，"数字"传神有没有依据？

（生摇头。）

师：砍掉"紧"字的例子，"一字"传神有没有着落？

生：没有。

师：对了，问题就在这里。我们读书要"字不离词，词不离句，句不离篇"。要学会瞻前顾后，整体把握，不要孤立地去看，要联系前后。因为作者提出"惜墨如金"，作者力求数字乃至一字传神。"破落"的例子刚好说明数字传神的，砍掉它数字传神没有依据。"紧"字刚好说明一字传神的，砍掉它一字传神就没有着落。就好像我们一个人两只手砍掉一只，那是不健全的。

好了，那么说明繁笔的妙用也用了两个例子，为什么也要用两个呢？砍掉其中一个行吗？谁来说？你来说。

生：我还没有想到。

师：好，那我还是点拨一下。你看这两个例子，和前面繁笔的两个特点是什么关系？

生：拳打镇关西是说明"穷形尽相"的，名角出场是说明"惜字如金"的。

师：砍掉拳打镇关西，"穷形尽相"有没有着落？砍掉"名角出场"，"惜字如金"能体现出来吗？

生：不能体现，所以不能砍掉。

师：所以这两个例子都是必要的。好，请坐。前面我们说过，读书要瞻前顾后，整体把握。好了，说明简笔的两个例子不能砍，说明繁笔妙用的两个例子也是不能砍的。不能砍，没关系，但是能不能增加？你说。

生：不能。太多了就会显得很拖沓。

师：好的，请坐下。说明简笔的妙用和繁笔的妙用的例子是必要的，而且也够了，再说下去，行文就显得翻涌拖沓，就好像我们在一件新衣服上面补上一个补丁，有必要吗？

生：没有。

师：对，没有必要。由此可知，议论文要遵循的一项基本原则是什么？事例应该是什么？好，你说。

生：首先要说明它的特点，然后用事例来证明它的特点。事例不能砍也不能增。

师：做到"不可增，不能减"。那么这样的事例必要吗？充足吗？

生：必要充足。

师：对了，请大家记住，我们议论文的第一个原则就是使用的事例必须是必要的，而且是充足的，要达到"不可增，不得减"，增加也不行，减少也不行。作者的这篇文章的用意符合他自己提出的要求。好了，不能增也不能减，由此我们悟出了一个道理：议论文事例运用的第一个基本原则就是——事例是必要的而且是充分的。

现在我们继续研究。看！（指向课件）说明简笔妙用的两个例子不能增也不能减，他们颠倒可以吗？后面繁笔妙用的两个例子不能增也不能减，那么能不能也颠倒顺序？想一想。大家来表达一下自己的观点，最重要的是要把道理讲清楚。哪个同学来说？

生：我认为顺序不能颠倒。因为如果两个事例的顺序颠倒的话，显得作者写的论据比较混乱。

师：比较混乱，这个话说得很关键。

生：也就是说，它前面的论点和后面举的论据应该是相照应的。

师：相照应的，你说得非常好。这说明她读书注意到了瞻前顾后，整体把握。你看，为什么"破落"和"紧"这两个例子是不能颠倒的，仍然跟前面"惜墨如金，力求数字乃至一字传神"这句话有关。对不对？数字乃至一字传神，"数字传神"说在前面，而"破落"是与"数字传神"相对应的，当然应该说在前面；"一字传神"说在后面，而"紧"是与"一字传神"相对应的，也应该放在后面。如果颠倒顺序，论点和论据就发生了错位。

同样地，"拳打镇关西""名角出场"，因为"描摹物态，求其穷形尽相；刻画心理，能使细致入微"，描摹物态、穷形尽相说在前面的，"拳打镇关西"体现了穷形尽相，当然要与之对应，放在前面；刻画心理、细致入微，等"名角出场"的焦急心态是用来说明刻画心理细致入微的，当然要放在后面。

由此，我们要得出议论文应用事例的第二项基本原则，大家来概括。事例和论点之间应该怎么样？

生：相互对应。

师：对了，是同学们发现的这个结论。好，议论文使用事例论证要遵循的第二项基本原则：观点与事例要丝丝入扣，不能发生错位现象。观点要统帅事例，事例要证明观点。

好了，继续探究，我们再看这篇文章的事例论证还有什么特点？现在我们一起来看一下。说明简笔和繁笔的妙用，一共是四个例子。请大家看，这四个例子从时代来看，你们看出了什么？

生：有古有今，从古到今。

师：它举的例子从时代来看，由古至今，为什么要这样安排？谁来说？为什么既要有古代的又要有今天的？

生：这样比较充分，各有代表。

师：对了，请坐下。大家看，它使用的例子既有古代的，又有今天的，那就说明什么？从古至今，这样来使用简笔与繁笔是历来如此的，这就突出了论点的历史性和规律性。

好了，继续思考这四个例子。说明简笔的妙用，你看，用的例子，偏偏是洋洋洒洒数十万言的《水浒传》，用长文章来说明简笔的妙用；说明繁笔的妙用除了用到长文章以外，偏偏以一向惜墨如金的鲁迅先生的短文章为例子。请大家思考一下，用长文章来说明简笔的妙用，用短文章来说明繁笔的妙用，为什么要这样举例啊？为什么说明简笔的妙用用长文章的例子，说明繁笔的妙用用短文章的例子。这又是什么意思？

谁来说？这个问题有难度哦，答不了没关系，本来就很难，答对了不得了，谁来说？（一女生站起来）好，这位同学知难而上啊，来，你说。

生：我认为它说明，简笔的妙用以这种长文章为例，可以形成一种对比。（师肯定：形成一种对比，好。）说明即使是在长文章中也可以运用简笔，在短文章中也可以运用繁笔，之间也是形成一种对比，让读者也更加体会到简笔与繁笔运用的重要性。

师：说明在长文章中可以用到简笔，在短文章中也可以用到繁笔，她这一点我觉得说得很不错。来，（指向下一位同学）你再说。

生：因为对于繁笔和简笔作者所要表达的都是"各得其宜，各尽其妙"，而并不在于文章的长短，所以简笔和繁笔，好处是表达了作者……（顿住。）

师：你说的话已经接近正确答案了，我再点拨你一下，请看第一自然段的"各得其宜，各尽其妙"的前面有句什么话。

生：文章的简繁又不可单以文字的多寡论。

师：好的，这个问题刚好照应了课文第一自然段的这句话，"文章的繁简又不可单以文字的多寡论……各得其宜，各尽其妙"。这两个同学的回答完全正确。说明简笔的妙用偏偏用长文章的例子，这就说明，不要因为文章长我们就滥用笔墨。说明繁笔的妙用，偏偏用短文章的例子，这就说明，不要因为文章短我们就脱离表达的需要而追求形式上的简，导致短而空。这就刚好照应了第一自然段所说的"文章的繁简又不可单以文字的多寡论……简笔与繁笔，各得其宜，各尽其妙"。

好了，刚才我们探讨这篇文章的事例论证的第三个特点，从用例的时代来看，有古代的，有今天的，刚才有同学说，有代表性。另外，说明简笔的妙用用长文章的例子，说明繁笔的妙用用短文章的例子，说明了什么？（一生回答典型性）好，对了，这个同学说得非常好，典型，是不是啊？于是乎，我们要总结出议论文使用事例论证的第三项基本原则，是什么？

生：（齐）要具有代表性，典型。

师：事例要有代表性，要典型。因为事例论证啊，我们从逻辑的角度来讲，它不是演绎而是归纳，是不完全归纳法中的简单枚举法，用个别性的前提推出一般性的结论，结论带有或然性。如果个别性事例不典型，没有代表性，他的结论就站不住脚，他的论点的正确性就不能够显示出来。

好了，我们从研究这篇文章的事例论证的特点出发，已经悟出了三项。我们继续探究，看哪位同学能发现这篇文章的事例运用还有什么特点。请大家聚精会神开动脑筋，发现，继续发现。

（生沉思。）

师：谁发现了？梦里寻它千百度，蓦然回首——

生：（齐）蓦然回首，那人却在灯火阑珊处。

师：谁发现了"灯火阑珊处"的那人？这个问题也有点难度哦！谁发现了？这篇文章的事例论证还有什么特点？（点一生）请你说。

生：没想到。

师：没想到，没关系，我帮助你。你看一下"言简意赅"中的第一个例子"景阳冈上的山神庙，着'破落'二字"，这句话的后边又有什么话？

生：便点染出大虫出没、人迹罕到景象。

师：对了，这个例子后面有这句话。这句话对这个例子是在起什么作用呢？

生：修饰。

师：修饰吗？

生：解释。

师：还有其他说法吗？（生说出众多答案）有同学说到了。哪位同学说的？你声音很小，你大胆地说。你说对了，却没有理直气壮。（一生起。）

生：我说的是点评。

师：这个同学谈到了点评，对了，请坐下。算是你们发现的。你看，四个例子之后针对这个例子都有点评。"着'破落'二字，便点染出大虫出没、人迹罕到景象。"

师："那雪下得正紧"，作者针对这个"紧"字就说了一长串，如金圣叹说一个"紧"字境界全出，鲁迅说一个"紧"字富有神韵，这都是对这个例子所作的点评。

师：由此，得出第四项基本原则，对事例论证所使用的事例要适当点评。

我们写议论文，同学们作文里最大的弊端就是观点加事例，缺少点评。为什么要点评？点评就是理性分析，就是说理的成分，就是演绎，就是体现事例和论点的内在逻辑关联，我们今后写议论文的事例论证，可不能再像过去那样，简单的观点加事例，对事例要进行点评。

好了，我们通过学习这篇课文，研究这篇文章的事例论证，大家已经悟出了议论文使用事例论证要遵循的四项基本原则，哪四项，我们再来归纳一下。

生：第一项，事例的列举要充足和必要。第二项，观点与所举的事例要一一对应。第三项，事例要具有代表性、典型性。第四项，对事例要有适当的点评。

师：今后我们在议论文的阅读与写作中，对事例论证一定要坚持这四项基本原则。

品评赏析

议论文有什么可教的？这是不少老师的疑问。除了让学生分清论点、论据、论证以外，还能教什么？特别是紧贴文本能够教什么，而不是离开文本话聊斋。刘永康教授的《简笔与繁笔》教学给我们提供了一个"用教材教"的典范。整个教学过程，围绕着该文用例的特点，抽丝剥茧，层层深入，引导学生通过对该文的细致解读悟得议论文事例论证的"法"——四条基本原则，有高度，有深度，有大气。

一、抓"特点"锁"原则"，高度聚焦

一堂语文课，或者语文课的一个环节，究竟要干什么，教师究竟要带领学生走到哪里去，不少教师往往并不清楚。或者教案上是写清楚了的，但实际上是一笔糊涂账。只有教师心中装着明确的教学内容，心中有着确定的教学目标，教学才是有效甚至高效的。我们来看本教例中，刘教授是怎样做的。

1.明白

一般的课堂教学中，教师和学生都不知道在干什么，更不知道对方想干什么。于是，师生双方或热闹、或沉静，各说各的话，各唱各的调，很难形成交集。没有合力，就没有效益。在本课例中，不仅教师明白要干什么，要到哪里去，而且学生也明白。且看：

现在我们开始研究，这篇文章的事例究竟有什么特点，从这些特点中你悟出了议论文使用事例论证应该遵循怎样的基本原则？

这里，教师非常明白地提出了研究的对象——"这篇文章的事例究竟有什么特点"，研究的目的——"悟出议论文使用事例论证应该遵循怎样的基本原则"。这样，师生就有了共同的前进方向，知道共同的奋斗目标，互动对话也就有了共同的平台，也就容易形成前进的合力。

2.确定

"明确"是"明白、确定"的意思，有了明白的方向和目标，还不够，还必须在教学过程中"确定不移"，不能发生偏移或者漂移。这一点，很多老师也处于不自觉的状态，教着教着就不知教到哪里去了，"脚踩西瓜皮，滑到哪里算哪里"。本教例中，教师始终扣住事例运用的"特点"用力，始终朝着"议论文使用事例论证应该遵循怎样的基本原则"前进。不离不弃，不枝不蔓，清清爽爽，干干净净。教学主线清晰，高度聚焦，"咬定青山不放松"，引导学生悟出议论文事例论证的四条基本原则：第一，事例的列举要充足和必要；第二，观点与所举事例要一一对应；第三，事例要有代表性、典型性；第四，对事例要有适当的点评。

二、扣"文本"守"运用"，稳扎稳打

新修订的《语文课程标准》指出："语文课程致力于培养学生的语言文字运用能力。"语文教学的本体是运用语言，而不是静态地研究语言。本教例着眼于事例论证的运用，也就是学生在议论文写作中怎样运用事例论证这一方法：

大家要去发现，发现什么？——议论文事例论证的基本原则是什么。发现以后我们才能运用这个原则去读议论文，用这个原则去写议论文。

本教例中，教师是从四个方面引导学生去探究的：（1）事例个数能否增减；（2）事例顺序能否交换；（3）事例选择有什么标准；（4）事例运用有什么要求。

怎样探究？凭借什么探究？这往往会成为一个问题。不少教师教学生写作文，都是空洞地传授一些东拼西凑而成的一些"教条"，或者举一两篇学生作文来"证明"——先有了一些"干条条"，然后找两篇文章来证明"干条条"的正确性。这种演绎式的教学激不起学生一点兴趣，相反会败坏学生的胃口。本教例中，教师深谙叶圣陶先生的"教材例子说"的真谛，一方面目光在远方——"教材无非是个例子"，要教学生运用语言；另一方面，绝不轻视这个"例子"，而是立足"例子"，用足、用好"例子"——紧紧扣住文本，让学生从文本中去探究。

比如，关于"事例个数能否增减"，教师引导学生一步一步紧扣文本进行探究：

——说明简笔的妙用的两个例子——"破落"和"紧"，我们随便从中去掉一个，行不行？

——好了，那么说明繁笔的妙用也用了两个例子，为什么也要用两个呢？砍掉其中一个行吗？

——不能砍，没关系，但是能不能增加？

通过探究，学生悟得了议论文事例论证的第一条原则——"事例的列举要充足和必要"。这里的"充足和必要"，就是数量上的恰到好处，恰如"东家之子，增之一分则太长，减之一分则太短"（《登徒子好色赋》）。我们常说，要努力开发教学资源，殊不知教材就是最需要开发的资源，教材是实施教学的第一资源。本教例在开发教材资源上已臻至境。

三、强"主体"凸"领悟",巧妙引导

我们常说"学生是学习和发展的主体""课堂是学堂",但往往无法落实到具体的课堂实践中。不少教师说理论一套一套的,但操作起来又是一个样子——在同一老师身上,理论与实践"两张皮"的现象尤需引起高度注意。本教例中,学生的主体地位得到了真正落实,教师施教的每一个环节、每一个小的步骤,都努力强化学生的主体作用——问题让学生思考,结论让学生得出——议论文事例论证的四条基本原则都是由学生"领悟""发现""概括"的。

学生的主体地位怎样实现呢?诗歌教学中需要突出朗读——因声传情,情以声显;戏剧教学中需要突出表演——体验角色,理解人物语言的动作性。本教例中,教师没有突出朗读,也没有突出表演,而是凸显"领悟"。这是依据特定文本的体式特点和教学目标的需要而精心选择的。

学生"领悟",教师干什么?本教例中,教师的作用不是向学生硬塞结论,不是代替学生下结论,不是带着知识走向学生,而是带着学生走向知识。孟子说:"引而不发,跃如也。"刘老师把教学的功夫就下在巧妙的引导上。此处的引导有"显引"和"隐引"。且看"显引"之处:

师:说明在长文章中可以用到简笔,在短文章中也可以用到繁笔,她这一点我觉得说得很不错。来,(指向下一位同学)你再说。

生:因为对于繁笔和简笔作者所要表达的都是"各得其宜,各尽其妙",而并不在于文章的长短,所以简笔和繁笔,好处是表达了作者……(顿住。)

师:你说的话已经接近正确答案了,我再点拨你一下,请看第一自然段的"各得其宜,各尽其妙"的前面有句什么话。

生:文章的简繁又不可单以文字的多寡论。

教师的点拨需要的就是"点在要害处,拨在疑难处",教师要在学生最需要的时候给予帮助。"隐引"之处是:

师:对了,这个例子后面有这句话。这句话对这个例子是在起什么

作用呢?

　　生:修饰。

　　师:修饰吗?

　　生:解释。

　　师:还有其他说法吗?（生说出众多答案）有同学说到了。哪位同学说的?你声音很小。你大胆地说。你说对了,却没有理直气壮。（一生起。）

　　生:我说的是点评。

　　师:这个同学谈到了点评,对了,请坐下。算是你们发现的。你看,四个例子之后针对这个例子都有点评。"着'破落'二字,便点染出大虫出没、人迹罕到景象。"

　　整个教例中,教师充分发挥主导作用,引导学生去"发现";引导得法,显隐自如,引导学生"发现"结论,"发现"规律,"发现"学习的愉悦。

刘永康论语文教学中的思维训练

　　在语文教学中,思维教学不是孤立地进行的,而是将思维训练渗透到识字写字、阅读、写作、口语交际、综合性学习实践活动之中,使语文学习活动与思维训练水乳交融,互相促进。绝不能把语文教学与思维训练分割开来,搞桥归桥、路归路,丁是丁、卯是卯。

　　（林润之、刘永康:《语文思维教学研究》,广西师范大学出版社,2017 年）

第七章

品味文本语言

文本语言是文本形式的重要内容。语言是思维的"物质外壳"，思维是语言的精神实质。语言是文本的物质媒介，脱离语言的文本解读是不复存在的。品味语言是为了更好地感知语言、运用语言和发展语言，是一种积极的、创造性的思维活动。语言品味的落实，是语文课本价值的重要体现。

20　上下求索取"真金"
——钱梦龙《论雷峰塔的倒掉》教学片段品析

品析者：谭周胜

【教学篇目】鲁迅《论雷峰塔的倒掉》（沪教版，八年级上册）

【教学说明】钱梦龙老师的《论雷峰塔的倒掉》教学思路可以简洁地概括为：摆出问题—分析问题—解决问题。此处截取的是第一课时第五个教学环节。

【品 析 点】合作探究，词语锤炼

【关 键 词】思路；文本；语言

精彩回放

师：上一课我们讨论了关于"憎塔"方面的三个问题。现在我们继续讨论这方面的问题。

生：（读6号卡片）作者小时候以为雷峰塔底下压着白蛇娘娘，所以希望它倒掉，是可以理解的。可是后来看看书，知道塔下并没有白蛇娘娘，为什么"心里仍然不舒服，仍然希望它倒掉"？

师：我知道这个问题对你们来说，也并不是太难的。你们想作者小时候希望塔倒掉，是出于一种什么心理？

生：小孩子的同情心。

师：那么长大以后呢？又是出于一种什么心理？

生：希望封建势力垮台。

师：是呀。你们想，这时候的雷峰塔在作者的心目中，仅仅是一座普通的塔吗？是不是还有一些别的含义？

生：雷峰塔是封建势力的象征。

师：为什么雷峰塔能够象征封建势力呢？所有的塔都会有这种象征意义吗？

生：雷峰塔本来是一座"镇压的塔"，而封建势力就是压迫人民的，所以能够象征。

生：老师，我认为你的问题提得不确切，鲁迅用雷峰塔象征封建势力，也不过是借题发挥，因此没有必要问别的塔有没有这种象征意义。

师：（惊喜）太好了！太好了！谢谢你的指正，我提这个问题是有些多余，现在我声明取消。（笑）的确，作者用雷峰塔象征封建势力，是借题发挥，未必是作者真的跟一座塔有什么过不去。再进一步说，雷峰塔的象征意义还可以扩大到一切压迫人的反动势力，这样理解，文章的意义就更深广了。这个问题讨论得好极了，从同学们的发言中，我也受到了启发。下面讨论7号卡片。

生：（读7号卡片）课文第4段"现在，它居然倒掉了"，我认为应该把"居然"改为"果然"。因为作者是一直希望雷峰塔倒掉的，现在"果然"倒掉，语气好像顺一点。

师：你"居然"敢为鲁迅改文章，真是勇气过人。（笑）这问题也是挺"高级"的，请大家发表意见。

生：我同意改为"果然"。"果然"表示塔倒是在意料之中，因为塔是终究要倒的嘛！作者是早就料定它要倒的。"居然"表示出乎意料，用在这里是有些不合适。

师：好啊，又有一位主张为鲁迅改文章的勇敢者！（笑）到底要不要改？我想再引用一下前一堂课上一位同学的话："鲁迅写文章是不会乱来的。"（笑）他这里用"居然"总有他用"居然"的道理，大家是不是也站在鲁迅方面替他想想？

生：我认为用"居然"比"果然"好。

师：好，你为鲁迅辩护，如果先生还在，我想他会高兴的。（笑）不过你要讲出理由来。

生："塔是终究要倒的"，这是必然的，作者又希望它倒掉，但是塔毕竟是不大会倒的，现在雷峰塔这么快就倒掉了，是出乎意料的，当然要用"居然"。

师：言之有理！我再作一点补充。大家看，紧接着"居然"这一句，下面是什么句子？

生：（齐）"……则普天之下的人民，其欣喜为何如？"

师："居然"表示雷峰塔倒掉这件事出乎意料地发生了，普天下的人民则为之无比欣喜，有一个成语恰好能够表达人民这种出乎意料的欣喜的感情，谁能说出这个成语？

生：喜出望外。

师：你真行！我现在宣布：你为鲁迅辩护成功！（笑）现在请大家再把三、四两段连起来朗读一遍，体会一下"我"从"希望倒掉"直到"居然倒掉"以后那种喜出望外的感情。

（学生朗读。）

师：你们是不是感到用"居然"引出下面的"欣喜"，给人一种加倍欣喜的感觉？（生接：是的）这里我顺便问一下：作者为什么不写自己欣喜，而要写人民的欣喜？"人民"之前为什么还要加上"普天之下"这个定语？

生：这说明希望雷峰塔倒掉的，不仅仅是作者一个人。"人民"之前加上"普天之下"，说明全世界人民都这样。（众生笑。）

师：你们为什么笑？

生：他说"全世界人民"范围太大了，外国人不会知道雷峰塔下压着白蛇娘娘。（笑）应该说是"广大人民"。

师：纠正得很好。不过他说的道理是对的，作者所以要写到"普天之下的人民"，表明他厌恶雷峰塔，强烈地希望塔倒掉，绝不是出于个人的好恶，而是跟广大人民的感情是一致的。这个问题解决得很好。

品评赏析

　　一段时间，鲁迅作品教学过分重视了鲁迅本人而忽略了作品本身，导致教师难教、怕教，学生难学、怕学。钱梦龙老师则带着对鲁迅作品的深刻理解，以语言为抓手，引领学生与文本进行多重对话，层层深入，水到渠成地挖掘出文本的精髓。

一、摆正位置

　　这堂课老师抓住鲁迅杂文"杂而不乱"的特点，首先搭建稳固的讨论平台，为学生提供认知停靠点，再采用"纵深推进"的方法，用亲切的语言和激昂而愤懑的语调，诱发学生积极思维，激发学生解决问题的欲望，让整个课堂充盈着"百家争鸣"的氛围。整个教学过程中，老师一直扮演着组织者、引导者的角色，准确引领学生与文本对话，一步步走进作者的精神世界，水到渠成。

二、深入文本

　　深入文本是语文教学的正途，通过与文本多重对话让学生达到潜心领会文本的目的。要达到这个目的，就得靠老师的教学功底与课堂教学艺术。

　　——我知道这个问题对你们来说，也并不是太难的，你们想作者小时候希望塔倒掉，是出于一种什么心理？

　　——那么长大以后呢？又是出于一种什么心理？

　　——是呀，你们想，这时候的雷峰塔在作者心目中，仅仅是一座普通的塔吗？是不是还有一些别的含义？

　　——为什么雷峰塔能够象征封建势力呢？所有的塔都会有这种象征意义吗？

　　老师从文本中家喻户晓的神话故事入手，将儿童心理作为切入点，"蜻蜓点水"，建立"塔"该倒掉的根基。再借题发挥，诱导学生对文本信息综合提炼，准确把握作者意图——"希望封建势力垮台"；再乘胜追击，暗暗用力"助推"学生思维——"仅仅是一座普通的塔吗？"让学生思维升华，得出"雷峰塔是封建势力的象征"的结论。也许到此可以作罢，可老师站在制高点大有不求"真金"不罢休之势，继续刨根问底，引导学生剥开文本肌肤去看骨子里面的东西，最后达到与作者心灵契合。

三、锤炼关键词

教学中教师与学生处于平等地位，但是毕竟学生的知识和经验不足，即使学生找到关键词，也可能会孤立或片面地对词语进行分析理解，甚至断章取义，此时老师的引导尤为重要。且看钱老师是如何作好引导的：

——你"居然"敢为鲁迅改文章，真是勇气过人。（笑）这问题也是挺"高级"的，请大家发表意见。

——好，你为鲁迅辩护，如果先生还在，我想他会高兴的。（笑）不过你要讲出理由来。

——言之有理！我再作一点补充。大家看，紧接着"居然"这一句，下面是什么句子？

——"居然"表示雷峰塔倒掉这件事出乎意料地发生了，普天下的人民则为之无比欣喜。

当学生提出将"居然"换成"果然"，老师在肯定学生求真的勇气的同时巧妙地把问题抛给大家。"一石激起千层浪"，调动学生求知的欲望，走进文本深处。并且，老师指导学生走进文本的语言表达是有变化的——先"请大家发表意见"，再"不过你要讲出理由来"，最后"大家看，紧接着'居然'这一句，下面是什么句子？"所有的变化都指向一个方向——结合文本通过比较"居然"和"果然"词义的差异以及表达效果谁更符合作者的思想感情，再将"居然"放入文本具体语言环境中进行品析，目的是与作者进行心灵对话，理解作者的思想感情。

四、语言艺术

课堂教学中老师要以平等、尊重、信任和谦逊的态度为课堂教学对话创造一个心理宽松、具有亲和力的班级教学氛围，让学生产生强烈的表达欲望，使学生的思维火花进一步燃烧迸发。钱老师在与学生对话中展现的语言技巧的运用可谓尽善尽美——"我知道这个问题对你们来说，也并不是太难的""那么长大以后呢？""太好了！太好了！谢谢你的指正""真是勇气过人""好啊，又有一位主张为鲁迅改文章的勇敢者！""大家是不是也站在鲁迅方面替他想想"等抓住分歧点质疑，通过争论让学生辨清是非。教师在与学生对话中也无处不透露着对学生的尊重、信任，以消除他们的紧张情绪和畏惧心理，让他们大胆发表自己的看法。钱老师还不停地变换自己的角色，激发学生的对话热情，把握学生的对话方向，确保对话的质量。

21　聚焦于文本语言的品味
——郑桂华《安塞腰鼓》教学片段品析

品析者：刘静　黄娜

【教学篇目】刘成章《安塞腰鼓》（人教版，七年级下册）

【教学说明】一堂精彩的课，是老师用心血培育的"花蕾"，也是老师智慧的"结晶"。郑老师的该堂课一反许多关于《安塞腰鼓》的常规教学，从"用教材教"入手，另辟蹊径，探究"语句形式"和"情感"的关系，值得借鉴。

其整体的教学思路是：检测预习，学习字、词；观看视频，形象感知安塞腰鼓的特点；走进文本，深入认识安塞腰鼓的特点；紧扣特点，筛选相关典型语句；品析语句，探寻"形式"和"情感"的关系；课堂内容小结。中间四个环节又可视为一个整体，是教学的主体部分，和第一、六环节构成完整的教学过程。本片段截取的是教学的第五环节。

【品 析 点】通过从"句式"和"选词"的角度品味语言，了解句子"情感"和"形式"相统一的特点

【关 键 词】目标；教法；习惯；点评

精彩回放

师：接下来我们小组合作，四人为一小组。做两件事：第一件事是在大

家交流的基础上，再找一些特别能传递奔放之情的句子；第二件事，把我们的思考推进一步，想一想为什么是这些句子，它们在句式上有哪些特征。有点难？

生：不难。

（学生讨论交流，教师巡视，约五分钟。）

师：也可以在词语的选用上进行讨论，发现词语选用的特点。（教师板书：句式、词语。）

师：我们有些同学已经发现一些了。每个小组准备派一个代表来发言，展示你们讨论的成果。（过一分钟）好，我们可以停下来了吗？

师：有同学问，如果没有说完，小组其他人可不可以补充。当然可以！我们在课堂上的交流应该是非常自由的。你随时可以调整你的意见，随时可以请同学补充，也随时可以去补充别人。（有不少小组举手想发言。）

师：现在还有没有发过言的小组吗？这儿有，要请他们先说了。好，大家看看他们的讨论成果。开始拿起笔，准备做笔记。来，你们的代表，慢点，不要着急。

生：第18段，用了排比，语气上非常强烈，有递进的意思。（师板书：排比。）

师：怎样排比的？

生：第一个"有力地搏击着"，第二个"疾速地搏击着"，第三个"大起大落地搏击着"，表达的意思一个比一个强烈。

师：它跟下面的排比一样吗？"它震撼着你，烧灼着你，威逼着你。"

生：一样，一个比一个幅度大，都是越来越强烈。

师：用词上呢？我们再来看一遍。

（教师范读"后生们的胳膊、腿、全身，有力地搏击着，疾速地搏击着，大起大落地搏击着。它震撼着你，烧灼着你，威逼着你"。）

生：这里三个词都是说明幅度的。

师：（教师看到该小组有同学举手）你们小组成员想帮助你一下。

生："有力地搏击着"是力度，"疾速地搏击着"是指速度，"大起大落地搏击着"说明幅度。

师：这三个"搏击"和下面的"震撼、烧灼、威逼"一样吗？

生：不一样，后面表明气势很紧张。

师：前面一组排比都是"搏击"这一个中心词，作者从不同的角度来修饰它，就像你用到的"力度、速度、幅度"。（板书：多角度修饰）而且都是从力度、速度这些有震撼力的角度来修饰的。（板书：力度、速度、幅度）下面是连续运用三个动词：震撼、烧灼、威逼。还有其他发现吗？

生：第7段用的也是排比和比喻。

师：比喻怎么能有气势呢？排比有气势我能理解。

生：比喻也有气势的。把"鼓点"比喻成"骤雨"，骤雨就是比较急促，也比较雄伟。

师：等一会儿。大家要记下来。好和不好都要记下来。

生：用"旋风"比喻"流苏"，"骤雨"比喻"鼓点"，"乱蛙"比喻"脚步"，都有气势磅礴的感觉。

师：你的感觉很好！我发现你的思考很有特点。你从喻体入手，这是一种很好的思考角度。（板书：喻体）为什么这些比喻能突出豪迈的气势呢？你能不能还原得更具体一点、明确一点。

生：这些喻体本身给人一种气势磅礴的感觉，用它们比喻要比喻的物体，也会产生气势磅礴的感觉。

师：好！你们有没有记下来？你们认为三个喻体中哪一个最突出？

生：骤雨。

师：对，"骤雨"的意象很突出，最后一句话有没有记下来？他说得很好，喻体的选择是能够传达作者感情的。作者选择的都是有活力的喻体，都是有速度和气势的。你看，骤雨是速度，骤雨是急速而来的，旋风是非常快速的，甚至带着一种强大的不可抵抗的力量。乱蛙呢，有没有听过蛙鸣？什么时候有蛙鸣？

生：最有活力的时候。

师：斗虎，也是有气势的。还有两个小组要交流，哪个小组先来？

师：（一个男生让女生先发言）很有风度！

生：我看到第12段。（朗读："容不得束缚，容不得羁绊，容不得闭塞。是挣脱了、冲破了、撞开了的那么一股劲！"）这里用了排比，写出了说不出来的一股劲。庞大的气势，一股劲。

师：你的朗读中好像没有把那股劲表现出来，你能不能重新读一下，试着把那股劲读出来？

（学生重新朗读这段文字。）

师：有进步吗？

（学生点头。）

师：有一定进步，但感觉还不到位。有人好像想帮助一下她。

（另一学生朗读这段文字。）

师：不错，现在有感觉了。这里三个"容不得"是什么语气？（板书：反复。）

师：你们小组还有谁想补充？

生：（朗读"这腰鼓，使冰冷的空气立即变得燥热了，使恬静的阳光立即变得飞溅了，使困倦的世界立即变得亢奋了"。）它这里用的"空气、阳光、世界"是从环境的角度来写的，又用了"燥热"来修饰它们，使环境显得更加紧张。

师：我看到圈这一段的有好几个小组。有没有不同的想法，来一起碰撞一下？

生：我认为这里用了排比。"冰冷"和"燥热"，"恬静"和"飞溅"，"困倦"和"亢奋"都是反义词，形成强烈的对比。

师：好！他的发现很有价值，在句式上用了排比，用词上运用反义词，后面还用了很好的说法——对比。很专业！还有要补充的吗？

师：前一个小组是从环境描写的角度来看的："空气、阳光、世界"，塑造了一种强烈、紧张的氛围。第二组是从排比、反义词对比的角度来看的。这节课我们从词语的角度来归纳一下，你们要做点笔记。好像还有人想讲？

生：（朗读"愈捶愈烈！形体成了沉重而又纷飞的思绪！愈捶愈烈！思

绪中不存任何隐秘！愈捶愈烈！痛苦和欢乐，生活和梦幻，摆脱和追求，都在这舞姿和鼓点中，交织！旋转！凝聚！奔突！辐射！翻飞！升华！"）这里"愈捶愈烈"用了三次，也是一个排比段。

生：还有内容，这一段应该接下去，"人，成了茫茫一片；声，成了茫茫一片……"

师：他加了后面一句。你是有意的吗？

生：这一部分应该是一体的，说明人融入了，声音也融入进去了。

师：他有个词用得很好，哪个词？

生：（齐声回答）"融入"。

师：（问前一个学生）你同意他吗？

生：同意。

师：人和人，人和鼓，人和自然，一切都是交融的，就像有同学在前面提到的"是来自大自然的东西"，才使得安塞腰鼓变得这么震撼人。大自然的力量是无穷的。我们投身到自然，融入到自然中去，我们的力量也是无穷的。（有学生说"无限的"）好，就用你这个词。有一个小组发扬了风格，现在轮到你们了，相同就不用讲了。

生：第20段。多水的江南，用了对比的写法，衬托出了黄土高原的雄壮。

师：很好！还有吗？

生：我读到的是第12段。"百十个腰鼓发出的沉重响声，碰撞在遗落了一切冗杂的观众的心上，观众的心也蓦然变成牛皮鼓面了，也是隆隆，隆隆，隆隆。"这里"山崖"变成了"牛皮鼓面"，运用了比喻和夸张。

师："山崖"变成"牛皮鼓"，声音会怎么样？夸张是有磅礴的气势的，李白的"白发三千丈""燕山雪花大如席"，有气势吧。

生：（另一人）还有第21段，这里有两个"厚"字，突出了黄土高原的悠久历史。

师：还有哪些发现？

生：我想为他补充一下。第27段用了很多感叹号。我们觉得黄土高原的人们把发现的好与坏，全部发泄到捶鼓当中。

师：对，刚才也有人提到了感叹句。你们有没有注意到，这篇文章的感叹句特别多，多到什么程度？几乎每段都有。我数过，全部 30 个自然段，有 15 段结束在感叹句上。为什么用这么多感叹句呢？或者说感叹句擅长表达什么？

生：用力。

师：作者的感情实在太强烈了。你看，轰轰烈烈，热情奔放，这样的感情都需要用感叹句。还有，这篇文章的句式段落都比较短。短句一般有什么效果？（板书：短句。）

我记得朱自清的《荷塘月色》中有"微风过处，送来缕缕清香，仿佛远处高楼上渺茫的歌声似的"，还有"弯弯的杨柳的稀疏的倩影"，他写荷塘的月色是什么感觉？

生：雅。

师：是环境的雅。节奏是缓慢的，所以他用的句子都是长句。而这里写猛和快，他的句子都是比较短的。在这里，我们要思考一下，这样的感情和这样的表达之间是一种什么样的关系？

下面，你们选择一段来朗读，体会感受一下这篇文章"感情与表达形式之间的关系"。（板书：感情——形式。）

（生轻声朗读。）

师：放开来，热烈奔放地读！

（生大声朗读。）

品评赏析

《安塞腰鼓》是郑老师的经典教学篇目之一，其中不乏精彩之处。不仅在教材使用上另辟蹊径，在教学设计、调控上也颇为突出。这里仅"窥探"她的语言品析艺术。

一、目标导航

教学中的"引"其实质是给学生明确的学习思考角度，让学生在学习的过程中有迹可循，有法可依。郑老师在该教学片段一开始就明确了"语言品析"这一学习目标，同时还指出了"小组合作"的学习方式和从句式、词语方面思考的角度。通过寥寥数语便让学生清楚地明白了"做什么"和"怎样做"，撑起了整个"语言品析"的教学活动，可见，郑老师教学中充满着"高处着眼"的艺术。请看：

接下来我们小组合作，四人为一小组。做两件事：第一件事是在大家交流的基础上，再找一些特别能传递奔放之情的句子；第二件事，把我们的思考推进一步，想一想为什么是这些句子，它们在句式上有哪些特征。

第一句，指明了学习方式：小组合作。第二句，指明了学习目标：语言品味，包括"品味语句"和"发现句式特点"两个方面。教学过程由浅入深，层次分明。

二、教法灵活

在阅读教学中，品味语言是学生走进文本与作者、人物进行心理对话的最佳方式之一，也是内化认知、升华情感体验的有效途径。将语句读通、读熟容易，撬开冰冷的文字外壳，将语言"品"出"味"来则非易事。郑老师在教学中是如何品出语言的"味"的呢？主要有以下两点：

1. 巧用比较

在品味语言过程中，郑老师借助对比将"品析"落到了实处。通过比较引导让学生层层抽丝剥茧，举一反三，习得能力。本片段比较之处较多，此处仅以其中一处为例。请看郑老师的引导语：

——怎样排比的？
——它跟下面的排比一样吗？"它震撼着你，烧灼着你，威逼着你。"
——用词上呢？我们再来看一遍。
——这三个"搏击"和下面的"震撼、烧灼、威逼"一样吗？
——前面一组排比都是"搏击"这一个中心词，作者从不同的角度来修饰它，就像你用到的"力度、速度、幅度"。（板书：多角度修饰）而且都是从力度、速度这些有震撼力的角度来修饰的。（板书：力度、速度、幅度）下面是连续运用三个动词：震撼、烧灼、威逼。

此处，大部分学生在品析时只能抓住表面信息"排比"而不得深入理解。郑老师顺势追问究其原因，引导学生从"词语"和"句式"的角度进行对比、分析。不仅让学生更深入地理解了语句的内涵和作者的写作手法，还加深了学生对排比的认识和对表达技巧的积累。前者是显性教学目标，后者是隐性教学目标，一举数得。

2.适用朗读

朗读是品味语言的法宝。在该教学片段中，郑老师一反教学中大面积地、频繁地朗读课文的教学模式，根据实际情况巧用朗读，适用朗读，借助朗读深化语言品味。在整个教学过程中，仅对学生作了一次朗读指导，布置了一处朗读任务。如：当学生情感理解不到位的时候，郑老师作了第一次也是仅有的一次朗读指导，要求学生反复朗读进而理解语句用词的特点，深入品味语句。

三、习惯培养

好的习惯，是成功的助推器。好的学习习惯是自主学习得以顺利展开的前提。因此，在教学中，教师需注重对学生学习习惯的培养。该片段中，郑老师则突出强调了这一点，多次要求学生做笔记。不仅如此，还以身示范和学生一起做笔记。请看：

——现在还有没发过言的小组吗？这儿有，要请他们先说了。好，大家看看他们的讨论成果。开始拿起笔，准备做笔记。来，你们的代表，慢点，不要着急。

——等一会儿。大家要记下来。好和不好都要记下来

——好！你们有没有记下来？你们认为三个喻体中哪一个最突出？

——你们要做点笔记。

四、点评精炼

教师对学生的评价是一门艺术，尤其是课堂上针对学生回答问题的情况的评价更是一门学问。它不但涉及老师对学生回答内容的领悟、提炼、概括能力，还涉及老师在教学中对此问题的思考、挖掘、定位等。这不仅是教师教学理念的展现，更是教师教学功底的显现。请看郑老师的一组评价反馈话语：

——好！他的发现很有价值，在句式上用了排比，用词上运用反义词，后面还用了很好的说法——对比。很专业！还有要补充的吗？

——前一个小组是从环境描写的角度来看的："空气、阳光、世界"，塑造了一种强烈、紧张的氛围。第二组是从排比、反义词对比的角度来看的。这节课我们从词语的角度来归纳一下，你们要做点笔记。

郑老师不仅针对学生的回答作了简要精练的信息反馈，最后还结合多个学生的回答针对问题紧扣教学目标作了清晰的概述。字数不多，要点精当、层次清晰，可谓"恰到好处"。当然，在教学中，郑老师也特别注重对学生采取鼓励性评价。

22 教出小说中的诗味

——程少堂《荷花淀》教学片段品析

品析者：李大琴

【教学篇目】孙犁《荷花淀》（人教版·旧版，高一下册）

【教学说明】2001 年，程少堂提出"语文味儿"概念，并开始在深圳市中语界做"面朝大海　春暖花开——'语文味儿'的理论与实践探索"的课题。《荷花淀》这堂课是研究小说教学怎样教出"语文味儿"的一堂示范课。其教学整体思路是：抓住人与自然、人与人、人与自我的三重关系，从文化的视角来解读《荷花淀》。

【品　析　点】角度新颖，诗意化的课堂

【关　键　词】角度；文本；诗意

精彩回放

师： 下面请同学们自由地朗读 1—3 自然段，你们什么都不要思考，仔细体会一下它的韵味。不是说像诗一样的美吗？你们仔细品味它怎么样像诗，怎么样美。

（生自由朗读。）

师： 好的，大部分同学读完了。昨天晚上，我在家把第一段编排了一下。不是说孙犁的语言像诗吗？我一个字也没有加，把它编排成诗的样子。

（放投影，第 1 段被改写成了诗歌）张晶啊，你带领大家读一下，领读。

（张晶带学生逐句读诗。）

月亮
升起来
院子里
凉爽得很
干净得很
白天
破好的
苇眉子，潮润润的
正好编席
女人
坐在
小院当中
手指上
缠绞着
柔滑修长的
苇眉子
苇眉子
又薄又细
在她怀里
跳跃着

师：孙犁的这篇小说开头是非常有名的，我读了大学以后还不知道它怎么好，别人说好，我也跟着说好，我怕我不说好，别人说我没水平。（笑声）后来慢慢慢慢地读多了，才知道它好在哪里。它没有什么华丽的词藻，纯粹是白描，像铅笔画的素描，但有内在的诗情和韵味，要慢慢地品味，要多读才能体会，所以我就不讲它，你们多读它。有人说，前面这些景物描写没有必要写它，我认为是要写的，不能不要的。这个等一下再说。这三段里集中写的什么东西呢？我认为写的是两个大的问题。[**板书：人与环境（风光）。**]

写的什么呢？一个是人——水生嫂，再一个是自然风光，写得很美。我想写这种美的用意何在？有什么特点？读了半天以后，请大家简单地说一下。哪位同学？首先说他的用意何在？抗日战争这么严酷，有这么恬静优美的环境吗？作家这么写是不是违反现实的呢？如果不是违反现实的，他的用意何在？哪位同学说一下？你们可以互相交流一下，不想交流就不交流，自愿，不想交流，就思考一下。好，这位同学，你报一下姓名。

生：王一杰。我觉得作者把景色写得这么美好，突然让我联想起艾青的一首诗，其中有一句：“为什么我的眼里常含泪水？”

师：（充满激情地衔接）“因为我对这土地爱得深沉”。嘿，很好！

生：（深受鼓舞）我觉得孙犁把这个土地写得这么美好，就会让人觉得这么美好的土地会有谁不爱？生长在这片土地上的人们，理所当然会对她有很深的感情。（老师插话：地灵人杰）我觉得这应该是所有抗日战士战斗的动力之所在。

师：嗨！说得好，说得非常好！（充满激情地）我们的祖国、我们的山河如此多娇，岂容日寇践踏蹂躏？就是这个用意嘛！她说得太好了，所以作家一点都不是违反现实，所以这几段不能不要！

那么，在这里，我再提个问题，这里写到这么美丽的环境，其中有水生嫂，这里人和环境之间是什么关系？你用一个词概括一下人和自然之间的关系。这个问题，对高一的同学来说，深了一点。（学生议论纷纷）好，你说。

生：和谐。

生：融洽。

张晶：我觉得好像有很多种，有一种就是互相渗透。给人的感觉，它这里好像那种环境很甜美，在里面也很平静的感觉；有时候我觉得这个女人很有中国情调。还有，看张爱玲的文章中说一个女孩子处在那个社会，如果哪个人会来找她，她可能身体已经深深地嵌在她处的这个环境中，拔也拔不出来了。感觉环境应该是渗透吧，不只是人影响环境，这个环境会给人一种很特别的气氛。

师：这个张晶太优秀了！（笑声）我觉得一般的中学生答不出来。她说这几段写人和环境之间是渗透关系，渗透关系在中国古典哲学里面叫什么呢？（**板书：天人合一**）天人合一，"天"是什么呢？"天"是自然，"合一"就是她刚才说的渗透关系，她没有说到这个词，但意思说出来了。人和自然之间呢，有很复杂的关系，但大体上有两种，一种是刚才大家讲的融合渗透的关系，一种是对抗的关系。高尔基的《海燕》，哪位同学记得？来，给我背几句。（**学生杂言背诵**）海燕是俄国革命者的象征，它是写人的，谁来背？背一句也行，不会背乱背一句也可以。（笑声）好，你来背。

生：我只记得最后一句："让暴风雨来得更猛烈些吧！"（笑声。）

师："让暴风雨来得更猛烈些吧"——这在孙犁的小说中喊是喊不出来的。那个海燕和乌云是一种什么关系？对抗对立关系。在传统的中国文学当中，典型的中国意境当中，一般来说，不出现这种意境，而是强调一种融合的关系，在人和自然之间。月亮升起来，他写的月白风清。我改一改，我随便改的，我这么改："乌云翻滚，电闪雷鸣，忽然一声炸雷，女人慌慌张张跑到屋子里。"（笑声）或者这样，写女人很坚强也可以："一声炸雷，几个雨点敲打在女人的脖子上，女人仍然在屋檐下编着她的席子，席子在闪电的照耀下就像刺向日本鬼子胸膛的刺刀。"（哄堂）孙犁的小说民族色彩浓郁，他不喜欢写那种和大自然急剧对立的环境，他所有的作品，基本上都是这种风格。所以我们用一个词来概括，人和大自然间是什么关系呢？就是同学们讲的和谐。（**板书：和谐**）这是中国文化的一个基本特点。现在西方还在学中国这个特点，包括成立环保局。人是大自然的一部分，人是大自然的产儿，所以，污染了大自然，糟踏了大自然，就是污染糟踏了人类的生存环境，污染糟踏了人类自己。

这里，我穿插一下，写芦苇，它自古以来在中国文化中就是个很典型的意象。大家知道，写杨柳，代表什么？

生：送别。

师：杨柳依依，随风起舞，好像缠绕着你，不让你走哇！写水的时候，那种水的柔情，是一种意象；另外，水也载舟，水也覆舟，势不可当，也是一种意象。中国古典文学当中，有许多基本定型的意象。芦苇在古代叫蒹葭，《诗经》中有一首《蒹葭》——

生：（主动站起）蒹葭苍苍，白露为霜，所谓伊人，在水一方。（学生鼓掌，笑声。）

师：哎呀，太好了，太好了！深中的学生，就是不一样！（学生欢呼）后来琼瑶写了一本小说叫什么？

生：（齐）《在水一方》。

师：《在水一方》这个电视剧的主题歌，琼瑶是根据《蒹葭》这个意境来改编的，有两句，我会唱，唱给你们听听。我唱得不好。（老师深情唱道："绿草苍苍，白雾茫茫……"，学生高兴，鼓掌，欢呼。）

品评赏析

《荷花淀》是经典名篇，也是新中国成立后中学语文教材中的传统篇目。传统名篇如何教出新意，是一个值得探讨的问题。程少堂老师独具慧眼，另辟蹊径，从文化的视角来重新解读《荷花淀》，让课堂充满诗情画意。

一、个性化的解读

程少堂老师讲《荷花淀》，打破了传统的讲小说（如小说的人物、情节、环境等）的角度，从一个新的角度——文化的角度来解读，使课堂充满浓浓的"语文味儿"。在该片段中，程老师让学生反复品读小说开头三段的景物描写后引导学生思索：这里人与自然是什么关系？（天人合一）并与高尔基的《海燕》作比较，让学生明白了：西方文化中人与自然的关系是一种对立关系，中国文化主张人和自然的和谐交融，呈现出一种天人合一的和谐美。

二、诗意化的课堂

语文课并不堂堂都是读诗、写诗，但语文课具有天然的诗意特质。遗憾的是，不少教师把诗都上得没有诗意了。"还语文课以诗意"，是不少有志之士的追求。程老师这堂课，就努力教出小说中的诗味。

1. 朗读中的"诗意"

程老师教学中不仅注重朗读，还注重朗读的韵味和意义，让朗读充满了"诗意"。如让学生反复品读小说开头三段的景物描写，其意义是理解人和自然的关系。同时让一位很有朗读天赋的女生领读改写的诗行，体现了朗读的韵味。

2. 文本解读中的"诗意"

在人与自然的关系上，程老师在这个片段中强调了和谐美，整个过程就如一首诗。月光如诗，女人如诗，芦苇如诗。从"芦苇"到《诗经》中的"蒹葭"，到琼瑶的小说《在水一方》，老师甚至用深情的歌声告诉学生：跳动在女人怀中的芦苇正是中国女人的爱情的象征。女人美好的情感在荷花淀的诗意环境中达到了和谐的统一。对整个文本深意的理解过程充满了"诗意"。

3. 课堂氛围中的"诗意"

在这个教学片段中，表现出了水乳交融的新型师生关系。程老师在课堂上态度谦和、平易，语言风趣、幽默。他对学生的尊重、肯定、激励使学生充满自信，师生间情意相通，水乳交融。当学生诵出艾青的诗"为什么我的眼里常含泪水"时，他充满激情地接上"因为我对这土地爱得深沉"；当学生朗诵出《蒹葭》时，他便深情地吟唱出《在水一方》的歌曲……真是其乐融融，这不正是一首诗吗？

23 传韵味，养语感

——李卫东《陋室铭》教学片段品析

品析者：李华平　李红

【教学篇目】刘禹锡《陋室铭》（人教版，七年级下册）

【教学说明】李卫东老师执教本课的教学思路大体分为四个环节：读准音，通文意—带感情，谈感受—传韵味，养语感—放胆评，出口诵。这里选取的是第三个环节。

【品 析 点】改写句式，体会情感，培养语感

【关 键 词】语感；涵泳；意蕴

精彩回放

师：通过上面的学习，我们搞清了文章的主旨。下面，我们进行第三遍读。这遍读要求同学们涵泳语言，品味意蕴，比如，哪些字眼的表达突显功力，哪些句子的节奏韵律给你留下了深刻的印象等等，读完后说说你的体会。（师板书：三读，传韵味，养语感。）

（生大声朗读。）

师：谁来说说读的体会？

生："可以调素琴，阅金经"给人一种闲雅的感觉。

生：文中押 ing 或 in 韵，读来朗朗上口。

生：第一句"山不在高，有仙则名"与"水不在深，有龙则灵"对应，山对水，高对深，对仗工整。

师：这下，问题来了，紧接下来是"斯是陋室，惟吾德馨"，如果改成与上文句式一致的句子不是更好吗？我们大家来改改看。（学生试着改写。）

生：房不在好，有我则行。

生：室不在陋，有德则馨。

师：室不在"陋"吗？对，说反了，应是室不在——华，我们可以改成：室不在华，有德则馨。行吗？意见不一致。那么，我们再来看这样一句，"苔痕上阶绿，草色入帘青"。它的后面几句是"谈笑有鸿儒，往来无白丁。无丝竹之乱耳，无案牍之劳形"。如果按两两相对的结构，可以改为"有苔痕上阶绿，有草色入帘青；无……，无……"同学们试着再加一加。

（学生试改：无房子之华丽，无闲人来打扰；无奇花异草，无群蜂群蝶……师逐一评点。）

师：老师也试着加一句：无名花攀影，无贵木帮衬。改后感觉怎么样啊？老师来读一下：山不在高，有仙则名；水不在深，有龙则灵。室不在华，有德则馨。有苔痕上阶绿，有草色入帘青。无名花攀影，无贵木帮衬。

生：缺少美的语感。

师：噢，他感觉出来了，结构太一致了，没有变化，一个调子，让人生厌。整散结合，长短结合，读来才会抑扬顿挫、摇曳生姿。我再提一个问题，"南阳诸葛庐，西蜀子云亭"，刘禹锡为什么把自己的陋室和诸葛亮、扬雄的房子作比较，最后才说"何陋之有"呢？这也是课堂开始那位同学提出的一个问题。

生：这两个人都立下了赫赫战功，把自己和这两个人并列起来，作者想要表达的是要像他们两个人一样建功立业。

生：这两个人品德都高尚，放在一起，突出自己的志趣。

　　叶圣陶先生说："文字语言的训练，我以为最要紧的是训练语感。"吕叔湘先生也说："语言教学的首要任务是培养学生各方面的语感能力。"《语文课程标准》指出："让学生具有独立阅读的能力，注重情感体验，有较丰富的积累，形成良好的语感。"语感是人们对语言文字直觉地感知、领悟和把握的能力，是对语言文字的意义和情趣的理解能力，是一个人语言素质的直接反映。语感强的人话听得明白，说得得体；文读得透彻，写得畅达。反之，语感弱的人很难靠直觉透过语言材料理解语言的表层意义，更无法体察、领悟、准确把握语言的深层含义。语感的强弱在相当程度上体现出一个人语文素质的高低。

　　语感培养是一个长期过程，需要在具体教学过程中得到具体体现。李卫东老师《陋室铭》的教学值得我们细细品味、学习。

　　一、诵读吟咏，感受语言

　　诵读是学习语文的一扇窗口，也是感受语言、训练语感的基本方式。"书读百遍，其义自见。"读得熟，则不待解释，自晓其义。李卫东老师在课堂上设计了四次读书环节，留给学生充分的时间与空间，让学生通过多种形式的诵读，得到感悟，形成语感。此处截取的第三次读，则直接指向语感能力的培养。而培养的第一步仍然是诵读。

　　二、咬文嚼字，比较推敲

　　语感是一种立体的感觉，语音准不准，用语当不当，句子通不通，语感强的人一听就听出来了，但这只是语感较为浅层的一面。语感是一种丰富、全面、深刻的感觉，它实质上是人的情理感、人格感。在这一教学片段中，李老师通过形象、思想、情感的比较，写作思路、文章结构的比较，句式、句型、修辞变换的比较，句子成分的增删比较，词义比较等多方面的比较推敲，更好地让学生体验感知，增强语感。

　　首先，以"字眼""节奏韵律"为切入点，教学生沉入文本，咬文嚼字：

哪些字眼的表达突显功力，哪些句子的节奏韵律给你留下了深刻的印象等等，读完后说说你的体会。

这是关键的一步，把学生由谈主观感受引导到改写句式上，通过句式比较体味语感。其次，让学生自主改写，运用改写句式、比较探究的方法培养学生语感。如：

这下，问题来了，紧接下来是"斯是陋室，惟吾德馨"，如果改成与上文句式一致的句子不是更好吗？我们大家来改改看。

最后，李老师通过比较改写前后的效果，激发学生情感。且看：

噢，他感觉出来了，结构太一致了，没有变化，一个调子，让人生厌。整散结合，长短结合，读来才会抑扬顿挫、摇曳生姿。

通过让学生自己探究，李老师成功地培养了学生改写及品味鉴赏的能力。叶圣陶先生讲到语感训练时曾说，要了解一个字、一个词的意义和情味，单靠查字典是不够的，必须引导学生推敲、揣摩、细细品味。可见"有目的、有计划、有选择地咬文嚼字，考究某个字词在特定的语言环境中的微言大义"，仔细琢磨精彩的句子、段落的妙处及其蕴含的艺术魅力，对训练语感是十分重要的。

三、深度品味，尊重学生独特体验

《语文课程标准》指出："语文课程丰富的人文内涵对学生精神领域的影响是深广的，学生对语文材料的反应往往又是多元的。因此，应该重视语文的熏陶感染作用，注意教学内容的价值取向，同时也应尊重学生在学习过程中的独特体验。"

我再提一个问题，"南阳诸葛庐，西蜀子云亭"，刘禹锡为什么把自己的陋室和诸葛亮、扬雄的房子作比较，最后才说"何陋之有"呢？这也是课堂开始那位同学提出的一个问题。

李老师重复开头提出的问题，选取这个环节提问，是考虑到学生已经充分理解了文本，有了深刻思考这个问题的能力。这里依然运用了比较的方法，但这是主题的比较。这个问题的设置，也把整篇教学带到了一个新的高度，文中以名人辅证，更突显了高尚情趣，深化了文本主题，使学生有了新的思考：

——这两个人都立下了赫赫战功，把自己和这两个人并列起来，作者想要表达的是要像他们两个人一样建功立业。

——这两个人品德都高尚，放在一起，突出自己的志趣。

对这个问题的回答，学生需要了解诸葛亮、杨雄这两个人物的基本性格，也需要联系主观感受回答问题。阅读必然会有思维的参与，学生独立的思考在阅读过程中起着重要作用，可以肯定，语感在阅读过程中有至关重要的作用。

24 尺水兴波，跌宕生姿 ①

——刘静《今生今世的证据》教学片段品析

品析者：李华平

【教学篇目】刘亮程《今生今世的证据》（苏教版，高中必修一）

【教学说明】借鉴国际上教师职前培养和职后培训的先进经验，高师院校对师范生教学技能的培养采用了"微格训练"的方式，让学生在较短的时间内（一般不超过 15 分钟）训练某一个方面的教学技能，或者执教某一个方面的教材内容，然后互动点评、修改方案、重新执教、比较分析、完善方案。

本课例是年轻的刘静老师应邀由本科师范生"点课"即兴所作的"片段课"示范。刘老师严格按照我们训练本科生的要求，把本科生当作中学生（高等师范院校师范生技能训练的一种特有方式），在 15 分钟内展示了自身解读文本、调动学生积极性的功夫，令在场师生齐声叫绝。其教学整体思路是：切入生活，调动体验—速读课文，筛选信息—锁定局部，品读赏析（重点）。此处截取的是第三个教学环节。

【品 析 点】抓住重点段落，重锤敲打

【关 键 词】思路；文本；朗读

---

① 此评课稿已发表在《师资建设》2010 年第 9 期、《中学语文》2010 年第 11 期。

师：今生今世的证据就是那些普普通通的事物。作者写这些事物主要集中在第二段和第四段。我们先来学习第二段。请大家将这段齐读一遍。

（生齐读。）

生：我走的时候还不知道向那些熟悉的东西告别，不知道回过头说一句：草，你要一年年地长下去啊。土墙，你站稳了，千万不能倒啊。房子，你能撑到哪年就强撑到哪一年，万一你塌了，可千万把破墙圈留下，把朝南的门洞和窗口留下，把墙角的烟道和锅头留下，把破瓦片留下，最好留下一小块泥皮，即使墙皮全脱落光，也在不经意的、风雨冲刷不到的那个墙角上，留下巴掌大的一小块吧，留下泥皮上的烟垢和灰，留下划痕、朽在墙中的木橛和铁钉，这些都是我今生今世的证据啊。

师：请大家注意，作者说"我走的时候"，这是想告诉我们什么？

生：这篇文章是从今天的角度去回味往日的生活。

师：很好，"回味"这个词用得很准确。那他到底是回味什么呢？

生：回味离开故乡时的那种情形，那种心情。

师：作者说"我走的时候还不知道向那些熟悉的东西告别"，"还不知道"（重读"还"字）表明作者现在回想起当年离开故乡时的情形，心情怎样？

生：有点责怪自己。

师：很好，你读读，把那种责怪自己的心情读出来。

（生有感情地读，全体鼓掌。）

师：读得很好。这一段，表达作者情感的词语还不止"还不知道"。请大家勾画出传达作者情感的字词。

生：作者用了表达强烈感情的"啊"字。"草，你要一年年地长下去啊。土墙，你站稳了，千万不能倒啊。"

师：你很善于抓住关键词，非常好。作者要用这两个"啊"字表达一种什么样的强烈情感？

生：强烈的期盼，期盼草越长越茂盛，期盼墙站稳。

师：这里，还有没有表达强烈思想感情的词语呢？

生："千万"。

师："千万"在这里是什么意思？

生：无论如何。不管风吹雨打，不管人推牛撞，都不能倒。

师：你说得可真好。请你读一读，读出那种强烈的期盼。

（生朗读。）

师：你读得很好了，但老师觉得味儿还不够，再试试。语气上似在和草、墙商量，情感除了强烈的期盼，还有一种厚重的嘱托。

（该生表情十分投入地朗读，众生鼓掌。）

师：太好了，够味儿了。大家再看看，后面的句子也用了"千万"……

（生不自觉地读出了那些句子："房子，你能撑到哪年就强撑到哪一年，万一你塌了，可千万把破墙圈留下。"）

师：同学们很善于寻找关键词，通过关键词理解作者的情感。大家看，还有没有与"千万"一样，也能表达作者强烈的期待之情的词语。

（生沉默，一分钟后一生站起。）

生："最好"。作者说："把破墙圈留下，把朝南的门洞和窗口留下，把墙角的烟道和锅头留下，把破瓦片留下，最好留下一小块泥皮。""最好"，表达的是内心最大的愿望。

师：你真会分析。作者在这里，用了一些表达内心强烈情感的词语，表达自己的一种期盼。这样的词语在这句中还有吗？

（生沉默。）

师：老师给大家读一读，（将"一小块"换为"几打"，将"破"删掉）这样读好吗？

生：不能，不能表达那种强烈的情感。因为这"破"、这"一小块"更能显出"我"希望留下证据的愿望十分真切、强烈。

师：好！请一位认为自己可以比其他同学读得更好的同学来为大家朗读一下。谁来挑战？

生：（入迷地开始表演他的朗读，语言已不够表达他的情感，于是手舞足蹈）房子，你能撑到哪年就强撑到哪一年，万一你塌了，可千万把破墙圈留下，把朝南的门洞和窗口留下，把墙角的烟道和锅头留下，把破瓦片留下，最好留下一小块泥皮。

师：你读得不错，不过我还想听到那种强烈的期盼，虽然"我"知道土墙经受不住风雨的敲打、岁月的洗礼，终会坍塌，然而我依然有那强烈的期望，所以要读出那种强烈的情感来。

（另一生摇头晃脑地读。）

师：读得太好了，我们把掌声送给他。请同学们再勾画出该段中刚才被忽略的表达情感的字词。

师：同学们再看一下，除了责怪、期盼以外，还有什么样的情感在字里行间流淌？

生：……有一种后悔的情感。

师：同学们同意他的观点吗？

生：同意。

师：是啊！有一种后悔、惋惜。还有吗？

（生沉默。）

师：（提醒）"把……留下"三个连用，"留下……"三个连用，同学们注意前后作者的情感可有变化。大家先将这部分读读，仔细揣摩。

（生读。）

生：好像有；有。

师：请在该句话中，找一两个最能体现其情感变化的字词。

生："即使"。

师：请说说你的理由。

生："即使"本来就是一个连词，我就感觉在这里有了变化。

师：很好，你在揣摩的时候注意了词性，值得表扬。稍后我们再来验证你的感觉对不对。还有吗？

生：我也认为是"即使"。

师：同学们都有一双慧眼，"即使"是一个表示让步的连词。请问，作者的情感产生了一个什么样的变化？为什么？

生：虽然"我"极力想留下些证据，然而，土墙房子在风雨中定会坍塌，作者虽然一再强烈地给予它们嘱托，终免不了这样的事实，所以他就不再乞求。于是变得强硬了，就像我们平时和别人谈话一样。

师：你太聪明了。同学们就她的观点再作思考，然后在"即使"一词旁边作好批注。（师随机看看同学们批注的情况。）

师：该句中还有一个词的变化也体现了这一点，大家找找。

生："啊"变成了"吧"。

师：太棒了，请同学们再带着这种强烈的期盼、略微的伤感和变化的情感来朗读该段。

（学生齐读。）

师：同学们，证据其实很简单，就是那些承载了我们印迹的琐碎的、普通的事物。如此简单、平淡，却让我们如此留念、回味。

品评赏析

写长篇小说易，写短篇小说难，写小小说尤难。因为篇幅短小，供作家跳舞的空间有限，弄不好会四处碰壁。教学亦如此，像《今生今世的证据》这样一篇很有难度的散文，给两三个课时，也许能够上得像模像样；但，如果只有短短的十来分钟，恐怕很多人都会望而却步。

这种"微型课"，需要执教者具备"尺水兴波"的功夫。由于时间只有十来分钟，就特别需要执教者在宏观把握文本的前提下，选点突破，以点带面。这个"点"，可以是针对文本的某一种解读方法，可以是文本中的某一种写作方法，也可以是文本某个部分或某一两个段落，还可以是某一种学习方法或学习要领。选准了"点"，抓住不放，重锤敲打——打得火星四溅，打得霞光满天，打得心潮澎湃，打得泪流满面。

刘老师正是把握住了这种"微型课"的特点，尺水兴波，抓住一点，重锤敲打，使得整堂课跌宕生姿，可圈可点。

一、思路清晰

"麻雀虽小，五脏俱全。"尽管只有十来分钟，仍然需要清晰的教学思路。这堂课，老师的教学思路大体上可以简单地概括为"切入生活，调动体验——速读课文，筛选信息——锁定局部，品读赏析"。教学就这样呈现出"纵深推进"的态势，而非平常不少课堂常见的"平面滑行"。在节选的这一教学片段中，这种纵深推进的局部教学思路，更是充分地体现在"理解作者情感"的教学中。这里，老师采用"筛选关键词，品读关键句"的方式进行，一步一步富有层次感地带着学生理解作者"自责——期盼——惋惜"的情感。值得指出的是，老师在这里还引着学生品读出了作者情感的变化，特别是对大家容易忽略的"即使"（"即使……也……"）一词的品读。

二、深入文本

文本是语文教学的根本，深入文本是语文教学的正途。遗憾的是，现在的不少课堂，往往在文本上虚晃一枪就跑，或者装腔作势，或者蜻蜓点水。总之带着学生做"平面滑行"运动——在文本外摆弄着优美的舞姿，可一真正碰触到文本，就软弱无力，像一只泄气的皮球。要在"尺水"里"兴波"，必须深入文本。令人欣喜的是，刘老师这堂课，抓住"情""景"二端，敲开语言文字坚硬的外壳，沉入词语，在文本中作深水潜游。比如，引领学生抓住关键词"啊""吧""千万""最好""即使"和"把……留下"的句式，揣摩作者的情感，通过朗读体验作者的心情。

这里有个关键问题：怎样让学生抓出关键词语，学生怎么知道那就是关键词语，而抓住那些关键词句就能走进文本，就能理解作者情感？《柳毅传书》的故事中，小龙女托柳毅传书，柳毅就曾问道："洞庭是深水大湖，我只能行走在人世间，怎么为你带信呢！只怕幽明路隔，没有办法相通……"柳毅的问题，其实就是我们学生的问题：怎样才能走进文本？

解决这一关键问题，就要靠老师具体、到位的引导。《柳毅传书》中，小龙女指出的办法是："洞庭湖的南边有棵大橘树，本地人称为'社橘'。你可解下这根腰带，系上其他东西，然后敲树三下，就会有人回应。您跟着他走，就不会有问题了。"简单地说，就是用腰带敲神树。那么，这堂课里，老师是怎样引导学生找出关键词来品读的呢？且看下面这些教学中具有引导性的话语：

（1）作者说"我走的时候还不知道向那些熟悉的东西告别"，"还不知道"（重读"还"字）表明作者现在回想起当年离开故乡时的情形，心情怎样？

（2）这一段，表达作者情感的词语还不止"还不知道"。请大家勾画出传达作者情感的字词。

（3）这里，还有没有表达强烈思想感情的词语呢？

（4）同学们很善于寻找关键词，通过关键词理解作者的情感。大家看，还有没有与"千万"一样，也能表达作者强烈的期待之情的词语。

（5）你真会分析。作者在这里，用了一些表达内心强烈情感的词语，表达自己的一种期盼。这样的词语在这句中还有吗？

（6）请同学们再勾画出该段中刚才被忽略的表达情感的字词。

（7）同学们再看一下，除了责怪、期盼以外，还有什么样的情感在字里行间流淌？

（8）请在该句话中，找一两个最能体现其情感变化的字词。

（9）很好，你在揣摩的时候注意了词性，值得表扬。稍后我们再来验证你的感觉对不对。还有吗？

（10）该句中还有一个词的变化也体现了这一点，大家找找。

第（1）处，属于教师的示范分析，抓住"还不知道"来理解作者的情感；后面的几处，则均属于"逼"着学生通过寻找、品析"表达内心强烈情感的词语"来理解作者的情感——老师并不直接告诉学生是什么样的情感，而是通过品读来体验，通过学生的口来表述。教师对学生的指导，要求明确——"表达内心强烈情感的词语"。这个要求，就是特征鲜明的"社橘"。学生找到这棵"社橘"，然后用腰带去敲击——通过反复朗读去品味，就走进了文本深处，与作者的心灵相契合。

还有一点，也值得我们注意，老师指导学生走进文本的语言表述是有变化的——或者"勾画出传达作者情感的字词"，或者"还有没有表达强烈思想感情的词语呢", 或者"还有什么样的情感在字里行间流淌", 或者"找一两个最能体现其情感变化的字词", 或者"还有一个词的变化也体现了这一点"。但所有的变化, 都指向一个方向——通过品读"表达内心强烈情感的词语"理解作者的情感。正是在这一方向的指引下, 教师对学生读书方法的指导——承载强烈情感的词语常常是副词、叹词、形容词、连词和反复出现的词句——则成为隐性目标, 而服从于此篇散文教学"理解作者情感"的显性目标。当然, 如果将读书方法的指导作为显性目标, 那将会是另一种颜色的精彩了。但不管是追求哪种精彩, 都必须深入文本, 与文本进行深度对话。

三、朗读到位

朗读是"尺水兴波"的重要方法。在极为有限的时间里, 进行多角度、多层次的朗读, 是语文课的重要"看点"。让"看点"成为亮点, 就需要对朗读进行具体到位的指导。在这一教学片段中, 朗读的方式有: 齐读, 个别读, 尝试性读, 示范性读, 挑战性读。朗读最忌讳的是泛泛而读, 缺乏具体的要求, 我们看一下这个教学片段中, 老师指导学生朗读时的要求:

（1）你读读, 把那种责怪自己的心情读出来。

（2）请你读一读, 读出那种强烈的期盼。

（3）你读得很好了, 但老师觉得味儿还不够, 再试试。语气上似在和草、墙商量, 情感除了强烈的期盼, 还有一种厚重的嘱托。

（4）老师给大家读一读, （将"一小块"换为"几打", 将"破"删掉）这样读好吗?

（5）请一位认为自己可以比其他同学读得更好的同学来为大家朗读一下。谁来挑战?

（6）你读得不错, 不过我还想听到那种强烈的期盼, 虽然"我"知道土墙经受不住风雨的敲打、岁月的洗礼, 终会坍塌, 然而我依然有那强烈的期望, 所以要读出那种强烈的情感来。

（7）请同学们再带着这种强烈的期盼、略微的伤感和变化的情感来朗读该段。

这里，老师对学生的每一次朗读都有要求——读出情感。即使是听老师朗读，也要求学生进行比较——"这样读好吗？"这样让学生带着任务朗读，带着任务听朗读，就有效避免了朗读中的无效与松散。朗读的层次感——读出"责怪的心情"，读出"强烈的期盼"，读出"略微的伤感和变化"，则是随着学生对文本逐层深入、理解而进行的。当然，这里也还可以有另外一种朗读的组织形式：由老师直接提出每次朗读的要求，然后由学生一次一次去朗读。但这种方式，省掉了学生理解的过程，有为了朗读而朗读之嫌。本课例则是将朗读建立在学生对文本理解的基础上的，又反过来通过朗读加深对文本的理解。

李华平论课堂教学的聚焦

如果一个时间段内想解决的问题太多，教学时间和师生精力都极度分散，教学过程显得手忙脚乱，浅尝辄止——多、散、乱、浅的问题由此产生。在这个意义上说，课堂教学没有聚焦就没有力量，没有聚焦就没有效果。

（李华平：《提高语文课堂教学的"聚焦度"》，《现代基础教育研究》，2013 年第 2 期）

25 以问导学，语感思辨

——洪镇涛《乡愁》教学片段品析

品析者：朱晶雯

【教学篇目】余光中《乡愁》（人教版，九年级上册）

【教学说明】《乡愁》是诗人余光中于 1972 年创作的一首现代诗歌。洪镇涛老师选择以文本的语言细节来移形变换，以巧妙的设问和点拨式的启迪来进行语感训练，既鉴赏品悟了诗美，又在课堂上将语感思辨置于学生的愤悱状态之中，令人印象深刻。其教学环节可分为两个部分，第一部分是带领学生有感情地熟读诗歌，通过美读感悟诗美；第二部分是以巧妙设问和点拨启迪的方式锤炼学生的思维和语感。本文选取第二部分来进行品析。

【品析点】在巧问与启迪之间锤炼思维和语感

【关键词】问题串联；文本变换；思辨

精彩回放

师：读得不错，清楚。也有一定感情，当然，要读得很好，还要深入读。

（教师范读。掌声。）

师：刚才听了同学读了两遍，我读了一遍。你们感觉，在读这首诗的时候，语调应该是明快的还是深沉的？（生齐答：深沉的）节奏应该是急促的还是舒缓的？（生齐答：舒缓的）语调应该是深沉的，节奏应该是舒缓的！（板书：语调深沉，节奏舒缓。）

为了帮助同学们理解这首诗，我想提几个问题请大家思考。

问题一：这首诗共有四个小节，大家觉得它们之间的顺序能够改变吗？

生： 不可以！

师： 请说说理由。

生： 这首诗好像是按照从小到大，按时间顺序来写的。

师： 你怎么知道是按时间来写的？

生： 每小节的开头，都有一个时间的标志。"小时候""长大后""后来呵""而现在"等时间标志明显。

师： 还有没有理由？

生： 我觉得是按照把"乡愁"比喻的事物由小到大排列的：邮票、船票、坟墓、海峡。

师： 作比的事物是由小到大，她发现的这个特点，好像也是存在的。看看还有什么顺序。

生： 我觉得在感情方面它是层层递进的。

师： 它是怎么层层递进的？

生： 先是对母亲的想念，那个时候母亲还在人世；然后是对新娘的爱恋。后来是对母亲离去的悲痛，我觉得这段也为后面作了铺垫，借用这段来抒发感情，因为大陆也是他的母亲。从这个角度看，是无法改变顺序的。

师： 她发现了这样一个感情发展的顺序特点。大家同不同意？

生： 同意！

师： 我顺便介绍一下余光中。

余光中，祖籍福建。21岁离开大陆到台湾，在台湾大学毕业后又到美国进修。回来之后，先后在台湾大学和香港大学当教授。从60年代开始写了很多怀乡诗，这首诗是70年代写成的。据他说，写这首诗酝酿的时间很长，真正写的时候只用了20分钟。原来，第一小节，写他小时候，读寄宿小学，不能每天回家，想念母亲，母子之思；后来结婚了，到美国进修，当时大概航空不发达，来回坐船，借助船票回家探亲，夫妻之恋；后来母亲去世了，生死之别；最后，从个人的情感升华到对祖国统一的关切，对祖国的眷恋。这一点，他也说过：我后来慢慢意识到，我的乡愁应该是对包括地理、历史以及文化内容的整个祖国的眷恋。

师：同学们的水平很高，问题回答得很好！

问题二：第四节中"乡愁是一湾浅浅的海峡"，我觉得"浅浅的"用得不好，我想改为"深深的"，好吗？

师：请看，我这样一改就强调了台湾跟大陆隔离的状况，大家赞不赞成？赞成我的举手（一个也没有）；不赞成的举手（100％）。那你们说说理由，要说服我！

生：因为"浅浅"的海峡，比喻可以逾越的一种希望，作者的希望是有一天台湾可以回归嘛！

师：回归？

生：台湾回归到祖国母亲的怀抱！

师：特别地纠正一下，"回归祖国怀抱"说法不妥。香港、澳门被外国人占领了，后来回归到祖国的怀抱。台湾曾经被日本人占领，抗战胜利后，已经回到祖国的怀抱，现在还是中国人在掌权呢，不是外国人，台湾与大陆是"统一"问题，不是"回归"祖国怀抱的问题。明白吗？这句话说得不妥当。但是，她表达的意思很好，觉得用"浅浅的"，祖国统一就有希望。

生：我觉得这是一种反衬方法，前面"小小的""窄窄的""矮矮的"都是反衬，"浅浅的"反衬出那一代人怀念祖国的乡愁的深度。

师：用"小小的""窄窄的""矮矮的""浅浅的"反衬作者乡愁之浓、之深。还有没有？你们开始说服我了。确是"浅浅的"好像更好，不仅是跟前面的用词取得一致，还说明台湾、大陆本来就没有不可逾越的鸿沟。现在的分裂完全是人为的原因造成的。大陆和台湾一定要统一，一定会统一。

问题三：我总觉得这首诗表达的意思较为含糊，诗人内心的思想没有明确地表达出来，我改写一下，大家评一评怎样。

小时候，乡愁是对母亲的思念。我在这头，母亲在那头

长大后，乡愁是对爱人的恋挂。我在这头，新娘在那头

后来啊，乡愁是对亲人的哀悼。我在坟墓外头，母亲在坟墓里头

而现在，乡愁是对祖国统一的渴望。我在这头，大陆在那头

师：怎么样？洪老师改得怎么样？

生：（齐）不怎么样。

师：我觉得还挺不错的。那你们说说怎么"不怎样"？（指后排学生）来，那个同学。

生：改过以后，感觉这首诗显得很浅显，不像原来那么有韵味，很难得到感情上的共鸣。

师：我觉得我改得不浅显，还没有说服我。还有谁说说？

生：我觉得原诗表达得更为婉转，让读者更能体会作者深深思念的感情。改写后，虽然也有感情，但是少了那种耐人寻味的东西。

生：余光中用四种事物表达自己内心的情感，而洪老师直接说出对乡愁的思念，这样不耐人寻味，意思太直接了。如果用比喻的方法，更能让读者深刻地体会到那种思念的情感。

师：现在差不多能说服我了。他说余光中借用了四个事物来表达内心的感情，耐人寻味，老师直接说出来了，反而不耐人寻味。

生：我说的和他们说得差不多。因为诗本身就有一种韵味，用直白的手法写出来就不叫诗了。而且用比喻的手法，会更深刻。

师：诗歌这种文学作品，是越含蓄、越形象越好，直白就不是诗了，这是诗歌的特点。是的，我的改句太直白了。刚才那个男同学说得挺好，原诗借助了四个具体的事物，来寄托作者的乡愁，显得特别形象，特别含蓄婉转、耐人寻味，这确实说服我了。

问题四：每一段第二句都有一个"是"，把所有的"是"全改为"像"，"乡愁像一枚小小的邮票""乡愁像一张窄窄的船票""乡愁像一方矮矮的坟

墓""乡愁像一湾浅浅的海峡"行不行？为什么？

生：老师上课前说过，作者写这首诗是酝酿了很长时间写的，如果改为"像"就感觉作者好像对这种情感不是特别深刻。可实际上，作者是被这种情感困扰了很久的，所以我认为用"是"更好一点。

师：这个没有说服我。"是"就深刻，改为"像"就好像不深刻，这个好像没有道理。谁再说？

生：我觉得改为"像"给人置身事外的感觉，用"是"就是把所有的感情都寄托在"邮票上""船票上""坟墓上"和"海峡上"。

师：也没有说服我，可能这个问题有点难。大家想想，有时"是"是可以改为"像"的："我是一只小鸟"和"我像一只小鸟"是相通的。"小时候，乡愁是一枚小小的邮票"，"乡愁"跟"邮票"有相似关系吗？有没有？有哪些地方相像，是不是个比喻呢？这里不是比喻，其实是个省略句。应为"小时候，乡愁是寄托在一张小小的邮票上的"，这里不能改，不是暗喻。注意这一点，大家要朗读好，作者的感情发展是有层次的，要读出这种层次来。

请刚才这个女同学来读。

（女生读。）

师：不错，基础很好，但是还没有突出这种感情来。特别是第三小节。（师范读第三节，并且解说作者很悲伤。师反复吟咏第三节的"我在外头，母亲在里头"，然后让学生自己读全诗，要求放声读，各自读自己的，不要齐读。）

品评赏析

一直以来，诗歌教学经常停留在朗读诵读、赏析意象、理解中心的教学模式中，辅之以师授鉴赏的方法理论。在这种模式中，一般而言都是从语言材料中抽取或印证系统的语文知识，以分析、比较和归纳的方式来研究文本，但是对于学生语言运用素养的提升与落实则显得不那么有"针对性"。洪镇涛老师关注"学习语言"，强调"学习语言"是语文教学的本体；注重感受、领悟和积累，主要方法是语感培养。这节《乡愁》教学娓娓道来，妙趣横生，循循善诱，启发思辨，不只是让当堂的学生学有所获，20多年过去，其中蕴含的语文教育哲学依然经久不衰，熠熠发光。

一、"语感之训练"——感受揣摩，实践分析

新课标开宗明义正本清源："语文课程是一门学习祖国语言文字运用的综合性、实践性课程。"[①]洪老师早在世纪初就旗帜鲜明地提出："语文是一种能力的建构，而不是一种知识体系。学生的语文能力（听说读写能力）的形成，主要靠语言实践，即在听说读写中感受语言，领悟语言（形成语感），积累语言，运用语言。"[②]令人醍醐灌顶，常读常新。

我们以中文做母语，自小就会讲中文，沉浸在这样一种语言环境里，天然的具有了一种语感，我们不需要在开口说一句话之前思索我们要怎么说，不需要考量我们的话语是否符合语序语法。这是一种口头上的语感，但是是低层次的，并不完全可靠。而我们要深入细致地学习祖国语言文字的运用，这是一种真正高层次的语感力的形成，离不开有意识地语感训练。学习语言，不是一种纯粹客观的认识，而是一种带有浓厚主观色彩的感性与理性的统一的感悟过程。我们学习语文主要不在于获取知识，而在于吸收、积累语言和语感。

《乡愁》的教学中洪老师的四个问题全部围绕着文本用词用语的细节，做移形变换与细节推敲——"换顺序"（交换诗节顺序）、"换词语"（改"浅浅的"为"深深的"）、"换方式"（改委婉为直白）以及最后一个难度进阶的对于单字"是"的推敲。洪老师遵循语文教学的规律，用他过人的语感找到文本中语感因素很强的、很有辨析意义的地方，带领学生感受、领悟、品味文本语言，渐入佳境，毫无刻意感。借助语言知识，联系平时的阅读体验，自然而然地引导学生从语言文字的遣词造句、章法格式入手去比较分析。

---

① 教育部.普通高中语文课程标准（2017年版）[S].北京：人民教育出版社，2018.

② 洪镇涛.变"研究语言"为"学习语言"——我们的语文教学思想及实践[J].内蒙古教育，2001（10）.

在课例中我们可以看到，洪老师鼓励学生大胆发言，让学生借助是否可以"改顺序"一题，畅所欲言，思考的点包括时间顺序（文本中的时间节点）、比喻的事物从小到大、感情层层递进等方面，自然而然地走入文本，去分析、比较、推敲，整体感悟就生发在这样的思辨当中，语感积淀下来，让学生感悟到语言文字的美感和规范性，辅之以讲解分析式的点拨，有助于进一步揣摩语言，洞察语言之精髓。如此将语感训练和语言知识传授相结合，学生的语文素养怎么能不提高呢？

另外，在本课的一首一尾处，洪老师皆精心设计了有感情朗读的环节，范读、分析诗歌的语调节奏，带领学生用更深刻的感情去朗读。最后以美读结尾，使学生对于诗歌感情的理解得以升华。对于这种文质兼美的诗歌，朗读是必不可少的一环，通过朗读加深学生对于诗美的感悟体察，也是一种有意识有计划地积累语言，沉淀语感。

二、"巧妙的设问"——循循善诱，启发思辨

洪老师在教学中，用了四个主问题巧妙地带动学生对整首诗的理解：（1）这首诗四个小节之间的顺序能够改变吗？（2）第四节中"乡愁是一湾浅浅的海峡"，"浅浅的"能够改为"深深的"吗？（3）通过改写，把这首诗所表达的思想明确地表达出来，好不好？（4）每一段第二句都有一个"是"，把所有的"是"全改为"像"，行不行？分别通过巧妙的设问引导同学们思考"换顺序""换词语""换方式"以及对于"是"字的推敲。

我们也在此处做一个大胆的改动，是否可以将这四个顺序改为"换方式""换词语""换顺序""推敲单字"，或者是"推敲单字""换方式""换词语""换顺序"呢？笔者的答案是：不能。

我们来细细推敲洪老师精心设计的四个问题。首先是"换顺序"，此问题背后的前提条件是同学必须首先通读诗歌，对于此文本形成一个直观感受与整体风格的感知。这本是一种感性的微妙的语言初感，学生与老师都容易忽略。但洪老师巧妙地注意到并且把这种初感放大，由此问题开始引导学生进行初级的语感训练；紧接着对文本进行深入挖掘——"换词语""换方式"。

让我们再比较一下普通的设问方式与洪老师的设问方式：

——"乡愁是一湾浅浅的海峡"这一句用词好不好?

　　——"乡愁是一湾浅浅的海峡",我觉得"浅浅的"用得不好,我想改为"深深的",好吗?

　　两种设问方式高下立判。此时,我们便能感受到洪老师设问的巧妙之处,提问要落实到位,浮光掠影地问"好不好",学生的字词语感开掘并没有被调动起来——大多数人都只会附和说"好",而不愿意或者没有意识到还可以更深层次地去思考。而洪老师的设问,不只是停留在空洞的"好不好",而是抛出一个既定的观点,激发学生的讨论兴趣,引发学生的探索欲、求知欲,还要学生比较推敲出一个高下,达到更深层次的思维触动、语感辨析,丰富了学生对于语言材料的感受和积累。

　　我们再来看最后一个问题。此处难度加大,由起初的实词改为了虚词。"是"与"像"的关系,有那么几分相似,又有可比较推敲之处,蒙眬徘徊间却又似是而非,怎么说都有理,明显与前三个问题的难度拉开了差距。设问的高明之处就在于此,洪老师把握住了学生的"最近发展区",学生潜在的语言能力是可以被激发和落实的,如果只是在学生思维的"舒适区"进行设问与讲解训练,不光学生会觉得枯燥无聊、无所收获,教师的教学水平也不会有所提高。

　　洪老师在不断地质疑、问难,抛出一连串的经过精巧设计过的思考题,也给学生创设了一种思维活跃的情境,使听讲者一扫松弛心理,全程紧跟老师的思维路径,大脑处于活跃状态,不停地思考、解决问题,使课堂也处处洋溢着一种思考的幸福感。

三、"点拨式讲解"——拨云见日,豁然开朗

　　在课堂中,教师作为学生学习的帮助者和引导者,既不能满堂讲授灌输,也不能完全放手让学生"自给自足",度的把握十分微妙。这里,洪老为我们作出了示范。

　　在第三问中,洪老师为了激发学生兴趣,出示自己修改后的诗歌,引发了同学们的积极探讨。在这样的课堂上,始终有一种亲切、随和、平等、民主的氛围。在这样的氛围中，学生们被允许有自己的看法，发表自己的见解，大胆猜测，积极思考。学生在课堂上能够"百家争鸣"，各抒己见，由知识的被动接受者变成主动求索者。即使在教师的讲解中，也完全没有权威压迫感和不容置疑感，没有灌输，没有直白讲授，有的是引导、启迪。教师的讲解是为学生进一步思考、学习服务的，以"讲"导"学"，绝非代替学生独立阅读和思考。

两千多年前，伟大的教育家孔子有云"不愤不启，不悱不发"，意即学生如果不经过思考并有所体会，想说却说不出来时，就不去开导他；如果不是经过冥思苦想而又想不通时，就不去启发他。洪老师和学生们的互动也开启了学生的"愤悱"状态，一个一个摩拳擦掌，准备"战胜"老师，他始终笑眯眯地对待每一个孩子——"谁能说服我？""还没有说服我""现在差不多能说服我了"，这样的用语，辅之以点拨，使孩子们的回答由浅显的"没有韵味"到最后在老师的帮助提示下上升到诗歌含蓄婉转的特点。在这种状态之下，教师的点拨式的讲解启发，对于学生来说可谓是"久旱逢甘霖"。这些典范都垂诚我们，教育不可直接生硬讲授，而是要给学生以启发、思考，在此基础上适时进行点拨引导式的讲解，才会取得事半功倍的效果。

前三个问题过后，最后的问题四难度明显高了一个层级。课堂上，同学们积极思考、主动发言，依然没有头绪，没有摸到问题解答的"边界"。这种情况下我们该怎么办？此时，洪老进行了"补充性讲解"，巧妙地点拨了这一问题：

也没有说服我，可能这个问题有点难。大家想想，有时"是"是可以改为"像"的："我是一只小鸟"和"我像一只小鸟"是相通的。"小时候，乡愁是一枚小小的邮票"，"乡愁"跟"邮票"有相似关系吗？有没有？有哪些地方相像，是不是个比喻呢？这里不是比喻，其实是个省略句。应为"小时候，乡愁是寄托在一张小小的邮票上的"，这里不能改，不是暗喻。注意这一点，大家要朗读好，作者的感情发展是有层次的，要读出这种层次来。

在"提示性""解惑性"讲解之后，学生们的思维已经到达了一个新的高度，则有可能面对前面未见过的高峰。此时教师若是"生拉硬拽"地让同学们非要说出个"子丑寅卯"，就可能打击到学生的信心与积极性。因此，教师给予"补充式讲解"，为学生积极跳跃的思维补充一些知识点与技法，再作归纳和总结，把分散的认识集中起来，把错误的片面的认识纠正过来，把学生没有认识到的补充出来，将其思考的底色丰富起来，将学生往深处引、往高处领，达到"最近发展区"，不可谓不精妙。

洪镇涛论"拈精摘要"

所谓"拈精摘要"，就是在深入钻研教材的基础上，根据教学的目的、要求和学生实际情况，从文本的内容和形式方面，拈出一些精要的东西化为问题提出来，指导学生学习。如：拈出文本的脉络，引导学生理清作者思路；拈出某些含意深刻的地方，引导学生深入领会中心意思；拈出某些笔法，引导学生了解表达特点；拈出某些蕴藉很深的字、词、句及标点符号，引导学生体察作者遣词造句及语言运用的独到功夫；拈出不同类型文本的不同特点，引导学生进行比较，从而弄清某些规律性的知识。

（洪镇涛：《让学生在学堂充分学习语言——我的语文教学思想》，《语文教学通讯》，2017 年第 14 期）

第八章

习得阅读方法

叶圣陶先生指出："凡为教，目的在于达到不需要教。"其关键在于"授人以渔"，教给学生学习方法，培养学生的自学能力，让学生在学习中有"法"可依。阅读教学要从"教课文"向"教语文"转向，把教学重心从文本内容转向文本形式、学习策略与方法，尤其是策略与方法。阅读教学就得让学生习得阅读方法，培养自学能力，让学生在学习中有"法"可依。因此，教学需高瞻远瞩，据教学具体情况处理"知其然"和"知其所以然"的关系。而阅读方法的提炼与运用，是当前阅读教学的薄弱环节。

26 引导：掘开文体的大门

——钱梦龙《死海不死》教学片段品析

品析者：李华平　刘培方

【教学篇目】《死海不死》（鲁教版，七年级上册）

【教学说明】这是钱梦龙老师在上海某中学上的一堂公开课。本课意在让学生发现科技小品文的特征，引发学生对科学知识的兴趣。其教学的整体思路是：从标题入手，明确课文体裁—速读课文，明确说明方法—步步为营，理解文体特征。此片段为教学的第三环节。

【品析点】紧扣文体特征，逐步引导

【关键词】知识性；科学性；趣味性

精彩回放

师：下面是不是让我们换个角度思考一下：你们认为要学好这篇课文，哪些知识还是需要老师教的？大家前后左右可以讨论讨论。（学生看书，小声讨论。）

师：谁先来说说？（无人举手。）

师：（继续启发）你们知道这篇文章是什么文体？

生：是说明文。

师：说明文是个大类，包括各种产品说明书、书籍的出版说明和内容提要、词典的释文、影视剧内容介绍、除语文以外的各科教科书及讲义、知识小品等等。凡是以说明事物或事理为主要表达方式的文本都是说明文。(指一学生)你说说看,这篇课文是说明文中的哪一种?

生: 是知识小品。

师: (问全班)他说得对不对?同意的请举手。(多数学生举手)你说对了。但什么是知识小品,你知道吗?

生: 不知道。

师: 知识小品有什么特点,知道吗?

生: 不知道。

师: 你都不知道?(生点头)那你怎么知道这篇课文是知识小品呢?

生: 我是瞎蒙的。(笑声。)

师: 不,你肯定不是瞎蒙的,你心里肯定有一个关于知识小品应有的"样子",而这篇课文正好符合你心里的这个"样子"。是这样吗?

生: 我心里没有样子。(笑声。)

师: 那你为什么不说它是产品说明书或别的什么说明性文体,而偏偏要说它是知识小品呢?你在说的时候心里肯定有过一些选择的,是不是?

生: 是的。

师: 好好想想,你在各种文体中选定知识小品,当时是怎样想的?

生: 因为它是介绍关于死海的知识的,文章很短小……所以是知识小品。

师: 说得对呀!知识小品就是介绍科学知识的,文章篇幅又很短小,所以叫"小品"。你看你说出了知识小品的一些重要的特点,你明明知道,怎么说不知道呢?

生: 这是我看了课文后临时想出来的。

师: 这更了不起,说明你的思维很敏捷,很有判断力。我早说过你不是瞎蒙的嘛!(笑声)下面请大家再来看看知识小品除了篇幅短小、具有知识性以外(板书:知识性),还有些什么特点?

生: 知识小品写得比较生动有趣,能吸引读者。

师：说得很好。刚才那位同学的意见如果可以用"知识性"三个字概括的话，你能不能把你的意见也用个什么性来概括？

生：趣味性，生动性。

师：他说了两个"性"，但我们只要一个"性"就够了，请同学们在两个中选一个，要说出选择的理由。主张选"趣味性"的同学请举手。（绝大多数学生举手）看来大多数同学都主张用"趣味性"，谁来说说理由？

生："生动性"一般指语言描写方面，"趣味性"好像指文章内容方面的。比如这篇《死海不死》，在介绍死海海水的特点和死海形成的原因时，插进了一些历史传说和民间故事，内容很有趣。

师：说得真好！同意的请举手。（全班举手。教师板书：趣味性）知识小品除了具有知识性、趣味性以外，还有一点十分重要，就是它介绍的知识必须是正确的、符合科学原理的，请大家也用一个"性"来概括。

生：（七嘴八舌）科学性！

师：完全正确！（板书：科学性）现在请一位同学给三个"性"排个次序。

生：知识性、科学性、趣味性。（师插话：这样排列的理由呢？）因为知识小品首先是介绍科学知识的，其次，它介绍的知识必须是符合科学原理的，趣味性没有前两个性重要，所以排在最后。

生：我也同意这样的次序，但他说趣味性不重要，我不同意。

生：我是说没有前两个重要，没有说不重要。

生：我仍然不同意你的意见。因为一篇知识小品如果科学性、知识性都很强，但一点趣味性都没有，大家不爱看，科学性、知识性再强也没用。可见趣味性是最重要的。

（学生纷纷议论，莫衷一是。）

师：请大家静一静！看来同学们的意见分歧很大，想听听我的意见吗？（众：想！）我认为，对知识小品来说，知识性和科学性是它的本质属性（板书：本质属性），因为作者写作知识小品的根本目的就是向读者介绍科学知识，如果没有知识性和科学性，知识小品也就不存在了；趣味性则是它的重要属性（板书：重要属性）。知识小品是一种以传播、普及科学知识为目的的文艺性说明文，它是写给一般读者看的，当然要写得读者爱看，因此特别讲究趣味性，使读者在轻松愉快的阅读中获得一定的科学知识。同学们还有别的意见吗？（稍顿）看来大家同意了。现在我们请一位同学把刚才讨论的内容总结一下。谁来？

生1：知识小品是说明文的一种，是一种文艺性的说明文，它具有知识性、科学性、趣味性。知识小品的作用是向读者普及科学知识的。

师：谁还有补充的？

生2：知识性、科学性是知识小品的本质属性，趣味性是知识小品的重要属性。

师：（指生1）他说得比较完整；（指生2）他补充得也很好。看来同学们的悟性都很高，知识也掌握得很好，学习这篇课文原本要求重点学习的"列数据"的说明方法、确数与约数的区别和作用等等，都可以不教。关于知识小品的文体特点，同学们也自己从课文中悟出来了，也不用我再喋喋不休地介绍了。就是说，同学们在有些方面已经达到了不需要老师教的地步，我真为同学们高兴！不过，关于知识小品的特点，尤其是知识性、科学性、趣味性问题，同学们大概是第一次遇到，因此建议同学们接下来再花点时间深入讨论一下。限于时间，我想从"三性"中选择一个来讨论，就作为这堂课学习的重点。同意吗？

生：（齐）同意！

品评赏析

初中生对各种文体特征的把握还处于一种蒙眬状态，只是能大概分出说明文、记叙文、议论文、散文等几种文体，要具体说出各种文体的基本特征还较难，教师引导学生自己发现文体的特征就更难。钱梦龙先生引导学生通过《死海不死》的学习，把握知识小品的特征，给我们提供了很好的范例。

一、重点：引导学生明白

一个特定的文本，学生需要学什么？学生明白自己需要学什么吗？对这两个问题，不少老师都是一本糊涂账。钱梦龙老师不仅知道学生"面对知识小品需要学什么"，还引导学生自己明白需要学什么。引导学生明白的过程，体现了教师"以学生为主体"和"教学生学"的教学理念。

我们来看钱老师针对全班同学所作的引导性提问：

——你们认为要学好这篇课文，哪些知识还是需要老师教的？

——你们知道这篇文章是什么文体？

——你说说看，这篇课文是说明文中的哪一种？

——但什么是知识小品，你知道吗？

——知识小品有什么特点，知道吗？

这些问题，范围逐步缩小，一步一步引导学生直逼教学的重点——知识小品的特点。通过提问，把学生逼到"知识的墙角"，让学生退到"知识的盲区"，从而让学生明白：原来这是我需要学习的，原来这一点是需要老师教的。

二、理据：引导学生搜寻

由于各种原因，学生在课堂上经常"信口开河"，说一些自己不知道来源的话，特别是答案并不能直接从文本中得来的时候。这个时候，教师的引导最见功力。我们来看钱老师对个别学生的引导：

师：你都不知道？（生点头）那你怎么知道这篇课文是知识小品呢？

生：我是瞎蒙的。（笑声。）

这里，出现了很惊险的一幕——学生在一连两个"不知道"的基础上竟还说出"瞎蒙"的话语。化解险情，除了教育机智以外，还需要深厚的学术修养。钱老师从心理学的角度引导学生寻找答案的依据：

——你肯定不是瞎蒙的，你心里肯定有一个关于知识小品应有的"样子"，而这篇课文正好符合你心里的这个"样子"。

——你在说的时候心里肯定有过一些选择的，是不是？

——好好想想，你在各种文体中选定知识小品，当时是怎样想的？

这里，钱老师引导学生寻找心里的"样子"，搜寻当时心里的"选择"，把学生处于缄默状态的"理据"唤醒、激活：

——因为它是介绍关于死海的知识的，文章很短小……所以是知识小品。

——这是我看了课文后临时想出来的。

三、术语：引导学生概括

术语是知识的结晶，内涵丰富，"一语顶数语"。掌握一定的术语，也是进入特定专业领域的必需品。遗憾的是在日常教学中，不少老师是囫囵吞枣地让学生吞下，食而不化，因为这些术语类知识没有经过学生的智力加工，也就无法进入学生的知识框架。特别是文体特点知识，经常是被老师们"讲过"，但学生并没有真正地"学过"。钱老师则在学生确定"需要学习，且需要老师教"的基础上，引导学生经历文体知识产生的过程，教给学生文体知识产生的方法。且看：

——刚才那位同学的意见如果可以用"知识性"三个字概括的话，你能不能把你的意见也用个什么性来概括？

——他说了两个"性"，但我们只要一个"性"就够了，请同学们在两个中选一个，要说出选择的理由。

——知识小品除了具有知识性、趣味性以外，还有一点十分重要，就是它介绍的知识必须是正确的、符合科学原理的，请大家也用一个"性"来概括。

这里，教师的引导体现在：示范引路（用"知识性"三个字概括）—辨异选择（只要一个"性"）—铺路搭桥（介绍的知识必须是正确的、符合科学原理的）。这样一步一步，在老师的引导下，学生自己概括出了知识小品的特点：知识性、趣味性、科学性。

四、顺序：引导学生排列

特定的文体，其特征轻重有别，前后有序。既然这是"需要老师教"的一个知识，不少老师也就直接授予、塞给学生。钱老师则认定"需要老师教"，就要体现"教"的科学性、艺术性。他首先把这个工作交给学生做：

现在请一位同学给三个"性"排个次序。

"引导"并不是指教师简单地退到幕后，该出手时也要及时出手。当学生排序正确，但对排序的"理据"不甚了然、无法消除分歧而"特别需要老师帮助一下"时，钱老师及时出面"调停"——从"本质属性"和"重要属性"的角度让学生的认识得到进一步提升。

五、结论：引导学生归纳

将零散的文体知识归拢，让学生形成较为系统的认识，常常为老师们忽略。钱老师的教学在学生对知识小品形成了一些基本的零散的认识的基础上，适时引导学生："把刚才讨论的内容总结一下。"从而让知识小品的文体特征在学生头脑里形成了一个较为清晰、完整的印象，为进一步掌握其中一个特性奠定了坚实基础。

27 筛长篇之精华，炼学习之技巧

——余映潮《神奇的极光》教学片段品析

品析者：王桂兰　张曾玲　李华平

【教学篇目】曹冲《神奇的极光》(人教版·旧版，高一下册)

【教学说明】这是余映潮老师上的一篇说明文。其教学活动主要有三个：熟读课文，品析写法；选读课文，感受极光；品读课文，筛选信息。此教学片段为第三环节，即教给学生搜集处理文本信息的方法，学习提取文本主句、组合文本要言，根据文本内容给事物下定义，从而培养学生搜集处理信息的能力。

【品 析 点】搜集处理文本信息

【关 键 词】提炼主句；组合要言；下定义

精彩回放

师：咱们再来看活动三：品读课文，筛选信息。(大屏幕显示。)

师：老师先作个示范，这篇课文我给你们筛选了八个词语，我觉得都是你们要用到或者要理解的，把它们圈下来。第一个在"古老的神话传说"这一段——"行云流水"(这个"行云流水"现在常用来赞叹人家的文章写得好)。还有第二部分中的"瞬息万变"(形容形势、市场变化之快的夸张说法)、"变化莫测"、"叹为观止"、"出神入化"(很神奇)、"生花妙笔"(也是说人家文章写得好）。还有第三部分的"来龙去脉""众说纷纭"。这些都是很不错的词语，在我们的口语表达中，在我们的写作中，都会遇到和用到。

师：这是老师给你们筛选的信息。下面就需要大家来筛选信息，老师要告诉你们方法，这样一篇长文章，我们要明确它讲的是什么，就要提取文中的主要句子。通过提取主要句子，来知道这一篇文章、这一段写的是什么。这就是"提取主句法"。那么，什么是提取主句呢？（大屏幕显示，生读：提取主句，就是提取文中的总说句、首括句、中心句、主旨句、结论句等重要句子，以表现文、段中的关键信息。）

师：现在请你们提取全文的主句。

生：我认为它就是标题——神奇的极光。

师："神奇的极光"就是全文的主句，一看到神奇的极光就觉得有怎样的感觉？

生：极光很漂亮。

师：就觉得这篇文章是写极光的。

师：请同学们提取第二部分第二段的主句。这主句一提出，这段文字的主要内容就提取出来了。

生：极光被视为自然界中最漂亮的奇观之一。

师：这是第二段吗？第二部分的第二段？（笑。）

生：在寒冷的极区，人们举目瞭望夜空，常看到五光十色、千姿百态、形态各异的极光。

师：这是主句吗？请注意总说的句子、概括的句子。请这位同学来说说。

生：人们将极光按其形态特征分成五种。

师：对，我们能看到的极光是一种自然现象。再深入一步，人们在科学研究中把极光分成五种是总说，下面分说哪五种。所以，我们读这段，抓住主句，就知道这段说的是从科学研究的角度来分类极光的。

师：再来一段。第三部分第二段，它的主句是什么？

生：由此可见，形成极光不可少的条件是大气、磁场和太阳风。

师：完全正确，你抓住的是"由此可见"，这个语言是表示总说的。你看，我们的答案就是……（大屏幕显示：全文的主句是"神奇的极光"，第二部分第二段的主句是"从科研的角度，人们将极光按其形态特征分成五种"，第三部分第二段的主句是"形成极光不可少的条件是大气、磁场和太阳风"。）

师：这个活动告诉我们，我们读很多的文章特别是说明文、政论文（论说文）时，如果把提取主句的方法用上去，很快就能够明了文章的意思。再举个例子，你们学过的《苏州园林》，后面有一个练习——要求把全文的九个句子画出来，九个句子摆在一起就是全文内容的浓缩，全文的信息就出来了。

师：我们继续我们的活动——组合要言，这也是一种方法。刚才老师说把《苏州园林》的九个句子画出来，把它们组合在一起，就是把全文的关键句子组合起来，这就叫"组合要言"。（大屏幕显示，生读：组合要言，就是着眼于摘取文、段的重点句，将其进行组合，加以综合性的表达，比较详细、完整而概括地表现事物的特点。）

师：好！下面完成一个重要任务，从全文中找出若干个句子把它们组合起来，组合句子的目的就是概括地说明神奇的极光。开始吧！一定要做好记号！同桌之间两两合作。

（同学们聚精会神地筛选句子。）

师：再用一分钟的时间形成你们的结论，过一会儿就宣读你们的短文了。

师：谁来介绍你们的研究成果？

生：极光是天空中一种特殊的光，是人们能用肉眼看到的惟一的高空大气现象。极光是自然界中最漂亮的奇观之一。人们将极光按其形态特征分成五种。极光的形体亮度变化也是很大，根据不完全统计，目前能分辨清楚的极光色调已达165种。极光是由大气、磁场和太阳风形成的。极光不仅是个光学现象，而且是个无线电现象，可以用雷达探测研究。

师：很聪明！能够找出主句组合起来，但不够简洁。有没有更简洁的表达？

生：极光是天空中一种特殊的光，它主要出现在南极区、北极区，它是一种光学现象、无线电现象。形成极光必不可少的条件是大气、磁场和太阳风，人们按其形态特征把极光分为五种。

师：她的思维更巧妙一点，把前后语言的顺序调整了一下，不错。我想基本上就是这样，我们现在已学会了用组合要言的方式来迅速地提取全文的信息。我们再来看一下——

（大屏幕显示，师念：（1）极光是人们能用肉眼看到的惟一的高空大气现象。这种光由高空大气中的放电辐射造成的。（2）出现在南半球的叫南极光，出现在北半球的叫北极光；南北极光泛称极光。（3）极光按其形态特征分为极光弧、极光带、极光幔、极光芒等五种。（4）极光有三个必不可少的条件：大气、磁场和太阳风。（5）来自空间的电子束，极光不仅是光学现象，而且是个无线电现象。）

师：全文的信息就这么点儿。

师：如果再加上一句的话，就是刚才这位同学念的，它的色彩变化更是令人叹为观止的。把色彩加上去，全文的信息就更加准确。

师：下面我们再来训练一个考点。给你一篇文章，让你给一个事物下定义。我们现在就要给"极光"下定义。（大屏幕显示，生读：定义特征，就是从最准确的点和事物本质特点的角度，从原文中提炼出精确表现事物特征的信息，并用下定义的方式解说这种特征。）也就是说，你要写一个句子，这个句子非常精练，修饰语很多，用一个句子把极光各个方面的特点表述出来。

师：现在开始在你的笔记本上写下极光的定义。

（学生进行写作。）

师：好，再来宣布你们的学习成果。

生：极光是由大气、磁场和太阳风形成的，主要出现在两极地区，是人们能用肉眼看到的惟一的高空大气现象。

师：很好。说了要素、原因、地点、现象。

生：极光是自然界中最漂亮的奇观之一。它形成的必不可少的条件是大气、磁场和太阳风。它不仅是个光学现象，而且是个无线电现象。

师：他对上一位同学作了一个补充。这位同学请说。

生：极光是在大气、磁场和太阳风的条件下形成的一种人们能用肉眼看见的惟一高空大气现象，有着非常美丽而奇妙的形态、颜色的光学现象、无线电现象。

师：也很好，词典上的解释就是你这样的解释。还有另外的说法吗？

生：在大气、磁场和太阳风的条件下由高空放电辐射造成的光学现象、无线电现象叫作极光。

师：你们最大的优点是抓住了它的来龙去脉，也就是说抓住了最准确的点和事物的本质特点。所以我们学习说明文应经常练习"下定义"的方法。现在我们再来看一下词典上是怎样给极光下定义的。（略。）

师：这些都证明你们的定义是正确的。

师：这节课，我们一起努力实践了三种学习方法，希望对同学们有所启发。

品评赏析

阅读的第一要义是"搜集处理信息"。对于实用类文本的阅读，课程标准明确要求"能准确、迅速地把握主要内容和关键信息"。余映潮老师《神奇的极光》的教学，从筛选信息、组合信息、浓缩信息（给事物下定义）三方面逐层推进来引导学生搜集处理信息，训练学生掌握最基本的语文学习方法。

一、典型示范，教学生筛选信息

往往有老师让学生完成某一类题目，直接口头布置任务了事。学生的接受能力和理解能力是不一样的，有的理解了，有的理解慢了，有的理解偏了，有的甚至不知道老师怎么要求的，有的能理解要求但是不知道做这个题有何价值和意义。总之学生是"晕"的。因此，给学生作示范是十分必要的，这一点余老师做得很好。余老师在让学生提炼信息之前首先示范如何提炼成语。

老师先作个示范，这篇课文我给你们筛选了八个词语，我觉得都是你们要用到或者要理解的，把它们圈下来。

这八个词语分别是："行云流水""瞬息万变""变化莫测""叹为观止""出神入化""生花妙笔""来龙去脉""众说纷纭"。值得注意的是，这八个词语的挑选不是随意的，而是有明确的目的性的，有选择性的。余老师说："这些都是很不错的词语，在我们的口语表达中，在我们的写作中，都会遇到和用到。"可见余老师筛选的标准是"常见""常用"，在口语交际与书面写作中都会遇到和用到的。这其实是在教学生明确筛选的方向。

再举个例子，你们学过的《苏州园林》，后面有一个练习——要求把全文的九个句子画出来，九个句子摆在一起就是全文内容的浓缩，全文的信息就出来了。

这里虽然没有直接说明是示范，但其示范的作用已经体现了出来，它告诉学生组合要言就是将全文的信息浓缩出来。

二、明确要领，避免胡乱处理信息

搜集处理信息，不仅需要准确辨析信息，还需要掌握一定的技巧。这些技巧可称为"程序性知识"或"策略性知识"。我们常常接触的"陈述性知识"，是用来描述世界，回答"世界是什么"问题的知识，例如"中国的首都是北京""余映潮是著名的语文特级教师"《神奇的极光》是介绍极光知识的说明文"。"程序性知识"是一套办事的操作步骤，是关于"怎么办"的知识，如"怎样搜集处理信息""怎样概括文本的中心意思"的知识。"策略性知识"是一种特殊的程序性知识，是关于"如何学习，如何思维"的知识。这三类知识都是不可或缺的。如学生完整地复述课文，复述的内容即是陈述性知识，如何遣词造句进行复述即是程序性知识，用什么方法记忆文中内容、采用何种方法复述即是策略性知识。现实的语文教学情况是，程序性知识严重缺乏，基本上就没有策略性知识。缺少这两类知识，语文教学往往是稀里糊涂的。以其昏昏怎能使其昭昭？老师都是糊里糊涂的，又怎么能够让学生学得明明白白。余老师在这里作了很好的探索。且看：

——这就是"提取主句法"。那么，什么是提取主句呢？（大屏幕显示，生读：提取主句，就是提取文中的总说句、首括句、中心句、主旨句、结论句等重要句子，以表现文、段中的关键信息。）

——这就叫"组合要言"。（大屏幕显示，生读：组合要言，就是着眼于摘取文、段的重点句，将其进行组合，加以综合性的表达，比较详细、完整而概括地表现事物的特点。）

——我们现在就要给"极光"下定义。（大屏幕显示，生读：定义特征，就是从最准确的点和事物本质特点的角度，从原文中提炼出精确表现事物特征的信息，并用下定义的方式解说这种特征。）

"提取主句法""组合要言法""下定义法"，就是搜集处理信息的程序性知识和策略性知识，掌握了这些知识，学生就能够顺利地去搜集处理文本信息。当学生知道了这三种方法的操作要领后，再去提取主句、组合要言、下定义，就顺利得多。

三、循序渐进，层层深入处理信息

文本信息，一开始进入学生的头脑会是一团乱麻，需要教师精心引导，使之逐步顺畅，直至条理清晰、要点明确。余老师首先筛选了能够概括全文大意的段落，以缩小范围，然后让学生在指定的段落提取主句。由于师生的合力筛选，在很短的时间里迅速搞清楚了文章所表达的意思。就整个教学片段而言，余老师是按照"提取主句—组合要言—下定义"的顺序引导学生筛选信息、组合信息、浓缩信息的。三个步骤，范围逐步缩小，难度逐步加大，思维逐步深入，符合文本体式特点，符合学生认知规律。

首先，提取主句。首先提取全文的主句"神奇的极光"，然后指定两个段落——第二部分第二段和第三部分第二段，让学生提取这两处的主句。这里也体现了清晰的顺序：先提取全文主句，再提取段落中的主句。

其次，组合要言。在明确文本主要内容的基础上，在学生已熟悉了如何提取主句的前提下，老师将范围扩大，难度提升，即在学生自己所筛选信息的基础上，组合要言。

下面完成一个重要任务，从全文中找出若干个句子把它们组合起来，组合句子的目的就是概括地说明神奇的极光。

这一环节要求学生自己选取段落，自己概括主要信息，还要将信息组合在一起，达到能说明神奇的极光的目的。不仅扩大了寻找信息的范围，而且还需要通过大脑组织语言，对筛选出来的信息进行组合加工。

最后，下定义。当学生学会了通过组合要言来提炼全文信息的时候，老师再将难度上升到顶峰，给"极光"下定义：

你要写一个句子，这个句子非常精练，修饰语很多，用一个句子把极光各个方面的特点表述出来。

这里，下定义也是组合要言，但不止于一般的组合，它需要进行高度概括，既要考虑语言表达的精练，也要考虑语言表达的规范——是否符合下定义的句式要求（种差＋邻近的属概念）。余老师在此处，还强调让学生过手，把这个定义写下来；并用词典上的解释进行对照，让学生明白下定义的一些基本要求。

这三个层次的训练，由浅入深，由引导到放手，由整体到局部，再由局部到整体，由口答到写作，范围由宽到窄，难度由低到高。学生在这一过程中感受到了概括的力量，悟到了搜集处理信息的价值和方法。

28　回归散文解读与教学的正道
——黄厚江《老王》教学片段品析

品析者：李华平

【**教学篇目**】杨绛《老王》（人教版，八年级上册）

【**教学说明**】黄厚江老师执教本课的教学思路大体上为三个环节：理解老王的善良与不幸—理解作者与老王的关系—理解作者的幸运。这里选取的是第二个环节。

【**品 析 点**】分析人物关系，理解作者情感

【**关 键 词**】散文；人物关系；作者情感

精彩回放

师：我们刚才先通过文中的一些关键词理解老王，然后又通过作者所写的具体事件理解老王，我们还通过别人的态度理解老王，我们还试图走进老王的心中理解老王。我们知道了老王的善良，知道了老王的不幸。

下面我们再深入一层，从作者与老王的关系入手进一步理解老王，同时也深入理解作者。

下面，老师读一下文章的第 8 段，看同学们听我读完之后会不会产生一些疑问。

（教师读课文第 8 段。）

师：同学们有什么疑问？

生：最后一句话问："老王，你好些了吗？"但是实际上"我"前面已经看出来老王的身体不好了。

师：你的问题是，已经知道老王身体不好为什么还要问这句话，对吗？很好。大家说一说为什么问这句话。

（学生议论。）

生：关心。

生：客套。

师：对，大家说得很好，看起来是关心，更多的是客套。这个客套，值得注意，也耐人寻味。有没有其他疑问呢？

生：老王为什么突然来到作者的家？

师：对，老王病那么重，为什么还要来作者家呢？来干什么？这也是个很值得关注的问题。如果从写作方法的角度去看，大家还有没有疑问？看来大家没有想到。黄老师读到这里，产生两个疑问：一般说描写一个人，总会在字里行间渗透着作者的情感，作者为什么要用这样的笔调描写老王呢？这是一。第二个疑问是，这一段的笔调为什么和上下文很不一致？

（学生没有反应。）

师：如果黄老师病了，来上课，也这样站在门口，你们会这样描写吗？

生：不会。

师：如果作者描写钱先生病了，会这样写吗？对，也不会。但为什么写老王要这样写呢？好的，我们再看下面一段。

（学生看第11段。）

师：这一段有很多问题值得我们关注。先来看一个句子："我强笑说……""强笑"是什么意思？

生：勉强。

师：似乎也对。为什么要"勉强"笑呢？笑不出来硬挤着笑，这就叫勉强。作者为什么不想笑又必须笑啊？我们读书要反复揣摩。其他同学有没有不同的理解？

生：老王自己身体不好为什么不给自己吃？

师：因为不明白老王为什么这样做，所以"我"就强笑了？似乎还没有找到最好的理解。大家想想，这个"强"字可以换一个什么词？

生：苦。

师：哦，苦笑。其他同学呢？

生：应该是一种心酸愧疚的笑。

师：心酸愧疚。心酸什么呢？愧疚什么呢？又为什么要笑呢？

生：因为她不想让老王知道自己内心的悲观伤心。

师：不想让对方知道自己伤心，所以就强笑。

生：我感觉这里的作者和老王的关系不是非常的亲密。遇到老王就像我们遇到一个乞丐一样，我们非常同情乞丐，但是不知道该怎么办，自己又非常的窘迫，有点愧怍，强笑就是不想让对方知道自己内心的这种复杂情绪。

师：哦，大家揣摩得不错，分析得也都有道理。但是我觉得你们对具体语境考虑得还是不够。刚才那位同学揣摩得非常好，但说"我"有点愧怍，值得讨论。作者在那个时候就愧怍了吗？送鸡蛋给"我"吃就愧怍了吗？"我"给了钱又愧怍什么呢？

大家还是要注意前后文的具体内容。我们先看前一个句子："我也记不起他是怎么说的，反正意思很明白，那是他送我们的。"再看后面说的话："老王，这么新鲜的大鸡蛋，都给我们吃？"前一句的重音应该在哪里？在"送"。后一句的重音在哪里？在"给我们"。这就清楚了。"强笑"的原因就是老王将"这么新鲜的大鸡蛋"都送给我们吃。大家要特别注意是"送"和"给"，而不是买，也不是换。所以作者很意外，很尴尬，很为难，所以只能"强笑"。作者为什么为难，为什么尴尬啊？不收似乎不好，收了如果不给钱更不妥当。潜台词是什么？是"我"和你的关系，绝不能白吃你的东西。作者为难之后怎么办？

生：给钱。

师：对，就是给你钱，这样就不欠老王人情了。老王也懂得了"我"的意思，赶忙止住"我"说："我不是要钱。"然后"我"也赶忙地说："我知道，我知道——不过你既然来了，就免得托人捎了。"大家再揣摩一下这句话的言外之意，有哪些信息？

生：以前老王拿鸡蛋来换过钱。

生：有时候"我"没有当时给钱，托人捎过。

生：以前"我"给老王钱的时候，老王也客气过，不要钱。不要钱，然后把钱塞给他，他最后还是要了。

师：揣摩得很好。"我"一再强调说"我知道，我知道"。大家想一想，"我"真的知道吗？"我"又知道什么呢？

生："我"知道老王拿鸡蛋是来换钱的。

生："我"知道老王不要钱是客套。

师：揣摩得很好。在"我"坚决的态度面前，老王就无话可说了，钱也收下了。——大家看，老王真是个老实人啊！但我想，收下钱之后，老王的内心一定很复杂。

现在我们做一件事：请你站在老王的角度，想象一下老王这时的心理，用简短的话描述老王此时此刻的心情。

（学生思考。）

师：哪位同学说说？

生：我觉得这些钱对老王来说是一种伤害——

师：请用老王的口吻来描述。

生：一方面，感谢杨先生一家对我的关心和帮助。

师：感激，关心。

生：对，另一方面觉得他们是社会上可以理解我的人。

师：可以理解可以信赖的人。

生：但是，到最后我发现他们从心理上还是没有接受我。

师：具体说，老王的心理有三个要点：一是老王对杨先生和钱先生的感激；二是内心里一直把他们当作最信赖的人；最后发现，其实他们之间还是有很大的隔阂，有距离。对吗？但你这是分析，而不是描述。哪位同学是描述的？交流一下。

生：杨先生他们平时待我不错，他们常常照顾我的生意。卖些鸡蛋给他们，我的日子也好过多了。我现在要死了，想把一点鸡蛋和香油送给他们，但杨先生却没有明白我的心思。不过，这样也好，让杨先生心安理得地吃那些鸡蛋和香油吧。希望他们能够好好过下去，珍惜现在有家有温暖的日子。

师：嗯，是描写，而且写出了更深一层的内容——虽然杨先生对老王的心思不理解，但老王想这样也好，可以让他们更安心地吃鸡蛋和香油。还有没有同学要说的？没有？好的。

黄老师读到这个地方，想到老王这时的心理，也写了几句：

杨先生啊，我的鸡蛋和香油真的不是来换钱的啊。你看，我这样子，还能活几天呢？我这样的一个人要钱还有什么用呢？我就是想把自己一点最值钱的东西留给我最亲的人啊。可我知道，我不配有这样的心思。你们都是有大学问的人，都是有身份的人，都是有文化的人。可我呢，一个一字不识的粗人，一个名声不好的拉车的人。你们两位不嫌弃我，钱先生肯坐我的车，就是看得起我，是同情我，是高看我，是照顾我啊。可是，杨先生，钱先生，我还是要在心里叫你们一声：亲人啊！

这是黄老师对老王心理的描述。和刚才的那位同学比，要浅一些，但有一点是共同的：这个时候在老王的眼里，杨绛夫妇是他的亲人。他孤老无依，没有亲人，最后一点东西，就送给他的亲人了。值得我们深思的是：在老王心中，杨绛夫妇是他的亲人；而在作者的眼里，老王是一个什么样的人呢？大家能不能找到一个确切的词来表达，在作者"我"的心中，老王是一个什么样的人？

生：一个可怜的人。

生：一个不幸的人。

生：一个需要同情的人。

生：一个熟人。

生：一个陌生人。

师：对。在作者"我"心中，老王只是一个不幸的陌生人，或者说是一个一般的熟人，一个熟悉的陌生人。这样，我们对第 8 段的描写就可以理解了。这段描写让我们感受到作者的冷静和客观，因为她眼中看到的只是一个熟悉的陌生人，一个不幸的值得同情的人。

请同学们回过头去，从上文"我"和老王相处的片段中，寻找这种"距离感"和"熟悉的陌生感"。

生：第一句就是，"他蹬，我坐，一路上我们说着闲话"。"他蹬，我坐"，让"我"感到一种距离。

师：对！你的语感非常好。为什么用这样两个短句子呢？"他蹬，我坐"，你看距离显得很远，他是拉车的，"我"是坐车的。如果揣摩一下就更有意思了。"一路上我们说着闲话"，为什么要说话？大家都有说话的欲望。对老王来说，除了"我"，又有多少人愿意和他说话呢？为什么说闲话？那年代，不说闲话还能说什么话？"我"和老王，不说闲话还能说什么话？——这就是距离，就是熟悉的陌生感。其他还有没有表现老王和作者之间距离的内容？

生：第 4 段。

师：第 4 段。具体说是什么内容？

生：就是那次"我"问他家的时候，老王说住那儿多年了。如果是关系非常好的话，"我"应该会问他什么原因，可作者没问，说明作者不想多关心。

师：对，有没有关心啊？关心了。但是，这个关心的分寸把握得非常好，不往深处关心。这或许就是知识分子的特点啊。表现得很关心，却不往深处关心。其他还有没有？我们一起看第 5 段，我读一下，"有一年夏天……我们当然不要他减半收费"。你们觉得这段话哪个词表现了距离？

生：当然。

师：对，"当然"。为什么要有个"当然"呢？你能感觉到作者一种什么样的心态？

生：是一种陌生感。意思是"我"当然不能占你便宜，好像没有任何感情色彩。

师：除了陌生感、距离感之外，还有什么感觉呢？

生：居高临下的感觉。

师：对，是一种居高临下的感觉。因为"我"经济比你好，因为"我"地位比你高，因为"我"是文化人……所以"我"当然不能占你的便宜了。很好。我们再看第 7 段，哪个词也表现了这种距离？

生：幸亏。

师：除了"幸亏"，还有哪个词？

生：降格。

师：对。"降格"这个词，就像第 8 段里的"镶嵌"一样，用了比拟的手法。这个修辞手法的运用，表现了两个人之间的距离，或者说表现了作者和老王之间的距离。从这个距离中，我们看到一个什么样的作者呢？

我们刚才从作者的角度读老王；现在换一个角度，从老王的角度读作者，作者是一个什么样的"我"呢？

生：虽然说她对老王很同情，也帮过不少忙，但又保持了一种距离。

师：为什么要保持距离？是什么原因呢？

生：她并不把自己看作老王的同类。

师：她不把自己看作是老王的同类，说得很深刻。保持距离，肯定与那样的时代有关，但主要原因还是心理上的不认同。想一想，为什么作者不把老王看作和自己是同样的人呢？

生：有文化人的优越感。

师：非常好。这种心理，的确是文化人的一种优越感。通俗地说，是文人的清高；说得重一点，是文化人的狭隘和自私。可以说，她对老王的同情是不彻底的，她的善良我们觉得也是有保留的。所以，当时的作者，杨绛，完全是以一种居高临下的眼光来看老王的。读现代散文，就是要读出文章中的"我"来。这里，我们就读出了杨绛文化上的优越感、清高，甚至矫情。

但这并不是杨绛先生的个人缺点，而是文化人，是知识分子共有的一种缺陷，是他们这个群体和老王们这个群体之间的天然距离。而杨绛先生在本文中敢于这样解剖自己，表达自我的反思——尽管这个反思迟到了几年——

则显得非常可贵，尤为值得我们尊敬。

　　了解了这些，理解文章最后一句话，就变得水到渠成。大家想想，如果说当年的杨绛是以一种居高临下的眼光看老王，是保持着一种距离和老王交往，那么当她写这篇文章的时候，当她愧怍于老王的时候，她是用什么样的眼光来看老王的呢？

　　生：仰视。

　　师：对，是一种仰视。她发现与老王相比，自己是自私的，自己的善良是不如老王那么纯净的。于是她说"那是一个幸运的人对不幸者的愧怍"。可据有关资料显示，这句话在初稿上是："那是一个多吃多占的人对不幸者的愧怍。"大家想一想，这两者有什么区别？作者为什么要把这个"多吃多占"改为"幸运"呢？

　　生："多吃多占"有点贬义，改成"幸运"就没有贬义了。

　　师：这是一个区别。（一学生举手）好，你说说。

　　生："多吃多占"的意思比较狭隘，它只是指物质上的；改成"幸运"，内涵更广了，不仅指物质上的还有精神上的，强调老王的不幸，不仅是物质上的不幸，更是精神上的不幸。

　　师：非常好，理解得很透彻。其他同学有没有不同理解？

　　生：有。我觉得还要广一点，其实整个社会的人可以分为幸运的和不幸的，但作者认为自己与老王相比就是幸运的人。

　　师：很有哲学意味。刚才第一位同学想到的是感情色彩的差异，这两位同学强调的是内涵不同。"多吃多占"，的确是局限于物质上的愧疚，主要是着眼于两个人之间鸡蛋换钱一类的交往。起初，或者说当时，"我"认为拿钱买老王的鸡蛋是同情老王，帮助老王；后来发现，其实占便宜的不是老王，而是"我"。改成"幸运"的人，首先是概念上更对应了，表达更严谨；同时，内涵也更丰富了。更重要的是，这种"愧疚感"主要是着眼于精神，而不是物质。它表现了作者写作的思维过程，也表现了作者精神的反思过程。她对老王的高大，对老王善良品性的理解，都在不断地提升。

　　《老王》是一篇颇能检测读者文本解读能力、检测教师教学专业水准的代表性文本。常见的问题是，把教《老王》这个文本简单地等同于教"老王"这个人，从而把解读与教学的重心放在了"老王"这个人身上——同情"老王"以及像"老王"这样的生活在社会最底层的人，理解、学习"老王"以及像"老王"这样的人的善良。这是一种典型的误读、误教。遗憾的是，笔者所听、所见的《老王》教学，基本上都是在重复这样的错误，真可谓是一种系统性错误。

　　黄厚江老师的教学，则回归了正途。尽管整个教学过程正确得不够彻底①，但节选的这一个片段——通过分析人物之间的关系，理解人物形象，点亮了这篇散文教学中重要的两个不等式：解读《老王》≠解读"老王"，教学《老王》≠教学"老王"。

一、着眼点：教学生解读散文

　　由于散文中有对应于文本外的生活世界的人物、事件，不少读者常常自觉或不自觉地从"解读文本"滑到"解读生活本身"。这样一来，解读、教学《老王》这个文本，往往被演变成解读、教学"老王"这个人，学习"老王"作为一个生活在社会最底层的不幸者的人性光辉——连苏教版教材编者也是这样认为的，把它放在必修三"底层的光芒"板块。可见，这不是一个简单错误，而是一个系统性错误——对文本、对散文文本解读的集团性错误认识。

　　黄老师的本课例，则意在纠正散文教学的偏差，教给学生散文解读的基本理念与基本方法，立意很高。实际上，解读散文，是理解"作者的理解"，

---

① 主要表现在：第一，整个教学过程，没有引导学生理解"我"的"幸运"和老王的"不幸"是相对而言的——"我"的"幸运"是老王给予的，老王把"我"当作朋友甚至亲人；老王的"不幸"是"我"造成的，"我"并没有回应老王对"我"的精神需要，没有把他当作朋友，更别说亲人，也因此多年以后才会感到"愧怍"。第二，引入对"文化大革命"的介绍，让学生知道那是什么样的社会——其实，作者在文中并不想突出这一特殊时代背景，而是指向内心；从时间跨度上来看，作者与老王的交往，也不完全是在这一特殊时代背景中。

也就是理解作者对生活世界的理解。读者对文本中所表现的生活世界的理解，其实是一种"二度理解"，是一种间接理解。文本是作者对生活世界理解的产物，文本中经过作者加工的世界，已经不再是原来那个自在的生活世界本身，而打上了作者主观思想感情的烙印。读者通过文本对生活世界的理解，也就不是直接理解生活世界本身，而只是"理解作者的理解"①。学习杨绛的《老王》，学习的是作者对与"老王"相交往的事件的理解，是作者写作此文时对"老王"的"不幸"的理解和自己的"幸运"的理解。

二、着力点：从人物关系理解作者情感

本教学片段中，黄老师从"作者与老王的关系"入手，引导学生理解作者对"老王"的态度，从而理解作者在本文中所表达的思想感情——不是作者整个的思想感情，不是一般意义上的抽象的思想感情，而是通过这个特定的文本表现出来的这一点、这一种、这一个方面的思想感情。如前所述，文本解读是理解"作者的理解"，那么作者是怎样理解"与老王的关系"的呢？黄老师的教学分为两步来引导学生。

第一步，理解作者当时"眼中的老王"。所谓"当时"，是与作者写作此文时相对的一个时间段，也就是"几年"以前与老王交往的那个时间段。请看黄老师为了引导学生思考所提的思考题：

——作者为什么要用这样的笔调描写老王呢？

——作者为什么不想笑又必须笑啊？

——作者为什么为难，为什么尴尬啊？不收似乎不好，收了如果不给钱更不妥当。潜台词是什么？是"我"和你的关系，绝不能白吃你的东西。作者为难之后怎么办？

——"我"一再强调说"我知道，我知道"。大家想一想，"我"真的知道吗？"我"又知道什么呢？

——在作者的眼里，老王是一个什么样的人呢？

---

① 李华平. 文本解读：理解"作者的理解"[J]. 中学语文，2013（Z1）.

——她不把自己看作是老王的同类，说得很深刻。保持距离，肯定与那样的时代有关，但主要原因还是心理上的不认同。想一想，为什么作者不把老王看作和自己是同样的人呢？

上述问题，是围绕"在作者的眼里，老王是一个什么样的人"这一核心问题展开的，分别引导学生理解作者当时描绘老王的笔调、面对老王时的心情、对待老王的态度。学生在老师的引导下，理解很到位——"在作者'我'心中，老王只是一个不幸的陌生人，或者说是一个一般的熟人，一个熟悉的陌生人"，从而揭示出"作者与老王的关系"并不如老王期待的那样，而是具有陌生感、距离感的，作者甚至还有一种居高临下感——"文化上的优越感、清高，甚至矫情"。

第二步，理解作者写作本文时"眼中的老王"。杨绛先生在《老王》一文结尾时这样说："几年过去了，我渐渐明白：那是一个幸运的人对一个不幸者的愧怍。"也就是说，作者对老王的认识、态度、情感发生了变化。黄老师正是抓住时间的这种"隔离效应"，引导学生理解作者写作本文时"眼中的老王"。且看黄老师所提的思考题：

——大家想想，如果说当年的杨绛是以一种居高临下的眼光看老王，是保持着一种距离和老王交往，那么当她写这篇文章的时候，当她愧怍于老王的时候，她是用什么样的眼光来看老王的呢？

——作者为什么要把这个"多吃多占"改为"幸运"呢？

第一个问题，引导学生理解"作者的理解"的变化——对老王的眼光的变化，即由居高临下的俯视变为仰视："她发现与老王相比，自己是自私的，自己的善良是不如老王那么纯净的。"第二个问题则引导学生进一步理解作者文字更换（"多吃多占"改为"幸运"）背后的认识的廓清，实际上仍然是"作者的理解"的变化——用"多吃多占"表现的是作者物质方面的愧疚，"主要是着眼于两个人之间鸡蛋换钱一类的交往"；而对于老王来说，他尽管物质贫乏，但内心更需求精神上的"看得起"，"我"感觉到的也主要是精神上的"幸运"。所以,"概念上更对应了,表达更严谨;同时,内涵也更丰富了","它表现了作者写作的思维过程,也表现了作者精神的反思过程"。文本解读"理解作者的理解"在这里得到了黄老师充分的阐释:"她对老王的高大,对老王善良品性的理解,都在不断地提升。"

三、用心点:"老王的心情"

要让学生理解"我"的情感——对老王由"冷漠"到"愧怍"的变化,不是一件容易的事。黄老师采用的办法是"移情想象"——站在老王的角度,想象老王的心理。且看他的引导:

> 在"我"坚决的态度面前,老王就无话可说了,钱也收下了。——大家看,老王真是个老实人啊!但我想,收下钱之后,老王的内心一定很复杂。
>
> 现在我们做一件事:请你站在老王的角度,想象一下老王这时的心理,用简短的话描述老王此时此刻的心情。

老王收下钱后的心情,文中没有交待。从散文写作来说,特别是第一人称写作的限制,文本也不可能交待老王的心情。从文学创作角度来说,这是一个"意义空白",是一个"召唤结构"——向读者发出召唤,驱遣想象去填补这一空白。在"召唤结构"面前,有经验的读者会主动响应文本的召唤;经验不足的读者,则会一晃而过,不予理会。教师的价值、课堂教学的用心,就在于引导经验不足的学生在"召唤结构"面前停留,响应文本的召唤。在老师的引导下,学生通过"移情"的方式,把自己想象成老王:

> 杨先生他们平时待我不错,他们常常照顾我的生意。卖些鸡蛋给他们,我的日子也好过多了。我现在要死了,想把一点鸡蛋和香油送给他们,但杨先生却没有明白我的心思。不过,这样也好,让杨先生心安理得地吃那些鸡蛋和香油吧。希望他们能够好好过下去,珍惜现在有家有温暖的日子。

值得注意的是,引导学生理解老王的心情不是目的,关键在于通过理解老王的心情去理解"我"后来为什么"愧怍"。也就是说,落脚点是理解作者的心情。抓住了这一点,就抓住了散文解读与教学的"牛鼻子"。

29 打上回忆色彩的鸭蛋

——李华平《端午的鸭蛋》教学片段品析

品析者：张婷

【教学篇目】汪曾祺《端午的鸭蛋》（人教版，八年级下册）

【教学说明】本课由李华平教授于 2016 年 3 月 22 日执教于成都市新都区蜀龙学校。李老师长期"游走"在小学到大学中间，有着对文本独特的感知力。这堂课再次充分展现了他"回归语文正道"的理念，李老师打破常规，不在散文语言教学上停滞不前，而注重领会作者情感以及散文特色，教给学生学习散文的方法。

李老师执教本课的教学思路大体上为六个环节：理解词语，串讲课文—理解"端午"，感受"习俗"—品读"鸭蛋"，体会特点—试"吃"鸭蛋，体味情感—读"回忆"，领悟深情—深入文本，朗读揣摩。这里选取的是第五和第六个环节。

【品 析 点】紧扣"回忆"，体会情感，方法指导

【关 键 词】学生体验；朗读指导；升华提炼

精彩回放

一、品读"回忆"，领悟深情

师：同学们，由此可知，这篇文章，它所写的内容，实际上是写的一段

儿时的……

生：（齐）回忆。

师：对了，一段儿时生活的回忆。请在标题上边注明：是对儿时生活的回忆。

（生安静地批注，师在黑板上写下"回忆"。）

师：请同学们认真思考：回忆啊是一件无比奇妙的事情！很多东西，一旦回忆的时候，就会和原有的情形发生一些改变，产生一些奇妙的变化。你们回忆过没有？

生：（部分）回忆过。

师：回忆过，谁回忆过？现在你们都还很小嘞，谁回忆过？有回忆经历的？谁？（师示意举手。）

（生举手。）

师：哦，你回忆过，你回忆过什么呢？

生：我记得小时候我妈妈打我……

师：哦！（众人笑）在座被打过的请举手？

（绝大部分同学举手。）

师：哦！这么多人都被打过。那你现在回忆这段"被打"的经历，你有什么感觉？

生：我妈打我其实是在为我好，因为当时是我做错了。

师：那你当时呢？

生：当时我就觉得妈妈什么都不对，就我是对的……

师：哦……当时觉得妈妈不对，现在又觉得怎么样？

生：妈妈对了。

师：你看，回忆让你对事物的认知发生了改变。嗯，非常好。还有谁有回忆的？

生：小时候受伤的事情。小时候，和同学玩，他把我弄伤了，但是他不承认。

师：哦，这是小时候的事情。那你回忆起这个事情的时候你觉得感觉发生变化了没有？

生：感觉好像发生了。

师：哦，那你觉得他很好。那当时呢？

生：当时觉得他是"背叛"了我。

师："背叛"！这个词用得很重的嘞！现在觉得是不是"背叛"呢？

生：现在觉得不是了。

师：哦，现在已经不觉得了，当时觉得是一种"背叛"。哦……你看，这就发生改变了，说明回忆会让事物发生很大的变化。还有谁？谁给大家讲讲回忆的？

（生举手。）

生：我小时候数学成绩特别不好，我爸就很耐心地教我。我当时很小，就很不想听，但是我爸还是很耐心地教我，就逼我呀！现在我的数学成绩有了很大的提升。我想，如果当时我爸没有那么耐心地教我，就让我直接和同学去玩的话，我现在的成绩真的没有这么好。

师：哦……说明现在成绩很好，是不是？

（生笑。）

生：一般。

师：一般，哈哈，这事没问题。当时爸爸要求你时你是什么感觉？

生：不耐烦。

师：不耐烦。那现在呢？

生：认为他做得很对。

师：哦，对，你看，发生改变了。当时觉得不耐烦，现在觉得很对了。那现在我们回过头来看，作者写端午的鸭蛋，是写的儿时的生活经历。那现在回过头来说，也有可能那鸭蛋，怎么样？（生：没那么好吃）也有可能那高邮的鸭蛋，并没他说的那么好吃。但是，他写出来就特别地让人想吃。而这，就是因为他打上了回忆的色彩。

现在，我们大家一起来欣赏一下带着回忆感觉的句子，我们一起来看看。（手翻文本）我们看一个地方，我举一个例子："我对异乡人称道高邮鸭蛋，是不大高兴的，好像我们那穷地方就出鸭蛋似的！"这一句话，"就出鸭蛋似的！"那个"就"怎么讲？

生：（部分）"只"。

师："只"，对，在旁边注明。他的意思是高邮这个地方并不只有鸭蛋，还有其他更多的，但别人一说："哎呀，高邮；哎呀，鸭蛋"，他心里感觉不舒服。大家把他心里的那种感觉读一读，"我对异乡人……"，起——

生：（齐读）我对异乡人称道高邮鸭蛋，是不大高兴的，好像我们那穷地方就出鸭蛋似的！

师：嗯。注意，刚才读的感觉还没出来。有一个词儿啊，需要重读一下。哪个词儿？

生：（众）"就"。

师：非常好！再来一遍，"我对异乡人……"，起——

（生再次齐读。）

师：因为他觉得别人一说鸭蛋，就觉得"我"家乡怎么样？穷，穷到只有……

生：鸭蛋。

二、深入文本，朗读揣摩

师：其实，他的意识里边，"我"的家乡高邮不只是有鸭蛋，好东西多的是嘞！

（众生点头。）

师：那是因为什么？包括我们也一样，我们的家乡，别人说我们的家乡——新都宝光寺，你听了之后，有什么感觉？我们把"宝光寺"这个词换进去读读，"我对异乡人称道宝光寺……"，起——

生：（齐读）我对异乡人称道宝光寺，是不大高兴的，好像我们那穷地方就出宝光寺似的！

（众生笑。）

师：这里要灵活一点，你就不能"就出宝光寺"了。那该怎么样说？"就有宝光寺"，再来一遍，把那种感觉读出来，"我对异乡人……"，起——

生：（齐读）我对异乡人称道宝光寺，是不大高兴的，好像我们那穷地方就有宝光寺似的！

师：我们新都除了宝光寺，还有什么？

生：（部分）桂湖。

师：对了，还有桂湖。还有什么？

（生七嘴八舌。）

师：对了，还有桂花。还有呢？

生：（部分）桂花糕。

（有学生答道：桃花。）

师：桃花？龙泉桃花更有名。还有什么？

生：（部分）梨花。

师：哦，梨花。还有更要紧的，还有我们！人！是不是？这才是最要紧的。我们在座的各位，今天表现得多好！是不是？"不过高邮的咸鸭蛋……"，怎么样？

生：（众）确实是好。

师：对，"确实"这个词我们在读的时候要怎么样？

生：（众）重读。

师：一般需要重读的地方，老师是要我们在下面加上什么？

生：（部分）加点号。

师：对了，重读要加点号，非常好。好，哪位同学来把这句话给我们读出那种现在回忆儿时家乡咸鸭蛋的感觉？谁来？是男生能读出来，还是女生能读出来？

（女生举手。）

生：（读）不过高邮的咸鸭蛋，确实是好，我走的地方不少，所食鸭蛋多矣，但和我家乡的完全不能相比！

师：嗯，你觉得你在读的时候突出了什么？哪个词语重读了？

生：确实。

师：确实。还有吗？

生：完全。

师：完全。好，都重读了，非常好。大家一起读一读，"不过高邮的咸鸭蛋……"，起——

生：（齐读）不过高邮的咸鸭蛋，确实是好，我走的地方不少，所食鸭蛋多矣，但和我家乡的完全不能相比！

师：继续读。

生：（齐读）曾经沧海难为水，他乡咸鸭蛋，我实在瞧不上。

师：同学们刚才又重读了一个地方，哪个词？

生：（齐）实在。

师：非常好！请坐下，你看，像这样的一些表示强调的虚词，我们在读的时候要重读。

下面，我把这儿也读读。看我读出你们觉的那种儿时的家乡的咸鸭蛋那种感觉没有？

（师读）不过高邮的咸鸭蛋，确实是好，我走的地方不少，所食鸭蛋多矣，但和我家乡的完全不能相比！曾经沧海难为水，他乡咸鸭蛋，我实在瞧不上。

（重读突出"完全不能相比""实在"。生热烈鼓掌。）

师：觉得我读出感觉没有？觉得我哪个地方的感觉读得特别好？

生：（齐）全都读得好！

师：有没有特别有感觉的地方？

生："实在"。

生："完全不能相比"。

师：那好，那我们大家一起来"确实"好一遍，"不过高邮的咸鸭蛋……"，起——

生：（齐读）不过高邮的咸鸭蛋，确实是好，我走的地方不少，所食鸭蛋多矣，但和我家乡的完全不能相比！曾经沧海难为水，他乡咸鸭蛋，我实在瞧不上。

师：嗯，不错。称道儿时的家乡的咸鸭蛋，而其他地方的咸鸭蛋就是比不上的句子，文中还有没有？

（生举手。）

生：高邮还出双黄鸭蛋。别处鸭蛋也偶有双黄的，但不如高邮的多，可以成批输出。

生：我在北京吃的咸鸭蛋，蛋黄是浅黄色的，这叫什么咸鸭蛋呢！

师：喔，这个地方，好像刚才读得有点感觉，再把它读读，争取读得更有感觉。

生：（朗读）我在北京吃的咸鸭蛋，蛋黄是浅黄色的，这叫什么咸鸭蛋呢！

师：同桌评价一下，她读得怎么样？

生：好。"这叫什么咸鸭蛋呢！"读得很有感情。

师：有什么感情？

生：自豪。

师：自豪的感情。同学们在下面作好批注：自豪。

（生批注。）

师：这样吧，我们大家一起来，读得更自豪一点。把对儿时家乡的咸鸭蛋那种美妙的感觉读出来。自豪一点啊，"我在北京吃的咸鸭蛋……"，起——

生：（齐读）我在北京吃的咸鸭蛋，蛋黄是浅黄色的，这叫什么咸鸭蛋呢！

师：我来读读试试啊。（朗读）"我在北京吃的咸鸭蛋，蛋黄是浅黄色的，这叫什么咸鸭蛋呢！"大家觉得我的感觉好一点，还是你们的感觉好一点呢？

生：你的。

师：哦，我的。你说说我的感觉好在哪？

生："这叫什么咸鸭蛋呢？"读得特别有自豪感。

师：好，大家一起来，我们把特别的自豪感读出来，"我在北京吃的咸鸭蛋……"，起——

（生齐读。）

师：你看我们这一课里边就是这样写我儿时家乡高邮端午的咸鸭蛋，就是特别有感觉，因为是打上了回忆的色彩。当将来，我们过了若干年后的有一天，回忆起我们生活当中的事情，也会发现，一切都变得那么美妙，一切都变得那么奇妙。

这就是散文。我们学散文，学回忆性的散文要把握住回忆中的那些人、事、物都打上了回忆时的感情色彩。这就是我们读散文需要把握住的关键之关键。

请同学们在标题上注明：回忆的色彩。将来我们在学习的时候、写作的时候都能够充分感受到回忆的魅力，散文的魅力。

今天我们就学到这里，谢谢同学们，同学们非常优秀！特别可爱！这个"非常""特别"就是我们刚才所说的表示强调的加点的词语。

（下课。）

品评赏析

散文教学不外乎"人、事、情"，但一线教师都明白对于形散而神不散的散文要上得精彩，确实需要下一番功夫。李老师抓住散文特点，在对文本深入解读的基础上，尊重学生的感受，把学生的视角引向文本深处，在朗读中品悟情感。汪曾祺的语言很有特色，但是如果只是局限于分析其语言特色，自然走不进作者的"心"，教给学生学习散文的一种方法才是文本之关键——学习回忆性的散文要把握住回忆中的那些人、事、物都打上了回忆时的感情色彩。

一、开启回忆大门，解密作者情感

为了教给学生"回忆性散文"的特性，李老师通过层层铺垫，环环紧扣，达到了预期教学目标。为了让学生更好地体会作者彼时的心境，让学生走进作者的心灵，体会"我手写我心"的散文风格，教师让学生穿越时空隧道，走进回忆的生活。李老师通过倾听学生回忆的故事，并适当适时地进行追问。"没有对话就没有教学"，在这样步步追问中，学生的思维与老师所说的"很多东西，一旦回忆的时候，就会和原有的情形发生一些改变，产生一些奇妙的变化"这句话完美照应。不得不感叹，老师在课堂上说过的每一句话都是用心良苦的。学生的回忆看似与文本没有任何关系，但当学生打开思想的闸门，畅所欲言之后，老师又巧妙地把学生带回到文本中来，"而这，就是因为他打上了回忆的色彩"。学生就能明白：作者的回忆是表达了他在特定的时间里特定的情感。接着，老师带领学生再次走进文本，去赏析文本中带有回忆色彩的句子，就让学生身临其境，仿佛看到一个自豪地品尝着家乡独特的咸鸭蛋的汪曾祺站到了面前。于漪老师提出："语言文字是民族文化的地质层，积淀了中华文化的精粹。教学生学习语文，也就是用人类的精神文明，用中华文化的乳汁哺育他们成长。"李老师正是让学生在轻松的回忆中加深对文本中"回忆"的认识，从而，用回忆串联文本，体会作者的情感，深入文本。

二、朗读经典语句，点睛学习方法

学生的自主朗读感知，远远比老师的说教来得更加形象生动。朗读以自读、全班齐读和老师的范读为主，在朗读中加入了带有学生主体意识的赏析，让品读更加深入，通过"以读带赏，以赏带读"的融合，品析关键词让学生体会语言的深刻内涵，而不仅仅停留在语言特色本身这样表面的特性——课堂如果只是朗读就毫无意义。在朗读过程中，李老师对学生恰到好处的指导，让学生在对关键词的品析中达到了另外一个教学目标——理解作者的情感态度。而这样的情感态度无疑也是打上了作者彼时的烙印，只有在朗读时通过不断地品味才能走进作者心灵，感悟作者感受，感受文本中的"我"。多数教师选择通过文本中的关键词句分析语言特色，而李老师俯瞰文本，站在了教会学生学习散文的方法的角度，让"授人以鱼不如授人以渔"的理念贯穿在整个课堂中。

著名语文教育家刘国正先生指出："语文课要教成语文课。"教师要始终贴近文本，教会学生"正确理解和熟练运用祖国的语言文字"，同时以引导者的身份出现在课堂中，不要把自己的理解和认识强加给学生，一切都要以学生的生成作为下一步的教学起点。

李老师的课堂从来不是戛然而止的，他会有一个巧妙的开头，然后同样会有一个完美的结尾。在最后几分钟，李老师仍然践行着叶圣陶先生的"教，是为了不需要教"的理念，教给学生学习一类散文的方法——给学生总结散文学习的关键之关键，让学生再次感悟散文的魅力，理解文本的主旨和内涵，真可谓是画龙点睛之笔。

散文的语言需要品读和玩味，但是在这个文本的教学中，李老师给我们提供了很好的借鉴，他从语言入手，但不驻足在语言中停滞不前，而是带领学生与文本和作者来了一次跨越时空的灵魂对话。让"我手写我心"的散文文本呈现在读者面前的时候，在李老师清晰的教学思路中，作者和那个带着家乡回忆色彩的咸鸭蛋仿佛也"站"到了读者面前。

李华平论"教"的学理

要达到"不需要教"的目的，教师必须在"教"字上下足功夫，这需要教师的"教"对学生的"学"具有充分的正向促进作用，使"教学"真正具体为"教学生学"。（1）教学内容高度聚焦，使学生有方向地学，而不 是眉毛胡子一把抓;（2）教学思路高度清晰，使学生有条理地学，而不是东一榔头西一棒杂乱无章;（3）教学活动紧张有序，使学生有方法地学，而不是蛮干拼体力、拼时间;（4）教学效果多维立体，使学生有习惯地学，而不是无思维品质地随意乱来;（5）教学推进深入浅出，使学生有滋味地学，而不是味同嚼蜡，泯灭兴趣。

（李华平《让语文教学回归正道——兼评特级教师韩军〈老王〉教学课例》，《新课程研究》，2015 年第 9 期）

30　朗读的魅力来自哪里？

——余映潮《记承天寺夜游》教学片段品析

品析者：周欢

【教学篇目】苏轼《记承天寺夜游》（人教版，八年级上册）

【教学说明】余映潮老师的主要教学环节是：有味地朗读 —有味地分析—有味地欣赏。此处截取"有味地朗读"教学片段。

【品 析 点】分层朗读整体感知，理解内容，体会情感

【关 键 词】简洁；范读；循序

精彩回放

一、读出一点文言的味道

师：读出文言的味道除了有的音节要拉长一点以外，我们还要注意这个音节里所渗透出来的情感。我读，你们听一下，看哪些字需要拉长，并有情感的意味蕴含其中。

（师范读。）

师：哪几个字？

生：（齐）念、盖、但。

师："念——无与为乐者"，有一点寂寞之感；"盖——竹柏影也"，有一点兴奋；"但——少闲人如吾两人者耳"，有一点感慨之情。这三个字把它们

的音节拖长一点，文言的味道就出来了。

（生齐读课文，模仿老师的语音处理方式。）

师：读出一点味道了。

二、读出一点宁静的氛围

师：为什么要宁静呢？夜游，而且作者看起来心情不错，他写的是美景，要细细欣赏眼前的美景，所以心情不错。那么，宁静的氛围要怎么读出来呢？第一，语速缓一点；第二，音调低一点。轻声地朗读，注意那三个字的拖音仍然要保持。

（生轻声朗读。）

师：味道更浓一点了。

三、读出一点夜游的兴致

师：有两个地方要读得快乐一点。现在我们看课文，你认为，哪两个地方或者哪两个字词要读得快乐一点呢？开始思考，我们讨论后再读。

（生认真思考一分钟。）

师：我们试着来交流，发表你的看法。

生：我觉得"相与步于中庭"要读出一点夜游的兴致来，因为见到了好朋友，自己的心情自然高兴了起来。

师："相与步于中庭"，很惬意，虽然默默不语，但心灵是相通的。好，谢谢。

生：是"欣然起行"，月色照着，作者兴致非常好，于是便很快从床上爬起来，然后去找张怀民。

师："兴致"一词用得非常好，因为有兴致，所以欣然起行。好，继续。

生：是"怀民亦未寝"这句，作者去找张怀民，而且发现张怀民也没有睡觉……

师：怎么表述呢？"怀民亦未寝"这句，他发现……

生：怀民和自己一样。

师：我来找你玩，你居然也没睡觉，如果怀民睡着了，他就会觉得怎么样？很遗憾，很扫兴。很好，谢谢你。

生：我觉得"盖竹柏影也"体现出一种恍然大悟的高兴的情致。

师：看到那么美好的景色，那样皎洁的月光静静地洒在地上，透过枝叶投射到地上，啊，原来是竹柏，"盖竹柏影也"，有点赞叹的味道。好，谢谢。

生：我觉得最后一句"但少闲人如吾两人者耳"，表达了作者当时不得志的一种心情。所以我觉得这句话写得非常好。

师：我给你补充一下，这个地方感情比较复杂，我们留着下一部分再来讨论它的感情。好，老师小结一下。刚才同学们找的几个地方，都是要读出一点淡淡的快乐。（师朗读出前三句话，强调"亦"字的欣喜。）

师：接下来，我们再来读，让文言的味道、宁静的味道、高兴的味道一起表达出来。

（生一起有味地朗读全文。）

四、读出一点复杂的情愫

师：作者很感慨，但这种感慨的意味我们一时又说不清楚。"何夜无月，何处无竹柏，但少闲人如吾两人者耳。"（师有感情地朗诵）是啊，这种复杂的情愫好像只可意会，不可言传。但是我们可以通过读来把它表现出来。现在请同学们合练一遍。把这四次朗读的感受表达出来，注意这个"盖"字，有点欣喜的味道，注意延长。"盖——竹柏影也。"

（师有感情地诵读，生再齐读课文。）

师：很好，我们都已经体悟到神品的力量了吧。它能够让我们这样去朗读，这也许是苏轼也没有想到的。好，下面开始第二个"有味"。

品评赏析

"书读百遍，其义自见""熟读唐诗三百首，不会作诗也会吟"，说明了诵读的作用和意义。诵读对于文言文阅读教学是一个重要而有效的方法。教学中师生要共同参与，以诵读为主线贯穿整个教学过程，以读代讲，能让学生直接感受文本，培养良好的文言语感，激发对文言文的兴趣，提高阅读文言文的能力。余映潮老师在教学《记承天寺夜游》时带着学生入情入味地朗读，从而使课堂教学呈现出一种迷人的魅力，让人回味无穷。

一、语言简练，思路清晰

余老师的引导性教学语言具有指向性、针对性。选段朗读总共分四层：（1）读出一点文言的味道；（2）读出一点宁静的氛围；（3）读出一点夜游的兴致；（4）读出一点复杂的情愫。余老师每次指导朗读都有一个重点，分别是文言的味道、宁静的氛围、夜游的兴致、复杂的感情，一步步清晰熟练地引导学生通过诵读理解课文。每一次评价既包含赏识和尊重，又能启发学生深入思考。整堂课如"出水芙蓉"般清新、自然、流畅。

二、适时范读，激发兴趣

文言文诵读教学的一个重要环节是范读。范读是让学生感知教材、生发情感，进而产生学习文言文的浓厚兴趣的有效手段之一。在教学中，范读还要注意选择恰当的时机，一般情况下不要一开始就范读。因为范读的目的是给学生提供一个与自己的理解和朗读进行对比的参照物而不是让学生进行机械的模仿。余老师的《记承天寺夜游》就精彩地为我们演练了适时范读的作用。如：示范朗读"念无与为乐者""盖竹柏影也""但少闲人如吾两人耳"。学生在教师的引导下轻松快速地融入其中，与古文甚至与古人产生共鸣。这样不仅激发了学生的兴趣，还引导学生自主感悟学习，一举两得。

三、循序渐进，由浅入深

文言文诵读要求读准字音，读出停顿，读出语气，读出感情，因此在教学过程中，教师指导学生"诵读"要注意循序渐进、由浅入深。余老师这一环节的朗读教学就是循序渐进的完美演绎。

首先，余老师要求学生把课文"读出一点文言的味道"，即要求学生要读通课文；接着"读出一点宁静的氛围""读出一点夜游的兴致"，即要求学生读出情感；最后"读出一点复杂的情愫"即要求学生读出文章所蕴含的美感。古诗文是一种精炼、综合的文学艺术，它借助有限的文字来表达一种和谐的意境。学生只有反复朗读，把有形的方块文字演绎成各种丰富的画面和意境，才能体会出其中的味道，从中感受到美。从"读通课文"到"读出情感"再到"读出美感"，整个朗读环节都是余老师在深入研读文本的基础上精心设计的。余老师通过精细的训练将朗读指导和文本解读融为一体，实现了立体的朗读和立体的解读。

其次，余老师将"朗读"贯穿于文言文教学的全过程，让朗读法在文言文教学中得到了实实在在的施行。通过品析此教学案例，我深刻体会到在文言文教学中，只有根据实际情况通过不同方式对课文反复朗读才能让学生对课文产生审美体验，激发思维，提升语文能力。

最后，余老师通过活用范读、引读、导读和学生的轻读、默读、齐读、分角色读等教学方式，让无声的语言变成了声情并茂的语言艺术——让文字活起来，让情感溢出来。

余映潮论"板块式"思路

所谓"板块式"思路，是指在一节课或一篇课文的教学中，从不同的角度有序地安排几次教学内容，教学活动呈"块"状分布的教学思路。"板块式"教学思路的基本特点是：(1)思路清晰，教学有序；表现出"一块一块地来落实"的教学形态；(2)每个板块都是一个半独立的"小课"或者"微型课"；(3)"板块"其实就是"训练活动"或"实践活动"；(4)因为"板块"的活动各个不同，就使课堂活动形式多样、动静分明；(5)全课的教学板块连缀起来，呈现出一种层进式的教学造型；(6)"板块"组合的形态、形式非常丰富，可以充分地表现教师教学设计的创意与审美意识。

（余映潮：《我的教学探索、发现与思考》，《语文教学通讯》，2018年第17期）

31 慢慢读，细细品，深深问

——肖培东《锦瑟》教学片段品析

品析者：钟亮

【教学篇目】李商隐《锦瑟》（人教版，高中必修三）

【教学说明】《锦瑟》是李商隐诗歌中最难解的一篇，内容隐晦，意境凄迷，语言华美，给人以丰富的想象空间。其主旨历来众说纷纭，有悼亡说、恋情说、自伤身世说等等。清代诗人王士祯说"一曲锦瑟解人难"。

肖培东老师的教学化难为简，通过诵读，引导学生把握这首诗的意境和情感。课堂主要有两大环节。第一个环节设计的问题是："这是一首怎样的诗？"引导学生感受诗歌的伤、幻、美、雅。第二个环节设计的问题是："从中你读出了什么？"引导学生对主旨进行多元解读。在他充满感情的语言的引领下，引着学生走进李商隐的世界，去感受那唯美的艺术意境，取得了非常动人的艺术效果。诵读教学无疑是这节课的最大亮点。

【品 析 点】诗歌教学中的诵读指导

【关 键 词】以问导读；反复诵读；细节品读

精彩回放

师：这是一首李商隐回首往事的诗，同学们考虑一下，回忆的文字在朗读的时候节奏是？

生：慢。

师：舒缓，缓慢一些。第一次朗读了，接下来，在老师的指导下读出这种回忆的感觉。注意，要放慢节奏，缓慢一些。"锦瑟无端五十弦"，一二读。

（生齐读。）

师：如果要把回忆的感觉读出来，最后两个字"惘然"要怎么读？

生：慢一些。

师：慢慢的，还在回忆，这个"然"字不一定就从回忆中醒过来，它还在引导着我们继续去沉醉，继续去思考。好，这位女同学，你给大家读一读。

师：速度再慢一点好吗？读两句，最后两句。

（生齐读。）

师：好，再说说看，这次读了以后你告诉我，这首诗你读出了诗中的？

生：悲伤。

生：哀愁。

师：同学们都认为这是一首极其伤感的诗，说说看，哪些句子让你们感受到伤感？

生："沧海月明珠有泪，蓝田日暖玉生烟"，表达了很悲伤的情感。

师：哪个词上面表达了这种悲伤？

生：泪。

师：有泪的记忆是伤感的，是吧？（生答：对）这个泪字要读出伤感味道，不应该是这么平淡的，对不对？再来，"沧海"这句话。

（生读：沧海月明珠有泪，蓝田日暖玉生烟。）

师：旁边同学再读一读句子中的伤感。

（生读。）

师：烟的一种感受，泪的一种感受，慢慢地给你一种伤感的基调，但我觉得你第一个词的爆发力很强，它不是伤感，你用的是"沧海月明"（音调较高），请注意一下。后面同学再说说看，还有哪些句子让你感受到伤感？

生："此情可待成追忆，只是当时已惘然。"有些人回忆起来是很痛苦的，很凄惨的，所以说想起往事有一种悲凉的感觉。

师：那么怎么读出这句话？

（生读：此情可待成追忆，只是当时已惘然。）

师：好，还有吗？找找看，哪些句子？来，这位女同学，悲伤是你说的，你来说说看。

（生读：庄生晓梦迷蝴蝶，望帝春心托杜鹃。）

师：你是第一个能够把伤感和情感结合在一起的同学。（生鼓掌）应该骄傲，因为真正懂得了文字而不是只是发出声音，而是进入了灵魂。你告诉我，哪里有伤感？

生："庄生晓梦迷蝴蝶"，就是庄生梦蝴蝶分不清自己在世界的外面还是在世界的里面；"望帝春心托杜鹃"，是有一个典故——杜鹃啼血。

师：杜鹃啼血是非常感伤的……然后，延伸出来是每个人为了自己的梦想而感伤。这种感伤就浓浓地映照在我们诗歌中的每一句，每一什么？

生：字。

师：同学们，如果说，回忆是缓慢的，感伤就要加入一份低沉。前面几位同学之所以没有把这几句话读好，是因为他们只理解了回忆的那种平缓，却忘记了感伤的那份基调。好了，再在老师的指导下读读这首诗，注意不但是慢，还要慢出那份忧伤，所以，关键字关键词一定一定要读好。"锦瑟无端五十弦，一弦一柱思华年"，一二开始。

（生读。）

师：读得多好，为了加重一下这种感伤的味道，我建议把最后一句重复一遍。

（生读。）

师：好，整齐朗读一遍。注意一下，为了朗读的需要，同学们考虑一下，李商隐此时已经进入人生的晚年，他读的语调没有你们中气足，他可能会有一些哽塞之音，他也可能会有一些停滞之音，但是，只要得其情你都可以把他的感觉读出来。

（生读，师也读。）

师：伤感的味道慢慢地弥漫在我们这个教室中。那么，同学们，一首诗如果只是伤感，那么，它就只是眼泪，一首诗如果只是眼泪，它又如何可以做到家喻户晓。这个伤感的背后一定还有其他的东西，请同学们自由读一遍，看还能从这首诗中读出什么来。自由读一遍，轻轻地读。

（生读。）

师：好，这位同学你为大家读一遍，同学们听听，你还能从诗中读出什么来？前面读出这首诗里面有伤，除了伤还有什么？或者说，这是一首很伤感的诗，这还是一首怎样的诗？

生：回忆的诗。

师：回忆的诗，回忆就会带来情感，我想你想说的就是这是一首充满真情的诗，是这意思吧？（生答：对），也就是说这是一首很真的诗，发自内心的诗。每个字每一句都出于作者的心底。女同学，一起来。

（女生读。）

师：你们的细、你们的柔很好地诠释了李商隐的哀伤，这是一首充满真情的诗歌。好，还有没有第二个词语，这是一首怎的诗？你来说，形容词就可以了。

生：我觉得很朦胧。

师：很——朦——胧。哪里？

生：像这些蝴蝶、杜鹃，这些意象就给我们朦胧美的感觉。

师：也就是说，你认为蝴蝶、梦，还有没有其他的？

生：还有杜鹃、泪。

师：杜鹃也很朦胧，是吗？

生：还有烟。

师：哎，玉生烟，另外还有沧海明月，似乎都在遥远的天边，可望而不可即，所以你感觉到这里都是朦朦胧胧的。换成一个字，这是一首……，一个字。

生：梦一样的诗。

师：梦一样的诗，那么，我认为可以用一个字来讲，"幻"，可不可以？

生：可以。

师：幻，虚幻的幻。因为这首诗的最后是说"惘然"，对吧？这些很朦胧的意象堆积成了这首诗，所以我们认为这是一首很幻的诗。

好了，那么迷茫的诗，应该怎样读呢？我们既要读出它的舒缓，又要读出它的伤感，另外还要感觉到那种迷茫、迷离不定。这个时候，我们可以通过自己语音的轻重、语气的长短来表现出诗人在伤感回首时的那种迷茫、朦胧的情感。自由朗读一遍，读出这种迷茫，读出这种幻觉，读出这份朦胧，注意轻重缓急的调节。"锦瑟无端五十弦，一弦一柱思华年"，注意，"一弦一柱"，读读看。

师："一弦一柱思华年"（师生共读），好了，有重音了，有长短音了，一起再来一遍。

（生读，师也读。）

师：越来越慢，越来越缓，越来越低到无声，这就是朗诵的艺术。好了，还有吗？这首诗是迷茫的，这首诗是伤感的，这首诗是真情的，你还能从这首诗中读出什么？来，你来说。

生：这首诗像在向我们倾诉一些东西。

师：也就是说感动，还是情感层面的，倾诉一些怎样的东西？看看，诗里面写到哪些东西？

锦瑟有美丽的花纹，庄生晓梦迷的又是五彩的春天飞舞的蝴蝶，望帝春心啼唱的是那哀愁的杜鹃，沧海、月明、珍珠、泪，接下来，蓝田、日暖、玉生烟，这些东西都是作者要说的东西，你觉得这些东西含有什么？一起来说说看。

生：悲。

师：很悲，这个悲的情感已经融在事物的表象上，但这个事物为什么不是一处荒草，为什么要是这些东西呢？沧海、月明为我们制造了怎样的一种感受？我请一位同学再来读读中间的四句话。

（一生读，大家鼓掌。）

师：嗯，蝴蝶、春天、杜鹃、蓝色的大海、明亮的月亮、玉淡淡地幻化成一阵烟，这些东西除了含有悲的情感因子外，它同样给我们一种美丽的感受，很美，很美，它可能会代表一种你刚才所说的美丽的情感，请坐。那么，美丽的事物在读的时候应该读出什么？

生：喜悦。

师：喜悦？这首诗既然全诗都是一种伤感的基调，那么，这种美丽就要读出他对它曾经有过的一种……

生：向往。

师：哎，向往，那种急切，那种盼望，然后，一种盼望而不得的悲伤要从这些字词中感受出来，好，一起来读出四句话的美丽。"庄生晓梦迷蝴蝶"，一二读。

（生刚读"庄生晓梦迷蝴蝶"。）

师：好，意象的那个词注意重音，同时表达出发自心底的一种向往，想一想蝴蝶之美，想一想沧海月明等等。"庄生晓梦迷蝴蝶"，开始。

（生读。）

师：伤感在美丽的事物上慢慢表现，美丽不仅仅是它的意象，也许还是它美丽的理想、美丽的抱负。那么，同学们，我们也有理想，也有伤感，那伤感很可能就是门前角落的一把扫帚，那么，李商隐为什么不用这个词？他写的这四句话就像同学们说的完全是在用……

生：典故。

师：是的，典故。也正是这些典故的运用使得这首诗又增加了书卷味道、文化的味道，所以，我还认为这首诗是雅的，不俗的。这种雅味应该慢慢地进入到我们的再次朗读中，一起来读读这四句话。

（齐读。）

师：这一系列的东西，这四句话其实也紧紧地把作者的哀伤、作者曾有的美丽、作者的那份遗憾、作者的那份遥远的感动以及作者特有的文化味道深深地表现出来，所以说诗中有伤，诗中有画，诗中唯美，诗中含雅。（出示幻灯片内容）当然，你还能读出这首诗其他的东西。好，对这首诗进行一次综合性的朗读，这个时候你要读出诗中很复杂的东西来，很深沉的东西来，它不仅仅是伤感所能表现出来的，我们一起来背背好不好？

（生和师一起背诵。）

师：你看，同学们读得多好，比第一次的朗读进步不少，这说明唯有进入诗的境，才能读出诗的魂。

品评赏析

什么样的语文课堂能酿出醇酒的味道？什么样的课堂有余音绕梁的影响？肖培东老师的《锦瑟》一曲，婉转美妙，余音绕耳，锦瑟思华年，此情已惘然，似仙似幻是温柔，亦伤亦隐亦朦胧。让我们享受到真正的语文课的语文味！肖老师这堂课传递给我们这样的思考：永远别低估诵读的力量，要用心引导孩子读出文字的味道。

一、多角度以问导读，引学生深入文本

40 分钟的课堂，一开始肖老师从初读感受入手设计了一个牵一发而动全身的主问题："这是一首怎样的诗，从中你读出了什么？"引导学生感受诗歌的伤、幻、美、雅，引导学生对主旨进行多元解读。在学生丰富多彩的回答中，引导学生一步步亲近文本，在逐步的点拨中带领学生深入文本。

在引导诵读的过程中，注意追问，把诵读和对诗歌文本的理解融合起来，通过环环相扣的追问把学生对诗歌的感悟和思考引向更深处。例如：在学生把握伤感基调之后，有层次性地设计了三个问题：

"再说说看，还有哪些句子让你感受到伤感？"这是进一步追问，让学生进一步回归文本，细读文本。先是引着学生一起诵读感悟"此情可待成追忆，只是当时已惘然"中的"惘然"之情；然后通过对"杜鹃啼血"典故的探究，体会感伤的情怀。真正让学生感受到老师所说的"这种感伤就浓浓地映照在我们诗歌中的每一句，每一字中"。

"一首诗如果只是眼泪，它又如何可以做到家喻户晓。这个伤感的背后一定还有其他的东西，请同学们自由读一遍，看还能从这首诗中读出什么来。"这是紧接着的于无疑处设疑，激发学生围绕文本内容深入探究的兴趣。

这个问题设计在教学内容上，从"伤"转向"幻"与"美"，引着学生从对诗歌情感的体悟转到对诗歌朦胧美的艺术手法的探究。

"很悲，这个悲的情感已经融在事物的表象上，但这个事物为什么不是一处荒草，为什么要是这些东西呢？沧海、月明为我们制造了怎样的一种感受？我请一位同学再来读读中间的四句话。"这是巧妙的点拨诱导之问，通过诵读关键句"沧海月明珠有泪，蓝田日暖玉生烟"，并通过语言的对比辨析，来诱导学生感受诗歌意象之美，感受本诗唯美的艺术意境。语文教学，有时多问一句"为什么"，课堂就多一份精彩。

二、多层次反复诵读，诱学生渐入佳境

余映潮老师提出："教师应在课堂上读起来，学生更应在课堂上读起来，对那些富有情韵、语言优美、朗朗上口的作品，或朗读，或吟诵，或吟唱，或记背……"[①]肖培东老师做到了这一点，他充分把握住了诗歌是诵读的艺术这一特质，并且充分利用自己善于诵读的特长，使诵读贯穿课堂始终，引导学生在诵读涵泳中感受诗歌的思想、艺术魅力，获得情感的体验、心灵的共鸣和精神的陶冶。

本环节展示了诵读方式的多样性。有学生个体的感知性诵读，有学生轮流的个读、男女组合式和全班的齐读；有学生自由读、教师领读、教师指导下的读和教师范读；还有对重点语句的反复品读和背诵等方式。整节课在琅琅读书声中，让学生在反复诵读中循序渐进地理解内容、理解情感。这样多次的反复的朗读，让学生渐入佳境，读出了感情，读出了滋味。

肖老师的这节课充满了琅琅的读书声，用教师的范读、领读，用学生的不同方式的反复诵读，真正读出了"语文味"。诵读这一教学方法的使用，不仅让学生走进了文本深处，让学生对作品用词、用句、节奏、情感有了更深的感受。这节课的诵读，可以说充分体现了诗歌这一文体特征，体现了执教者的文体意识，是真正的用语文的方法教语文。

---

① 余映潮. 余映潮阅读教学艺术五十讲 [M]. 西安：陕西师范大学出版社，2005.

三、多点位指导诵读，让学生品出"味道"

语文教学是慢的艺术。课堂上要放慢脚步，慢慢地引导学生与文本深度相融。文字要琢磨，慢工出细活。教师在课堂上要舍得慢下来，这是对文本的尊重，也是对生命的尊重。有经验有底气的语文老师，要敢于像肖老师这样，放慢脚步，一步一个脚印地，驻足文本，慢慢读，细细品。

诵读指导要有耐心和匠心。面对着课堂伊始不太尽如人意的学生朗读，老师没有退缩，而是根据学情，有时进行示范诵读，有时比较、体悟朗读方法，引领学生注意朗读的感情、停顿和节奏问题。在开始环节，我们可以看到学生的诵读比较平淡，没有准确地传达出文本的感情，肖老师引领学生在准确感受表现内容的基础上，具体细致地指导学生诵读此句时如何处理声音的轻重和语速的快慢，以便以声传情，并且采用男生、女生各一句的方式反复诵读感受，这样不仅让学生在课堂上掌握了诵读的方法，提升了诵读的能力，而且还真正起到了以诵读来理解文本、感悟情感的作用。

例如：在引导学生诵读"蓝田日暖玉生烟"一句时，肖老师的示范诵读就把"烟"字弱化拖长了，突出"烟"的飘渺不可捉摸；在读"沧海月明珠有泪"的"泪"时，指导学生要读出泪的晶莹透亮和泪盈眼眶的伤痛；指导"锦瑟无端五十弦，一弦一柱思华年"时，一弦一柱中间要读出轻重缓急，才能恰如其分地表达出那如泣如诉的不尽哀怨。"只是当时已惘然"通过语音的轻重、语速的快慢来表现出诗人回首往事时那种伤感的迷茫、朦胧的情感。这样通过声音的细微变化让学生体会文字的生命质感，通过声音的抑扬顿挫引领孩子感受诗人跌宕起伏的情感脉搏，通过多维度的读品味这锦瑟之音的"伤、幻、美、雅"。

一篇锦瑟解人难，唯有诵读才能进入诗境，品出诗情，领略诗魂。诗中有伤，诗中有画，诗中唯美，诗中含雅。诵读由口入耳，由耳入心，一直抵达心灵最柔软的角落。

32　给文本细读插上翅膀

——王君《荒岛余生》教学片段品析

品析者：张悦恒　李华平

【教学篇目】笛福《荒岛余生》（人教版，七年级下册）

【教学说明】随着多年来的新课改，王君老师在教学实践中发现"在对文本的深入分析中，语法知识的重要性不知不觉地显示出来了。由于学生完全没有相应的语法基础，因此教师只能遗憾地用其他的方法进行点拨引导"。而对《荒岛余生》这篇课文的教学，正是王君老师让语法知识和语言实践相融合的大胆探索。

【品 析 点】利用语法知识解读文本

【关 键 词】语法知识；人物形象

精彩回放

（"现在我对于自己的处境已稍稍有了好感，不再整天把眼睛望着海面，等待有什么船来。"）

师：同学们，我们对《荒岛余生》的学习从咂摸咀嚼最后一个自然段的第一句开始，请轻轻地反复诵读这一句，分析一下它提供了哪些信息，希望你们努力从语文的角度来分析。

（生自由诵读。）

生：这个句子说明"我"的处境变好了，说明"我"不再等待救援了。

师：请你再把这个句子读一遍好吗？思考一下你的发言中是否有问题。

（生读了一遍，但茫然。）

师：你把前半句再慢慢读一遍，一字一字地读，细细体会。你刚才说"'我'的处境变好了"，对吗？

（生又慢慢读。）

生：哦，不是他的处境变好了。他的处境并没有变化，变化的是他的心情，他对自己的处境的态度变好了。

师：你刚才误读了，问题出在哪里呢？

生：我读句子的时候，只关注了那个"好感"，没有注意到"对于"这个词语。

师：现在懂了吗？有"对于"和没有"对于"表达效果有什么不同？

生：懂了。我想起了英语，"对于我自己的处境"有点儿像英语中的介词短语，句子要表达的重心就落在了对处境的态度上，而不是"处境"本身。

师：这个句子值得体会的地方还有很多。刚才赵宏鸣提到的介词短语是不能遗漏的，还有没有其他地方也不能遗漏，也涉及对这个句子的准确理解呢？

（把赵宏鸣被纠正后的答案写在黑板上：他对于自己处境的态度变好了。）

生："稍稍"这个词语不能忽视，这个词语说明鲁滨逊对自己处境的好感并不是非常强烈，而是只有一点点。

师：这个"稍稍"能够去掉吗？

生：不能去掉，去掉了就不能表现出岛上的环境特别艰险，鲁滨逊的好感是比较勉强的，这个词语让我们感受到他是在努力地调整自己的情绪，鼓励自己看到好的一面，但其实情况还是非常糟糕。

师：请大家继续品味这个句子，接受刚才的经验教训，关注细节。

生：这个句子告诉我鲁滨逊心中的一种希望破灭了，而另一种希望又升起来了，他希望自己在岛上能够生存下来，他不但改变了自己的心态，也改变了自己的行为。

师：我们是在学习语文，不是在学习政治，所以过程比结论重要得多。我们要把自己的船帆送到对岸，运载的水就是语言文字，我们的工具也只能是语言文字。这个句子看似平淡的背后，真的就没有可以值得咀嚼的词语了吗？来，各自再小声地慢慢读几遍。

（生反复小声读。）

师：注意"整天"这个词语。

生："整天"说明我以前完全把注意力和感情寄托在救援的船上。

师：我把"整天"改为"每一天"如何？

生：不好。"整天"强调一天中的每一时刻，但是"每天"没有这个意思。

师：再细细体会，"不再整天把眼睛望着海面"意味着什么？

生：哦，意味着心态变化后鲁滨逊还是有很多时候望着海面，他还对救援抱有希望。

生：这就和前文的"稍稍有了好感"相呼应，把鲁滨逊的情感写得比较细腻，写出了他处境的艰难、心态的矛盾。

师：再来。这个句子我可不可以这样说：不再整天望着海面？

生：改了之后就不太形象了。

师：为啥不形象？

生："把眼睛望着海面"就很形象，很生动啊。

师：用语文术语说，这是什么？

生：人物的神态描写。

师：对了，这一点一定要引起重视。语文学习讲究细笔描绘，形象刻画。

生：老师改了之后看起来要简洁一些了，但是我觉得原文中的"把眼睛"更强调一种支配，眼睛也有疲倦的时候啊，但鲁滨逊就是在疲倦的时候也不准眼睛休息，非要眼睛望着海面，一天二十四小时的分分秒秒都这样。

师：品味得很细腻！这当然有文学上的夸张的成分。从心理学的角度来说，"望着海面"可能是无意注意，但是"把眼睛望着海面"那就是要靠毅力来实现的有意注意了。

生：对，原句的好处就是强调鲁滨逊对援救的极度渴望。他非常主动。

师：举个例子，"我把手放在他的桌子上"和"我的手放在他的桌子上"，哪一个句子更强调我的行为呢？

生：前一个。

师：对了，这个道理是一样的啊。这种句子叫"把"字句，"把"字句就特别能起到强调主体行为的作用。

师：这个句子中还有一个词语要注意……

生："望"！

师：可以改成"看着海面"吗？

生：不可以。"望"是远远地看，海面很宽阔，只能是远望。

师：你说的是距离遥远，"望"还暗含着什么？

生："望"还带着感情，有极度地盼望在里边。

师：我还可不可以这样更加简练地表述这个句子：现在我对于自己的处境已稍稍有了好感，不再等待有船来？

（师读两遍，让学生体会。）

生：意思是没有什么大变化。

生：原句的感情有一种自嘲的意味，"等待有什么船来"的"有什么"就有一种灰心和自我嘲讽的意味。而"等待船来"感觉好像平静得多。

师：真好！品味得非常细腻。

品评赏析

新课改实施以来，语法教学受到了极大的冷落。而这种冷落，带给语文教学的伤害是很严重的。学生无法深入文本，深化理解、正确表达。实际上，语法知识的掌握，对于语言的运用、文本的深入解读，甚至人文精神的培养，都有着重要作用。"失去了必要的语言知识作为支撑，语文教学必然是一个无序、失控，只能在低水平上重复的过程。"[①]

年轻的特级教师王君老师在《荒岛余生》的教学中，就有意识地运用语法知识引导学生解读文本，分析人物形象，把握人物思想感情，取得了良好的效果。王君老师该课的教学是从最后一段开始的。本片段选取的是围绕该段文字的第一句话"现在我对于自己的处境已稍稍有了好感，不再整天把眼睛望着海面，等待有什么船来"，引导学生进行细读、挖掘、咀嚼这一教学环节。在此过程中我们深刻感受到语法知识在文本解读中的重要性，以及语法知识与情感体悟的重要联系。

一、抓介词（"对于"）分析人物形象

王君老师在要求学生整体感知"现在我对于自己的处境已稍稍有了好感，不再整天把眼睛望着海面，等待有什么船来"这句话的过程中，引导学生通过反复诵读发现误读文本的症结所在，并趁热打铁继续强化：

师：你刚才误读了，问题出在哪里呢？

生：我读句子的时候，只关注了那个"好感"，没有注意到"对于"这个词语。

师：现在懂了吗？有"对于"和没有"对于"表达效果有什么不同？

生：懂了。我想起了英语，"对于我自己的处境"有点儿像英语中的介词短语，句子要表达的重心就落在了对处境的态度上，而不是"处境"本身。

在王君老师的引导下，学生明白介词"对于"的使用使句子表达的重心有所偏向，有"对于"和没有"对于"句子表达的效果是不同的。而学生误读文本的原因常常在于没有关注到文本的这一细节。这里的文本细读，语法知识就起了很大的作用。与此同时，学生也更加能体会到文中主人公情感的变化。

二、抓程度副词（"稍稍"）分析人物形象

文本细读，需要咬文嚼字。咬什么文，嚼什么字？王君老师此处的教学

---

① 刘大为. 语言知识、语言能力与语文教学 [J]. 全球教育展望，2003（9）.

侧重抓的是虚词。除了关注"对于"这一介词外，她还引导学生抓程度副词。通过对比是否能去掉"稍稍"，让学生体会到主人公鲁滨逊所处环境的艰险、内心的矛盾：

师：这个句子值得体会的地方还有很多。刚才赵宏鸣提到的介词短语是不能遗漏的，还有没有其他地方也不能遗漏，也涉及对这个句子的准确理解呢？

生："稍稍"这个词语不能忽视，这个词语说明鲁滨逊对自己处境的好感并不是非常强烈，而是只有一点点。

师：这个"稍稍"能够去掉吗？

生：不能去掉，去掉了就不能表现出岛上的环境特别艰险，鲁滨逊的好感是比较勉强的，这个词语让我们感受到他是在努力地调整自己的情绪，鼓励自己看到好的一面，但其实情况还是非常糟糕。

不过，由于学生在词类知识上的限制，无法进一步深入探究，教师也只能点到为止。但我们不难发现在老师的引导下，学生能够抓住文本分析的重点，而这些重点常常离不开语法知识。

三、抓"把"字句（"把眼睛"）分析人物形象

著名教育家乌申斯基说过："比较是一切理解和思维的基础，我们正是通过比较了解世界上的一切。"王君老师本堂课的精彩之处，还在于对于句子、词语的变换，如是否可以把"整天"改为"每一天"，把"望"换成"看"，再如是否可以用简练的方式表达句子，去掉"有什么"，引导学生通过对比深入体察主人公对救援的渴望以及对所处困境流露出的灰心，同时形成语法知识的概念。正如该课中老师通过"把"字句（"不再整天把眼睛望着海面"）的教学引导学生理解文本。在教学中，王君老师不仅通过对原句的变换，还通过举例"把手放在他的桌子上"，更加生动地加深了学生对"把"字句的认知，在强调主体行为的同时，深化了学生对主人公情感的体会——"对援救的极度渴望""他非常主动"。

综上所述，王君老师这个课例从理解句子的深层意义出发，去体味人

物的思想感情与作品蕴含的文化内涵。她让学生对语句的理解完全依据文本，立足于文本。她利用语法知识引导学生如剥笋般一层一层地获取文句的信息，直至走进作者所创设的境界中。老师对句子成分的分析，使学生把握住了句子的主要意思；在老师的引领下，学生感受到了副词"稍稍"的意味；通过对比词语，学生明白了人物处境的艰难、心态的矛盾；句式的稍微变化，让学生领悟到句子表达效果的差异……在课堂中教师将语法知识渗透在朗读中、比较中、情境体验中，引导学生对一句话加以细读品评，从而带领学生摸索语言规律，使学生获得言语智慧，在互动中得到人文精神的滋养。虽然学生之前没有学过相关的语法知识，但这堂课下来，学生肯定尝到了仔细分析文本的甜头。因为这样不仅让他们"知其然"，更让他们"知其所以然"。

通过王君老师这一精彩的教学片段，我们可以有这样的感悟：语法与文本细读是可以和谐自然地融合的，在很大程度上，语法知识有助于对文本的细读，让文本细读收到四两拨千斤之效。在字、词、句中找到语文的魅力，这便是语文学科工具性与人文性的统一。教学离不开反思，语文教学离不开语法——给文本细读插上语法的翅膀，让"精要好懂的语法知识"成为"细读文本的重要抓手"！①

---

① 王君.精要好懂的语法知识是细读文本的重要抓手——以解读《荒岛余生》中的一个句子为例[J].中学语文教学，2007（11）.

33　以"问题"导路，教出"语文"味
——周丽蓉《汉家寨》教学片段品析

品析者：刘静　李华平

【教学篇目】张承志《汉家寨》（人教版，高中语文选修教材《中国现代诗歌散文欣赏》）

【教学说明】《汉家寨》是一篇诗意盎然的散文。文章描写了作者在无边的旷野中的旅行经历，以及途经汉家寨时的所见所感。虽然大西北自然景物干枯单调，一人独自旅行又极其艰辛，但在旅途中伴随着旅行者丰富的心理活动，在死寂中碰撞出喧响，从干枯处发掘出精神的泉流，从而揭示出"坚守"这一主题，足以振聋发聩，惊世警人。

昆明三中特级教师周丽蓉老师所上的这节课的教学环节主要有三个：由对"三岔口"的理解引出"汉家寨"—从文本中找寻、品味"汉家寨"—明确"汉家寨"的深层意义。此处截取的是第二环节。

【品 析 点】课堂提问的艺术

【关 键 词】层次；方向；实效

精彩回放

师：你发现"汉家寨"有什么特点？

生：位置偏远，地处在三岔口中间，有几间泥房，其中只有一位老人和

一个穿红棉袄的女孩。

师：这位同学给了我们一个很好的阅读思路。语言简洁，但我觉得过于概括了，比如"位置偏远"有点泛，而且抽象；比如"几间泥房"不具体。同学们帮帮他。这是一篇散文，它通过鲜明的形象来表达自己的思想。

生：老师，是不是画面感？刚才她的发言画面感不强，我们没有具体的印象。

师：真是太聪明了！画面感这个表达很准确。没有到过大西北，没有见过汉家寨，但我们可以通过阅读文字去想象情景。文字的画面感很重要。大导演张艺谋，他做过《印象刘三姐》《印象丽江》来传达地方特色。现在，我们以"印象汉家寨"为题，选用文中的词语，用具体、简洁的语言，勾勒一下你头脑中的"汉家寨"。这位同学读书很用心地在勾画、批注，能不能先说说你的印象？

生：那里环境比较恶劣，日光比较强烈，土地都是焦色的，没有植被，只有沙石，自然环境非常恶劣。

师：这是"汉家寨"的环境，有一定的形象感，但画面感不强。大家试试能不能用数量词加名词的方法来具体表述。大家找找"汉家寨"第一次出现在我们同学视野里的是什么。

生："一炷烟"。

师：很好。（板书示范：一炷烟）继续这样找下去。

生：破泥屋。

师：很多破泥屋吗？

生：几间破泥屋。（师板书。）

生：几户人家。

生：二个着"汉色"的是汉人。

师：这话有点别扭吧？我们平时会怎么说？

生：一老一小两个汉人都着汉人服装。

师：他说什么？

生：他说："老小二人都着汉人服色"。

师："汉色"的表达有点意思。这个时候，我们对这个汉家寨就有了一个初步印象了。请大家用形容词表达一下你看到这幅图景的感受。

生：萧条，荒凉。

生：孤寂，冷清。

生：苍凉。

师：刚才还有同学说喜欢文章关于景物的描写，找找看，哪些段落？

（一位女同学读第三自然段，要求同学边听边做勾画。）

师：给大家印象最深刻的词语是……

生：绝地。

师：那么感受呢？

生：会觉得在荒漠中很孤独。

生：只有一个人、一匹马。

师：如果一个人、一匹马是在江南去踏春呢？慢慢读，不着急，因为文章本来就很难嘛！

生：那里是大地被烤伤的一块皮肤，除了毒草是碧绿的，其他都是红色的，颜色非常少，给人一种孤独感。在这样的环境中有一种无助感。

师：一起把你们觉得不舒服的词语勾画下来，读出来。

生：烤伤的、酥碎的。

生：焦土，刀割，狞恶的尖石棱一浪浪堆起。

师：土壤是淡红色的，本应有一种美，就像我们东川的红土地。但这里是焦土。风蚀的痕迹像刀割一样，把那些让你心里感受不舒服的词语勾画下来，刻在自己的心里。

师：这样的景物描写，其实是作者心理的一种反映。文中有没有能直接表达人物心理感受的话语？在前面的几个自然段中搜寻一下。

生：我只有凭着一种茫然的感觉，任那匹伊犁马负着我，一步步远离了背后的雄伟天山。

师：还有其他的感觉吗？

生：我回想着不觉一阵阵阴凉……四顾无援。

师："四顾无援"必然就有着一种特殊的感受，哪一句话告诉我们这种特殊的心理感受？

生：总是两眼幻视、满心幻觉，天涯何处都像是那个铁色戈壁，都那么空旷宁寂、四顾无援。

师：什么是"幻视"？

生：我觉得是没有的东西频频出现在视线中叫幻视。

师：把"东西"改为"影像"更准确。请大家齐读第一自然段"我从天山的大坂上下来，……不由得屏住了呼吸"。

师：读得太温柔了。心没有被"那充斥天宇六合的恐怖一样的死寂包裹着""不由得屏住了呼吸"。来，我们一起试试。

（指导学生读。）

师："汉家寨"还没有出现在我们的视野，但我们已经置身在这片广漠、宁寂、死寂、静默的环境中，在暴晒中晕眩。"就这样，走近了汉家寨"。这是一种什么样的心态？

师：让最后几个男孩子说说，不然男孩子就被忽视了。

生：踏着嶙峋的石路，骑着马，走过血色的焦土、铁青色的岩石，来到了汉家寨。

师：他说得怎样？

生：他把刚才的环境说出来了。

师：刚才那个同学没有看书就说出来，说明作者通过他的特别有穿透力的语言把当时的环境深深刻在了同学们的心中。走近了汉家寨，他用了哪个"jìn"？

生：他说的是靠近，如果是走进，他应该看到房子。

师：猛然间感到所谓"大漠孤烟直"并没有写出一种残酷，而是一种欣慰、希望，突破先前的死寂，给了自己一点安慰、温暖！我们走近了汉家寨。

在语文教学中，"语文味"一直是许多一线教师追寻的目标。关于"什么是语文教学的语文味？"这一学术问题，理论著作颇多，实际操作性指导较少。实际上，人的行为是靠其思维意识支撑的。因此，统帅一堂课的往往是其背后的教学理念。这里，我们将走进最直观的课堂实录，通过对本教学片段"问题设计"的分析来窥探周丽蓉老师背后的设计意图，领略真实、可感的"语文味"。

首先，我们来看看周老师的问题设计：

（1）你发现"汉家寨"有什么特点？

（2）现在，我们以"印象汉家寨"为题，选用文中的词语，用具体、简洁的语言，勾勒一下你头脑中的"汉家寨"。

（3）有一定的形象感，但画面感不强。大家试试能不能用数量词加名词的方法来具体表述。

（4）请大家用形容词表达一下你看到这幅图景的感受。

（5）刚才还有同学说喜欢文章关于景物的描写，找找看，哪些段落？

（6）给大家印象最深刻的词语是……

（7）一起把你们觉得不舒服的词语勾画下来，读出来。

（8）土壤是淡红色的，本应有一种美，就像我们东川的红土地。但这里是焦土。风蚀的痕迹像刀割一样，把那些让你心里感受不舒服的词语勾画下来，刻在自己的心里。

（9）这样的景物描写，其实是作者心理的一种反映。文中有没有能直接表达人物心理感受的话语？在前面的几个自然段中搜寻一下。

（10）还有其他的感觉吗？

（11）"就这样，走近了汉家寨"。这是一种什么样的心态？

细品以上的问题，我们会发现周老师的问题设计以"作者的感受"为主线，环环相扣，以"听""说""读""写"四大基本能力为双翼，层层深入文本，带领学生畅游在语文的世界里，获得最直接的情感体验，"语文味"十足。下面，我们来具体看看其"问"的不凡之处：

妙处一：问得有层次

（1）至（4）问，围绕"汉家寨"的特点展开，走近"汉家寨"。其思路是：找寻特点—描绘画面—技巧点拨—凝练情感。（5）至（10）问围绕"对走近汉家寨沿途的景物描写的赏析"展开。其思路是：找景物描写—抓关键词—品情感。（11）问从"走近"到最后"走进"，回到问题（1）"汉家寨"。从赏析的内容看，一、二组问题是平行关系；从赏析的落脚点——"情感"以及作者贯穿在全文中的情感来看，一、二组问题是递进关系；从全文的写作顺序来看，一、二、三组问题形成一个回环结构，为后面理解"汉家寨"的意蕴作了铺垫，同时，也让学生通过品读引起的情感体验加深了对作者情感的理解，具有清晰的层次性。

妙处二：问得有方向

周老师所提出的问题不仅指出问题的"目的地"，解答问题的方式，还指出解决问题的"路径"——分析的方向或角度，具有明确的导向性。如：问题（2）中"勾勒一下你头脑中的'汉家寨'"是问题的"目的地"，"具体、简洁的语言"是回答问题的方式，"选用文中的词语"是解决问题的"路径"。又如问题（3）中，在表述中采用"数量词＋名词"就是"如何增强画面感"这一问题的解决"路径"。后面的问题亦如此。如：问题（6）、（7）、（8）中找寻关键词品味情感时紧扣"阅读时让人感觉不舒服的词语"。这样的问题设置，给学生一个"跳一跳，就能摘着桃子"的"垫脚石"，不仅能训练学生解决问题的思维能力，还能增加学生解决问题的成就感，从而激发其更多、更广的学习兴趣，是有效且高效的问题设置。

妙处三：问得有实效

此处的"实效"是指问题对提高学生语文素养（显性目标表现为听、说、读、写四大基本能力）是否具有实际价值。本堂课的问题设置以"提高学生的语文素养"为导向，"培养学生的语文基本能力"为目标，充分尊重学生的主体性，具有很好的实效性。如：问题（2）中"描绘画面"，是一个训练口语表达的过程。让学生先借助文本内容自主描绘"汉家寨",再由问题(3)顺势点拨如何描绘"汉家寨"。不仅训练了学生"说"的能力,还训练了学生"筛选""整合"信息的能力,将语文教学中有关"能力"的培养要求真正落到了实处。

综上所述,周老师的问题设计以学生的"最近发展区"为依据,遵循学生的认知规律,紧扣能力的培养、情感的熏陶,听之,似潜游海底,遨游太虚,心旷神怡,"语文味"十足。不仅如此,周老师在解决问题的过程中还始终"以情动人",让学生在"肯定""鼓励"声中前行,让学生越激越勇,真正成为学习的主体。如及时评价"真是太聪明了!""很好"等。

在这些具有"层次性""导向性""实效性"的问题引导下,在"以人为本"的课堂评价中,周老师带领学生几度潜游在文本之中,和文本展开了精彩的对话和激烈的情感碰撞,师生最后完美地完成了文本品读,让课堂成为"享受"的地方,提高了课堂"教"与"学"的质量。不仅品出了文本的"语文味",也让课堂教学"语文味"十足。这就是最真实的、具体可感的"语文味"。

34 课堂教学中的文本细读
——李华平《面朝大海，春暖花开》教学片段品析

品析者：王良军　彭德容

【教学篇目】海子《面朝大海，春暖花开》（人教版·旧版，高一上册）

【教学说明】李华平教授是"大学教师到中学上课"的长期践行者，本课例充分地体现了他的授课思想：在文本分析中选准一点重锤敲打，深入文本作深水潜行。在短短的一节课中，他紧扣文本、抓住重点词句辅以形式多样又充满实效的朗读，引领学生从表象敲开语言文字的外壳，对其内涵作精到深入的剖析，学生积极参与其中，深入到诗人的内心世界，领悟了文本的魂灵。

其教学的整体思路是：切入生活，调动体验—表层分析，体味幸福—深入挖掘，探寻心灵。

【品 析 点】紧扣文本，抓住关键词句，重锤敲打

【关 键 词】文本；词句；朗读

精彩回放

师：请大家再自由朗读一下全诗，思考一下，希望拥有简单、平淡、悠闲的田园生活的诗人，与亲人分享幸福感的诗人，"给每一条河每一座山取一个温暖的名字"、为"陌生人"热情祝福的诗人，是一个什么样的人？

（生独立思考，一两分钟后，前后左右开始讨论。）

生：幸福的人。这样的田园生活好美哦。

生：是一个心胸宽阔的人。他不仅想自己得到幸福，还与亲人分享幸福感，还祝福"陌生人"。

生：他是一个开朗的人，富有爱心的人。从注释里面可以知道，海子在1989年就去世了，这首诗也写于1989年，可以知道这首诗是诗人临死前写的，临死前还不忘与亲人通信，给河流、山川取名字，为"陌生人"祝福，其开朗、富有爱心让人钦佩。

生：他是一个快乐的人。他"给每一条河每一座山取一个温暖的名字"，首先他有给河、给山取名字的好心情，并且取的名字还很"温暖"，如果没有快乐的心情，他就不会取"温暖"的名字。

师：你的意思是，如果心情不好，就不会给"每一条河每一座山"取名字，即使取名字，也不会是"温暖"的，而是……

生：冷冰冰的。

师：还有其他看法吗？

生：老师，其实我倒觉得诗人并不幸福，并不快乐。你想，生活在现代社会中，却想着"喂马""劈柴""关心粮食和蔬菜"，说明在现实社会中生活得并不幸福，并不快乐。

（生纷纷点头，鼓掌，争先恐后发言。）

生：是的，诗人生活得并不幸福，并不快乐，你看，诗中说"从明天起，做一个幸福的人"，那么今天呢，很明显，今天并不幸福、并不快乐。

师：很好，我们同学很善于抓住关键词句。那么，大家看一下"从明天起"一共出现了几次？

生：（齐）三次。

师：请大家做好笔记。文本中反复出现的词句，是理解作者思想感情的关键词句。诗人反复说"从明天起"，说明诗人今天的生活很不如意。

师：大家认为诗人生活得并不幸福，还有什么依据吗？

生：我从课外书上知道海子是自杀的，也说明他生活得不幸福；如果生活幸福，他就不会去自杀了。

师：也可以这么说。能够从这首诗，从文本中再找到根据吗？

生：三个"愿"，说明只是一种愿望，生活并不如意、并不幸福。

师：诗人那么向往简单、平淡、悠闲的田园生活，并且要兴奋地与"每一个亲人"分享幸福感，甚至还要把这种幸福感传递给"每一条河每一座山"，还要"祝福""陌生人"，但诗人在现实生活中并没有得到这种幸福，那么他会努力地去追求这种幸福吗？

（生独立思考，一分钟后，前后左右开始讨论。）

生：他不会去努力追求这种幸福。"从明天起"，就是一种托辞，如果真的要去追求，就会像老师您所说的那样，"从今天起"，而不是"从明天起"。

生：三个"愿"字，也说明他不会去追求，特别是"愿你在尘世获得幸福"，说明他不愿在尘世获得幸福。

师：三个以"愿"字领起的句子，有两种读法，你看其意思有什么不同？

（师读：愿你有一个灿烂的前程／愿你有情人终成眷属／愿你在尘世获得幸福）

（第一种读法，在"愿"字后停顿；第二种读法，在"你"字后停顿。）

（生沉思，默念。）

生：第一种读法，语义重心落在"愿"字上，表达的是诗人的愿望；第二种读法，语义重心落在"你"字上。

师：你们自己读一读，哪种符合本诗诗句的停顿？

（生读，体味。）

生：（齐）第二种。

师：大家听我把这最后几句连起来读一读，看你们能够领悟到什么。

（师读：陌生人，我也为你祝福／愿你有一个灿烂的前程／愿你有情人终成眷属／愿你在尘世获得幸福／我只愿面朝大海，春暖花开）

（读到最后，做出一个转身向后的动作。）

生：他祝福陌生人获得幸福，自己却不愿去获得这种幸福，"只愿"回归到"面朝大海，春暖花开"的梦境中。

师：诗人的这种思想，还体现在其他诗篇中，如《诗歌皇帝》。

（投影：当众人齐集河畔 / 高声歌唱生活 / 我定会孤独返回 / 空无一人的山峦）

师：诗人在众人"齐集河畔""高声歌唱生活"的时候，自己却"孤独返回""空无一人的山峦"，与《面朝大海，春暖花开》中为陌生人祝福，自己却掉转头"面朝大海，春暖花开"多么相似！那意思是，让你们去享受"尘世"的幸福吧，我还是"只愿""面朝大海，春暖花开"。

（生纷纷感叹，窃窃私语。）

品评赏析

《面朝大海，春暖花开》是海子的抒情名篇，其语言平易、形式工整、意象质朴，初读后令人感到诗歌充满了温暖的情怀。但这首诗表达的情感不仅止于此，还有更深层的内涵——海子内心的痛苦：渴望倾听远离尘嚣的回音，企图摆脱尘世的羁绊与牵累，从而质疑生存的本质。

在短短的一节课中如何引领学生在感受诗人传递幸福感的同时"钻进去"触摸诗人内心深处的情感呢？李华平教授独具慧眼，成功采用"文本细读"的方式，紧扣文本，抓住关键词句重锤敲打，同时借助多种形式的朗读，带领学生一步一步地潜入诗的深层世界之中，透过温暖的幸福感的表层洞察诗人内心的孤独和痛苦。

一、紧扣文本，收放自如

刘勰《文心雕龙》说："缀文者情动而辞发，观文者披文以入情。"这就强调必须重视文本的阅读，因为文本是教学活动之根源，紧扣文本才会增加教学的有效性。许多教师在分析文本时或浮在表层不够深入，或断章取义将文本大卸八块，往往造成理解上的片面性，更有甚者完全偏离文本。其实，文本才是根基，"细读"是基于"文本"的"细读"。李老师在这堂课中，紧扣文本，注重整体感知，且收放自如，展现了他深厚的语文素养和高超的文本解读、课堂驾驭能力。

"教师不要带着书本走向学生，而要带着学生走向书本。"①李老师无时无刻不在提醒学生结合文本进行分析，例如当学生讲到从课外书中了解到海子是自杀的，由此得出他生活得不幸福时说"能够从这首诗，从文本中再找到根据吗？"，将对此处关系不大的内容一语荡开，迅速地将学生的注意力转移到文本中。当提出最后一节诗的两种读法让学生体验时说"哪种符合本诗诗句的停顿？"，从而避免了学生脱离文本漫无目地猜测。为了更深入地探究海子内心的孤独，他又引用了《诗歌皇帝》加以补充，但他并没有对《诗歌皇帝》进行分析说明，而是迅速地指出与文本情感相契合的词句"孤独返回""空无一人的山峦"来加以印证。

　　就深层来看，李老师始终将学生的注意力集中在探寻文本的思想剖析中，其中紧扣文本起到了巨大的作用。在开始的整体阅读时，就让学生找出"诗人描绘幸福生活的语句"，将他们的注意力就集中到了文本之中，心无旁骛地和文本对话，之后总是让学生根据诗中的词句来分析诗人的情感及深层含义，使学生的阅读思考行为紧贴文本，深入文本。

二、抓住关键词句，重锤敲打

　　"细读"不是字字琢磨，句句推敲，枝枝节节，随文爬行，繁冗分析。课堂教学中的"细读"，是有整体观指导的"细读"，因此应引导学生在阅读中去寻找、分析关键的词语、句子，即"文眼""诗眼"。②李老师在课文分析中就采用了抓住关键词句重锤敲打的方式，引领学生走向文本深处。

　　在分析了第二节"诗人和亲人分享幸福"的内容之后，李老师让学生抓住"给每一条河每一座山取一个温暖的名字""陌生人，我也为你祝福"两句来分析诗人的思想转变；当学生发现海子在为别人祈福而自己并不快乐时，李老师又巧妙地要求大家抓住"从明天起"反复敲打品味，学生在分析品味中明白了海子的今天、昨天缺少幸福感；紧接着让学生紧紧抓住三个以"愿"领起的句子，反复品读，进一步走入诗人的心灵深处；最后在分析"我

① 刘永康.语文课程与教学新论［M］.北京：高等教育出版社，2011.
② 同上。

只愿面朝大海，春暖花开"这句诗时，李老师展示海子的另一首诗《诗歌皇帝》，抓住诗中"孤独返回""空无一人的山峦"等关键词句去触摸诗人孤独的心灵——为别人祈祷，自己却不愿拥抱世俗，只愿独自面朝大海，背对尘世，静看花开花落。整个赏析中，李老师紧扣关键词句引导学生重锤敲打，敲得是火花纷飞，敲得是激情澎湃，在敲打中走进文本深处，去触摸诗人隐藏得很深很深的痛苦。

三、朗读充分，读中感悟

朗读是诗文教学中非常重要的一个环节，是课堂教学中文本细读的重要手段。有专家甚至认为：学生的朗读到位了，语文阅读教学就成功了一半。李老师正是这样一位高度重视朗读的专家。在教学中他采用了自读、齐读、品读和教师范读等多种阅读方式：

——请大家再自由朗读一下全诗，思考一下，希望拥有简单、平淡、悠闲的田园生活的诗人，与亲人分享幸福感的诗人，"给每一条河每一座山取一个温暖的名字"、为"陌生人"热情祝福的诗人，是一个什么样的人？

——三个以"愿"字领起的句子，有两种读法，你看其意思有什么不同？

——你们自己读一读，哪种符合本诗诗句的停顿？

——大家听我把这最后几句连起来读一读，看你们能够领悟到什么。

李老师先让学生自读，初步感知文本内容。然后让他们边读边勾画，为文本内容分析作准备。在分析完一节诗后，又让学生根据所获得的文本信息再次去读，品味其中的深层含义。当学生对文本的深层内涵理解起来较困难时，李老师便设计出两种朗读停顿方式，让学生在听读中细细品味、比较，在比较中自觉地深入文本去触摸诗人内心深处的追问和矛盾困惑的痛苦。学生有了一些感触，李老师并未在此停步，再次将第三节诗连起来朗读，同时辅以一个"转身向后的动作"，引领学生对诗人心灵进行拷问，将他内心那个审视个体生命的终极价值、质疑生存本质的灵魂抓了出来。读得是层次分明，读得是酣畅淋漓，读得是感慨唏嘘。本课利用朗读去理解，后又在理解的基础上去朗读，将诗歌的情感演绎得淋漓尽致。

第九章

尝试创意写作

中学生作文，要在选材、立意、构思、行文等基本功过关的基础上，尝试进行创意写作。创意，意味着立意的高远、深刻，意味着构思的精巧，意味着常规表达技巧的灵活运用；创意，更意味着写作思维的打开，写作语言的锤炼。

35 紧扣材料，发散思维

——曹公奇《给材料作文立意》教学片段品析

品析者：蒋平蓉　刘元玲

【**教学说明**】本课例是陕西省宝鸡市教研室教研员曹公奇老师所上的一堂作文课。曹老师根据近几年来中高考作文的热点，严格按照《普通高中语文课程标准》要求，培养学生"多角度地观察生活，丰富生活经历和情感体验，对自然、社会、人生有自己的感悟和思考"的能力。曹老师注重写作过程中材料的搜集，构思立意的标准，在短短的一堂课中展示了自身的语文素养和调动学生发散思维的功夫，让在场老师拍手叫绝。

其整体教学思路是：切入生活，调动体验—展示材料，分析立意（重点）—概括总结，学会构思。此处截取的是第二个教学环节。

【**品 析 点**】紧扣材料创新立意

【**关 键 词**】思路；拓展；创新

精彩回放

师：这就是因为观察角度不同的缘故。好，请同学们先看这样一道作文题，这是今年我省《中考说明》中的一个中考作文试题（大屏幕显示）：

阅读下面材料，按要求作文：

铅笔即将被集装箱运走，制造者很不放心，把它带到一旁跟它说："在进入这个世界之前，我有五句话要告诉你，如果你能记住这些话，就会成为最好的铅笔。"

——你将来能做很多大事，但是有一个前提，就是你不能盲目自由，你要允许自己被一只手握住。

——你可能会经常感受到刀削般的疼痛，但是这些痛苦都是必须的，它会使你成为一支更好的铅笔。

——不要过于固执，要承认你所犯的任何错误，并且勇于改正它。

——不管穿上什么样的外衣，你都要清楚一点，你最重要的部分总是在里面。

——在你走过的任何地方，都必须留下不可磨灭的痕迹，不管是处于什么状态，你都必须写下去。要记住，生活永远不会毫无意义。

请根据材料，任选一个角度构思立意，联系实际，写一篇文章。或续写故事，或发表议论，或抒发感情。

要求：①有真情实感，中心明确，表达力求有创意。

②文体不限，不少于600字。若写诗歌则不少于20行。

③凡涉及人名、校名、地名一律用英文大写字母 A、B、C……代替。

师：大家思考一下，这个材料能从哪些角度立意，怎样去构思呢？

生：要善于听取父母和老师的话，这样才能健康成长。

师：你这是从材料的整体角度立意的，好啊。其他同学还能从哪些角度立意呢？

生：我根据第二句话，从苦难可以磨练人这个角度立意，写一篇"苦难也是一种财富"的作文。

师：准备写成什么文体呢？

生：议论文。

师：好，你既说明了立意的根据，又说明了立意的角度，还说明了作文的主旨和文体啊，说得很有特点。后面的同学说的时候，希望像他一样去说吧。

生：我根据第一句话，从自由是有限度的角度立意，结合我们学校的生活实际，论述既要有一定的自由，又要有一定的纪律约束，二者是相辅相成的。

生：我根据第三句话，从要勇于改正自己的错误的角度立意，写一篇自己知错就改的记叙文。

生：我根据第五句话，以"生活，展开飞翔的双翅"为主旨，写一篇抒情散文。

生：我根据第四句话，从外表与内心的角度立意，写一篇表现心灵是最美的记叙文。

师：几个同学分别从这五句告诫的话语入手，选择立意的角度，构思自己的作文，这样很好。大家想一想，除了这五句话以外，还能不能从其他角度立意呢？比如，材料整体的某些侧面，材料整体的反面等等。

生：老师，我想可以根据材料进行续写，写铅笔并没有按照制造者的话去做，进入世界后，我行我素，结果处处碰壁，最后才想起制造者的话来。

师：续写是作文要求中的，当然可以呦。你立意的角度既在人们的意料之中，又出乎人们的意料之外，说明你是认真思考了，最近学习很有进步啊，老师首先祝贺你！（掌声。）

生：我续写铅笔进入社会以后，时时牢记制造者的话，并且以这五句话作为自己行动的准则，最后终于成为世界上最好的铅笔。

师：哦，你是从正面去续写，这样更有积极引导作用啊。

生：老师，我想应该是鼓励青年人去创新，而不是用条条框框去束缚自己。像铅笔进入世界之前一样，应该鼓励它去闯荡社会、去实现自我价值，而不是先用五条条款来约束它、禁锢它。

师：你提出的这个问题很有价值，值得大家深思。请同学们先发表自己的看法。

生：我赞同他的观点，就是应该鼓励创新，而不应该束缚行为。

生：我不赞同他的观点，束缚是为了成长和发展，并不是阻碍，所以这对于人的成长是有益的。

生：我觉得鼓励创新肯定是对的，但是束缚也好像是应该的。

……

师：同学们说了这么多，都各有理由啊。我认为，要讨论这个问题，首先是要分清什么是善意的告诫，什么是死板的束缚。鼓励创新自然是应该肯定的，善意的、有益的告诫和提醒，与鼓励创新并不矛盾啊。再说，必要的约束，也是为了更好地创新啊。因此，我们既要鼓励青年人要敢于创新、大胆创新，也要像制造者告诫铅笔一样给大家以有益的提示，使我们在闯荡社会、创新生活中少走弯路，尽快成才。

师：话说回来，我们根据材料进行立意构思，要在对材料进行全面、正确领悟的基础上，自己选择一个角度、一个切入口，然后立意构思整篇作文。所以，选择恰当的角度进行立意，是写材料作文时迈出的第一步，也是最关键的一步，它关系到整篇作文的成败，显得尤为重要。

师：为了使大家对材料作文如何自选角度进行立意这个问题有更深入的体验，下面我们再看我省《中考说明》中选用的一个作文试题，也就是2006年武汉市的中考作文试题：

阅读下面的材料，按照要求写作。

下面文字摘自一位同学的《毕业留言册》：

我的自画像：

　　额头宽了一点——思想的野马正好在这里奔跑。

同学留言：

　　最难忘那次联欢会，你的新鲜点子让我们快乐无比！（同学甲）

　　你知道我最欣赏你的是什么吗？就是你总能够别出心裁。（同学乙）

　　我总在想，以你非凡的创造力，十年后会成就一个怎样的你！（同学丙）

恩师寄语：

　　你的那些富有创造性的见解常常为我们开启另一扇窗！老师感谢你。

结合上述材料的内容和自己的生活体验，自选角度，自拟题目，写一篇不少于600字的文章。文体不限，诗歌戏剧除外。文中不得出现自己的姓名、校名。

师：看完这个题目后，请大家思考一下，把自己的立意角度和简单构思先写在练习本上，然后大家一起交流。

（学生或独立思考，或互相低声交流，然后在本子上写自己的立意角度和文章构思；教师巡视，看学生写的内容，并与一些学生小声交流。）

师：写完后，请同学们把自己写的内容公开读一读，让大家一起分享分享你的成功和快乐！

生：我从同学甲的角度，记叙一次联欢会，重点写联欢会上这位同学的新鲜点子让我们快乐无比。

生：我从同学丙的角度思考立意，写一篇想象作文，想象与这位同学10年后相见的情景。

师：重点应该写什么呢？是重点写你们10年后重逢的激动、感慨，还是重点写这位同学的什么呢？

生：重点写这位同学凭着非凡的创造力，成就了一番事业。

师：对啊，这样就符合同学丙这条材料的角度了。

生：我从同学乙的角度，写一篇记人的文章，通过记叙这位同学的两三件事，表现他总能别出心裁的特点。

生：我从自画像的角度，用第一人称"我"来写，写"我"的肖像，写"我"经常冒出许多新奇的想法。

生：我从恩师寄语这个角度入手，以"窗"为话题，写一篇散文。

师：你以"窗"为话题写一篇散文，准备写些什么内容呢？

生：可以写现实中的窗，也可以写心中的窗，或者写比喻中的窗。

师：这样写，和"恩师寄语"这则材料有没有联系啊？

生：有啊。老师留言中说："常常为我们开启另一扇窗"。我就是从这个角度立意的啊。

师：哦，你原来是这样考虑的。这里面牵扯到一个问题，那就是怎样才算作材料的角度？

生：材料的主旨。

生：材料中的某件事。

生：材料中的某个人。

生：材料中某句话的含义。

生：老师，材料主旨的某个侧面，行不行啊？

师：呵呵，看来你底气不足哟！同学们说行不行呢？

生：（多数同学齐声）行。

师：那么材料中的某个词语呢？比如"窗口"。

生："窗口"好像与这则材料的内容关系不大，它只是老师说的一个比喻。

师：对啊，"窗口"只是老师打的一个比方，单用"窗口"作话题去写，并没有紧切材料的内容，而是把它当作了一个话题。说到这里，我们必须弄清楚：话题作文和材料作文的主要区别是什么呢？

生：话题作文一般是从材料中引出一个话题，然后根据话题来写作。材料作文是根据材料内容的某个角度来写作。

师：话题作文所写的内容只要在给定的话题范围之内就行，不一定非要用材料或者材料的某个侧面。而给材料作文则一定要从材料的内容入手，无论是材料的主旨，还是材料的某个方面，都要是材料内容的一个角度，不能只是从材料中选取一个话题，就不管材料的内容去写。那么，大家看，如果从"恩师寄语"这则材料入手，应该是从什么角度立意去写呢？

生：写这位同学创造性的见解为我们开辟了一个新的领域。

生：可以从老师的角度写，写这位同学非凡的见解常常使老师也茅塞顿开，耳目为之一新，所以老师要感谢他。

师：好，你们选的角度很好，这就是从材料中来选角度了，而不是选一个词语作话题了。我们从这个材料整体看，还可以从哪些角度立意呢？

生：我想根据全部材料，以小标题的形式，通过"他的自画像""同学眼中的他""老师心目中的他"三个小故事，记叙一名思维敏捷、勇于创新的同学。老师，这样行吗？

师：你这是从材料全局着手，宏观把握，当然能行啊，关键是三个故事都要围绕"思维创新"这个主旨啊。

品评赏析

材料作文，又叫题意话题作文或后话题作文，它往往只提供材料，不提供话题，要求学生根据自己对材料的理解，自选文体，自拟题目进行作文[①]。而教学时要教会学生全面理解材料，注重审题，立意恰当，精心选材，构思巧妙，顺利完成布局谋篇及行文。在许多的作文训练中，我们老师往往会要求学生在文体、立意、谋篇到遣词造句做到面面俱到，且字数一般不得少于600字。曹老师能在《给材料作文立意》的授课中，通过短短的几十分钟，让学生结合材料掌握立意的方法，实在是一件让人望洋兴叹的事情。

像这样的作文课，在我们的示范课、赛课中确实是很难见到的，执教这样的作文示范课，须执教者针对"材料"的特点采取有效的写作指导策略，才能更好地帮助学生提高作文质量。教学中，执教者须教会学生读懂材料，全面把握。曹老师把握住给材料作文立意教学的重点，仔细对材料中的每句话进行分析概括，发挥想象，从多角度立意，整堂课精彩纷呈，熠熠生辉。

一、思路清晰

在这堂课中曹老师有着一个清晰的思路。他首先展示材料，并引导学生从五句话入手理解每句话的内涵，从而去构思立意。教者也不忘记从续写的角度启发学生构思立意，最后总结概括。为了让学生深入理解，老师再拿出一则材料，引导学生进行分析。这样带领学生从材料中提炼信息、构思立意，并教会学生从不同的角度解读材料，快速而又准确地审题、构思，最后水到渠成，自然成文。

---

① 刘永康.语文课程与教学新论[M].北京：高等教育出版社，2011.

二、一题多思

在写作教学中培养学生的发散思维，能使学生思维敏捷、思路开阔、思考周密、认识深刻、具有独创性[①]。这也是提高作文教学质量的重要环节。高中语文新课程标准明确指出："力求有个性、有创意的表达，根据个人特长和兴趣自主写作。在生活和学习中多方面地积累素材，多想多写，做到有感而发。"[②]教师要善于运用已有的知识信息，尽可能引导学生向各个方向拓展立意空间，不受已知或现存的方式方法约束，从这种扩散、辐射和求异式的思考中获得多种不同的立意主题，衍生出各种不同的结果。一题多思就是训练学生发散思维的好素材，通过一题多思，引导学生就不同的角度、不同的方位、不同的观点分析思考同一问题。我们可以看看曹老师的引导分析：

——大家思考一下，这个材料能从哪些角度立意，怎样去构思呢？

——你这是从材料的整体角度立意的，好啊。其他同学还能从哪些角度立意呢？

——准备写成什么文体呢？

——好，你既说明了立意的根据，又说明了立意的角度，还说明了作文的主旨和文体啊，说得很有特点。后面的同学说的时候，希望像他一样去说吧。

这里，曹老师带着学生深入材料，紧扣材料中的每句话，注意分析材料中涉及的人（或其他事物）的言行及其原因，引导学生从不同的角度谈出自己的立意根据。经过这样的分析，顺理成章地得出几个不同的立意角度，并引导学生说明自己作文的文体和主题。这样就让学生的思维灵活了，认识深刻了，写出来的作文更具思想意蕴。

三、发散创新

在通常的作文教学中，从培养学生多角度、多层面、多因素立意构思入

---

① 刘永康. 语文课程与教学新论 [M]. 北京：高等教育出版社，2011.

② 教育部. 普通高中语文课程标准（实验）[S]. 人民教育出版社，2003.

手，是写作训练中最有用最基础的方式之一。这样就解决了学生因不会多角度认识问题而立意不新，缺乏思维深度等问题。我们来看看曹老师如何引导学生立意。

——重点应该写什么呢？是重点写你们 10 年后重逢的激动、感慨，还是重点写这位同学的什么呢？

——对啊，这样就符合同学丙这条材料的角度了。

——你以"窗"为话题写一篇散文，准备写些什么内容呢?

——这样写，和"恩师寄语"这则材料有没有联系啊？

——哦，你原来是这样考虑的。这里面牵扯到一个问题，那就是怎样才算作材料的角度？

——好，你们选的角度很好，这就是从材料中来选角度了，而不是选一个词语作话题了。我们从这个材料整体看，还可以从哪些角度立意呢？

——你这是从材料全局着手，宏观把握，当然能行啊，关键是三个故事都要围绕"思维创新"这个主旨啊。

本堂课中，曹老师就是引导学生从不同思维层面的角度来立意。在"毕业留言册"一题中，每个人的留言，都是一个不同的侧面，即使是同一个人的留言，也可以从不同的层面去立意，其可选的角度实际是很多的，从其中任何一个角度立意，都可能是全新的[①]。这样就避免了固定、僵化的思维模式，文章立意避免了雷同。这里曹老师对学生的创新思维的培养很到位，通过不断的启迪、激发和引导，激活学生的思维触觉，让学生从各个不同的角度来思考问题，从而以新颖的立意让作文充满创意、充满活力。

---

① 曹公奇. 思维训练是写作教学的重点 [J]. 语文教学通讯（B），2007（Z2）.

36　创意：摇荡性灵，摇动笔杆

——卿平海《纸随心飞：练笔指导》教学片段品析

品析者：刘静

【教学说明】该课是四川省语文特级教师卿平海为初一年级学生上的一堂练笔指导课。该堂课包括五个环节：课前交流，沟通心灵；聚焦问题，生成目标；调动五官，独特感悟；情动辞发，创意表达；互动评改，分享快乐。该课每个环节既环环相扣，又可独立成篇，可圈可点，皆是佳例。其整体教学构思可用下图表示：

活动模块	逻辑结构	教学设计意图	所体现的新课标要求
试一试	为什么写？	认知冲突，写作冲动	1. 写作要感情真挚，力求表达自己对自然、社会、人生的独特感受和真切体验。
玩一玩	写什么？	调动五官，独特体验	2. 多角度地观察生活，发现生活的丰富多彩，捕捉事物的特征，力求有创意地表达。
说一说	怎样写？	交流感受，借鉴方法	3. 运用联想和想象，丰富表达的内容。
写一写		独立实践，创意表达	4. 养成修改自己作文的习惯。
评一评	写得怎样？	自评互评，相互学习	5. 能与他人交流心得，互相评改作文，以分享感受，沟通意见。
改一改	怎样写得更好？	自改互改，共同提高	
赏一赏		作文美读，分享成功	

此处截取的是第三、四个环节的内容。

【品 析 点】学生练笔的创意指导

【关 键 词】创意；感悟；情感

精彩回放

一、调动五官，独特感悟

师：（作深思状）那我们该怎样观察生活呢？

生：用心观察。

师：（微笑着）说得好。怎样用"心"呢？

生：就是要用"五官"去感受。

师：那我们的"五官"究竟在哪里呢？请大家指一指自己的"五官"在哪里。

（学生纷纷指自己的"五官"，教师与学生边交流，边板书：视觉、听觉、嗅觉、味觉、触觉。）

师：请同学们拿出课前我分发给你们的白纸，调动你的"五官"，用心感受你手中的这张纸，至少用五个词语来概括你的感受。看谁观察认真，概括简明。

（学生边认真观察，边自言自语，不时交头接耳。）

师：下面我们交流一下观察所获，说你感受最深的一点。

生：光滑。

师：纸很光滑。这是怎样感知得来的？

生：用手。

师：（用手指黑板）它属于哪种感官？

生：（齐）触觉。

师：请同学们继续说你的感受。注意将你的感受及其调用的感官连起来。

生：清脆，听觉。

师：对，后面说的同学要说与前面同学不同的感受和感官。

生：洁白，视觉。

师：还有哪"官"没有用到？

生：还没有闻气味。

师：闻气味是运用哪一种感觉？

生：嗅觉。

师：非常好，请问"嗅"字怎么写？

生：左边一个"口"，右边一个"臭"。

生：就是"口臭"。

（学生忍俊不禁。）

师：注意哟，此处"臭"不读"chòu"，在文言中此字本读"xiù"，气味的意思，包括各种气味，所以此处不是"口臭"。

（学生大笑。）

师：请用心闻闻你手中的纸吧，谁能闻出不同的气味吗？

生：纸沾上了我的手汗，有点臭味。

生：有一股工业的气味。

生：有香皂的味道。

师：联想不错。（边说边板书"联想"）纸的"气味"越来越丰富了……还有与众不同的吗？

生：有一股幽幽茶香。

生：好像大自然的气息。

生：有一股阳光的味道，令人闻起来感到很温暖。

（掌声响起来。）

师：掌声是对你独特想象的赞赏。

（老师边点评，边板书"想象"。）

生：好似小草生机勃勃的气味。

生：有一种悬念的味道，想知道却又不知道究竟是什么气味。

师：哦，这些感受意味深长哟。

（老师边点评，边板书"味"字。）

生：有一种爱惜的味道。我太爱惜这张纸而不愿意在上面写字画画。

师：（微笑着）爱惜很好，惜纸如"金"。不过该用还得用，用完后，待会我再送你一张就是啊。

（该生微微一笑，点点头。）

生：我闻到有一种神秘的味道，在这张纸上，诗人会写下精美的诗篇，然而一个小孩却只会在上面乱涂乱画，感到很遗憾。

（课后据班主任和该班语文老师说，该学生非常调皮。）

师：（疑惑地问）你会遗憾吗？（微笑着问）同学，请问那位诗人是你吗？

（全班哄堂大笑。）

生：（若有所思后坚定地说）将来应该是我！

（全场响起热烈掌声。）

师：（兴奋地）看来，一张白纸却蕴涵着深意啊！（板书"意"字）大家刚才的感知非常好。现在我们来看一看，还有哪一"官"没用到？

生：（齐）味觉。

师：那我们怎样感知手中纸的味道？

生：吃呗！

（众人吃惊，面面相觑，疑惑地看着老师。）

师：（坚定地）吃吧。看谁能吃出不同的味道来。

（师边说边撕下纸放入嘴中咀嚼。全班学生仿效，都撕下一块纸放入嘴里咀嚼。老师还不断提醒："请注意体味味道哟，我希望同学们感受出这纸的不同味道来。"）

生：有些咸。可能是下午天太热，手又捏了半天，有些汗水的味道。

（有笑声起，师微笑点头。）

生：好似竹笋的味道，硬硬的。

生：有些酸味。我感受到了工人加工这些纸张的辛酸。

师：不错。非常有同情心，关心民间疾苦声，请为他的独特感受鼓掌！

生：有点像小溪边石头的味道，凉凉的，硬硬的。

生：有点甜。

师：（微笑）似"农夫山泉"的味道？农夫山泉——有点甜？

（全场笑声起。）

生：有点苦。砍伐树木，破坏森林，伤害自然……

师：哦，你这是对环境遭破坏的忧虑，有环保意识，大家送给他掌声！

生：有咸味。这纸是由树木制成的，树木本该自由生长，却被砍掉了，砍伐树木时，树枝的眼泪让我心中有点咸。

师：请大家送给他掌声！他很有同情心！（掌声热烈，师板书"情"字）是啊，刚才大家用心感受到了纸的这些不同滋味，很不错。其实，生活中，酸甜苦辣都是味，每一味都需用心去体味。就我们手头的这小小的一张纸，只要我们善于用"五官"去观察，去感受，自由联想，驰骋想象，就能把纸中包含的情、意、味，甚至纸中包含的道理、趣味都感受出来。（板书"理""趣"两字。）

二、情动辞发，创意表达

师：（指着板书提问）我们的前辈对纸有哪些独特感悟呢？请回忆我们学过的有关纸的词语、成语、故事、诗句，看古人前贤是怎样表达他们对纸的独特感悟的。

生：纸包不住火。

师：对！它道出了纸中所寓含的"理"。

生：纸上谈兵。

师：这是一个成语故事，由典故引出了道理。

生：白纸黑字。

生：纸上得来终觉浅，绝知此事要躬行。

生：洛阳纸贵。

生：纸老虎。

师：它们用熟语、成语、故事、诗句等不同形式，揭示了纸中蕴涵的不同的"理"，普通的纸有着特殊的智慧……纸中也有情啊，《红楼梦》中有

"满纸荒唐言，一把辛酸泪"……还有哪些呢？

生：纸飞机。

生：纸风筝。

师：纸风筝很有趣。它让我们想起清朝高鼎写的一首诗《村居》："草长莺飞二月天，拂堤杨柳醉春烟。儿童散学归来早，忙趁东风放纸鸢。"（背诵者愈众，声音愈大）这是多么有情趣的童年游戏啊。你们现在想做游戏吗？

生：（齐声）想！

师：好！滋养童心很重要啊。我请同学们做"纸随心飞"的玩纸游戏，时间三分钟。要求是：动脑玩出新花样，尽情玩出新感受。

（学生纷纷动手尝试，激动不已。老师巡视。最后提醒学生把自己玩纸的独特感悟用一个字、一个词或者一句诗、一句自己的话来概括，并写在自己所折叠的物品上。）

师：请同学们停止玩纸，闭上眼睛，按照老师的提示回味刚才玩纸的过程：在这个过程中，你看见了什么？现在能不能透过纸看得更远一点，看到教室外的大自然、社会、天空、大地……？请把自己的喜、怒、哀、乐，丰富的表情在脸上充分地表现出来。

玩纸时，你听到了什么？有哪些声音？……父母的？社会的？大自然的？……听到来自心灵深处的声音了吗？

玩纸时，你触摸到了什么？……你的手随你的心飞翔，又触摸到了什么？

玩纸时，你闻到了什么？……你们的面部表情很丰富，这很惬意……再想想，你在调动味觉品尝时还尝到了什么？……

请大家继续闭上眼睛。根据自己在纸上所写的词句，细细回味刚才的感受，把刚才玩纸的细节再回味一番……

好！请大家睁开眼。以"纸"为话题，尽量将你玩纸的独特感受，用你独特的语言，尽量有创意地写出来。（板书："独特感受""创意表达"）请大家不停笔，五分钟内完成。

（学生迅速下笔，激动兴奋。师四周巡视，不时倾身低头与个别学生耳语，催促动笔，静默观察不同学生的写作情景，若有所思。五分钟快结束时，见有个别学生未写完。）

师：考试时，如果遇到这种问题，该怎么办？

（学生疑惑，摇头。）

师：我告诉同学们一种应急结尾方法——戛然而止法，在正写的字后用省略号，你"言有尽而意无穷"，请阅卷老师去想象吧。

品评赏析

中学作文教学，学生、老师想说爱你并不容易。卿老师的写作练笔课《纸随心飞》——一堂融入生命体验的作文教学，毋庸置疑，为我们提供了一个很好的研究范例。下面，我们就来看看他是如何用创意地"教"引导学生创意地"学"的。

一、创意素材，承载生命

一张普普通通的纸，一旦注入了师生的体验和智慧，它便成了课堂作文的快乐天使，玩纸、说纸、写纸……作文之乐取代了作文之苦。迷人而又予人启迪的白纸，从容而又充满睿智的教学，令课堂思绪翩飞、跌宕起伏、妙趣横生，使人如沐春风。

常态中的写作素材，大都是鼓励学生阅读经典，大胆引用诗文，其实这些"好词佳句"并非学生的真情实感，亦非他们心中想要说的话，美则美矣，却容易落入空洞抒情的窠臼；或是让学生"学习"考场优秀作文。写作诚然需要借鉴，但如果没有内心真实的情感体验，学生作文则会堕入"假、大、空"的窠臼。

而这堂作文指导课，卿老师找到了作文创新的快乐源泉——一张普通的纸，致力于激励唤醒、启迪引领，让学生有话想说、有话可说、有话能说、有话会说。整堂课始终做到以学生为主体，充分发掘和调动孩子们已有的生活感知和生命体验，让学生自主参与其中，让心灵自由飞翔，说平常话，抒真实情，涵养作文语言个性。

二、放飞想象，奇异思维

作文教学不能只关注写作知识的讲解和写作技能的操练，还应当注意对学生的观察、思考、想象、分析，以及表达、评价能力的培养。卿老师引导学生看纸，掌握观察方法；指导学生玩纸，积累有益话题；教会学生说纸，提高语言表达能力。他从激发学生的写作欲望，到调动学生的知识积累，引导学生运用文字表达，多角度地观察、捕捉事物特征，力求帮助学生有创意地表达。

卿老师拿出准备好的白纸，让学生运用各种感官去感知看似什么内容也没有的白纸。同学们在感知白纸的过程中，有人说纸很光滑，有人说纸很洁白，有人说有一股工业的气味，有人说有一股阳光的味道，更有同学闻到了一种神秘的味道，认为在这张纸上，诗人会写下精美的诗篇，而一个小孩却只会在上面乱涂乱画。在同学们叽叽喳喳的发言声中，卿老师发觉还有味觉没有体现出来。于是，他和全班同学一起吃纸，一下子，大家的感受进一步被调动了起来，同学们说有酸味，感受到了工人加工纸张的辛酸；有苦味，想到了人类砍伐树木，破坏森林，伤害自然……同学们发表了对纸的感受之后，卿老师没有马上进入写作的正题，而是和学生们一起回忆关于纸的词语、故事、诗句等等，小小的一张纸，让大家想到了曹雪芹的"满纸荒唐言，一把辛酸泪"，想到了"草长莺飞二月天，拂堤杨柳醉春烟。儿童散学归来早，忙趁东风放纸鸢"中的纸风筝……

"问渠那得清如许？为有源头活水来。"在老师的启发和引领下，同学们思想的火花在激发碰撞中熠熠生辉，写作的灵感也犹如源源不断的流水一泻千里。

三、探幽发微，渐入佳境

从"试一试"到"赏一赏"（见教学构思图表），学生活动充分，课堂积累丰富。从"课前交流，沟通心灵"到"及时反馈，真诚反思"，层层推进，教学板块充满诗意，教师机敏睿智，学生的写作渐入佳境，师生在课堂上"纸随心飞"。

在这样既宽松快乐，又相互尊重，并且能学到丰富知识的课堂氛围中，同学们体会到的是一种生命的和谐之美。正因为教师有了"白纸写上智慧就珍贵，激情偕同理智就壮美"的充满灵性的语言和"在自由练笔后总结写作方法，在主动反思中提升写作智慧，在不断更新里生长写作个性"的情怀和理念，师生才会有"我心随纸飞翔，好爽！我文因情流淌，好美！"的真切感受。

　　遵循生命律动的方向，尊重生命发展的规律，挖掘生命潜在的力量。这是一堂互动的、开放的，注重情境营造与人文渗透的作文课，更注重文化的交流，生命的提升，特别是自我的发现与探索。看似家常小菜，实则精妙；看似信手拈来，实则春风化雨。素材朴实无华，课堂流光溢彩，卿老师借助一张简简单单的白纸，用创意地"教"引导创意地"学"，拂去浮华，回归本真，呈现出原汁原味的生态作文特征。

主要参考文献

[1] 叶圣陶. 叶圣陶语文教育论集 [M]. 北京：教育科学出版社，1980.

[2] [美] 苏珊·朗格. 艺术问题 [M]. 滕守尧，朱疆源，译. 北京：中国社会科学出版社，1983.

[3] 叶至善，等. 叶圣陶集（第十六卷）[M]. 南京：江苏教育出版社，1992.

[4] 顾明远. 教育大辞典 [M]. 上海：上海教育出版社，1992.

[5] [美] 奥苏伯尔. 教育心理学：认知观点 [M]. 佘星南，宋钧，译. 北京：人民教育出版社，1994.

[6] 李镇西. 从批判走向建设 [M]. 成都：四川少年儿童出版社，1999.

[7] 刘永康. 语文创新教育研究 [M]. 成都：四川大学出版社，2000.

[8] 张华. 课程与教学论 [M]. 上海：上海教育出版社，2001.

[9] 陶行知. 陶行知文集 [M]. 南京：江苏教育出版社，2001.

[10] 陈旭远. 中小学教师视野中的基础教育课程改革（第一版）[M]. 长春：东北师范大学出版社，2002.

[11] 教育部基础教育司. 全日制义务教育课程标准解读（第一版）[M]. 武汉：湖北教育出版社，2002.

[12] 钟启泉. 新课程师资培训精要 [M]. 北京：北京大学出版社，2002.

[13] 吴非. 不跪着教书 [M]. 上海：华东师范大学出版社，2004.

[14] 李白坚. 我们怎样教作文 [J]. 上海：上海教育出版社，2004.

[15] 许书明.语文四大名师研究 [M].北京：中国文史出版社，2005.

[16] 靳玉乐.理解教学 [M].成都：四川教育出版社，2006.

[17] 何良仆.现代数学教育导论 [M].成都：电子科技大学出版社，2006.

[18] 王荣生，郑桂华.语文教材建设新探·试教交流第一辑 [M].上海：上海教育出版社，2008.

[19] 王荣生，李海林.语文课程与教学理论新探·学理基础 [M].上海：上海教育出版社，2008.

[20] 王荣生.语文科课程论基础（第二版）[M].上海：上海教育出版社，2008.

[21] 王荣生.听王荣生教授评课 [M].上海：华东师范大学出版社，2009.

[22] 刘永康.语文教育学 [M].北京：北京高等教育出版社，2010.

[23] 刘永康.语文课程与教学新论 [M].北京：高等教育出版社，2011.

[24] 李华平，刘敏.走向深处——语文新课程教学 100 问 [M].成都：四川文艺出版社，2011.

[25] 倪文锦，刘永康，李华平.语文教学问答 100 例 [M].北京：高等教育出版社，2014.

[26] [美]舒尔曼.实践智慧 [M].王艳玲，等，译.上海：华东师范大学出版社，2014.

[27] 薛法根.现在开始上语文课 [M].北京：教育科学出版社，2014.

[28] 李海林.美国中小学课堂观察 [M].北京：教育科学出版社，2015.

[29] 刘远.语文名师经典课堂 [M].太原：山西教育出版社，2016.

[30] 刘永康，张伟.语文课程与教学论新编（第 2 版）[M].北京：高等教育出版社，2017.

后　记

　　本书是小心翼翼的产物，历时 10 年；其实动议编写一部这样的书已是 18 年前。10 年中我也写作、编纂、出版过其他书籍，而这本书始终压在我心底。心底有一个问题愈来愈响亮：在语文教师培养、培训工作中怎样引导他们学习名师？

一

　　名师教学案例是进行教师培养、培训的重要资源，研习名师教学案例是生成"学科教学知识"（PCK）的重要途径，因此名师教学案例研究成为这些年课堂教学研究的热点。但也让一线教师感到一些困惑：（1）名师们的课堂教学实录一般都很详细，篇幅也很长，而一线教师时间紧张，很难在相对完整的时间内读完，更别说进行认真分析；（2）一线教师往往并不知道这些名师的课到底好在哪里，常常只是看看热闹，很难摸清门道；（3）不少名师的课堂教学也并不是每个环节、每个地方都经得起细致推敲的——尽管这本是很正常的现象。

　　基于此，我和团队的同事们在高师院校师范生培养和在职教师培训过程中，大胆采用"化整为零"的策略，改"完课"（40 分钟的一节课）为"微课"（10 分钟左右或者 5 分钟左右一个教学点或一个教学环节），采取了两大改进措施：一是进行语文名师教学片段研究，在整体把握名师教学思想基础上，截取精彩片段进行品析，反复揣摩。这种方式深受欢迎，每次研习耗时较短，研习点集中、单一，实际收获看得见、摸得着。二是鉴于师范生就业应聘新趋势（不少学校招聘新教师，不再要求上完整的一节课，而只是听10多分钟，甚至几分钟），及时调整师范生教学能力训练方式，强化"片段教学"——从完整的40分钟的一节课里，选择一个10分钟左右的知识点、能力点进行教学。

"揣摩名师教学片段""进行语文片段教学"这两种"微课"方式相互为用、交相辉映，由于针对性强、反馈及时，大大提高了师范生教学能力培养效率，使他们在就业应聘中能够捷足先登，不少学生还顺利进入"国家级示范高中"等名校工作；在职教师教学能力也得到了很大程度的提高，看得见的收获增强了专业发展的信心。

本书正是契合了教师教育发展的一些新趋势，特别是对语文名师精彩教学片段进行系统的品析，成为教学案例研究的新抓手，突破了以往教例研究"一听很好，一闻很香，一看很烦，一吃很硬"的难点。所以，本书这种"短、平、快"的教例研究方式一下子赢得了一线老师和在校本科师范生、学科教学研究生的喜欢。

近年，教育部在"国培计划"实施文件中正式要求"以典型案例为载体"，努力探索"微课"研修方式。我们为这10年来具有一定领先性的探索感到欣慰。我们将继续前行，将"微课"研修更推进一步，拟推出《语文名师课堂教学片段指瑕》《语文微课教学设计》。

二

名师教学案例是好东西，名师精彩教学片段更是好吃的东西。但在群星灿烂的各级名师、浩如烟海的语文教学实录中遴选教学片段不是一件容易的事。

读实录—选实录—截片段—分类别。在这一过程中，选上与换下是一件很痛苦的事情。有时选上又换下，换下又选上。几经斟酌，最后敲定。10年来，所选篇目与片段也有了较大变化，增删调整，颇费周折。

在这一过程中，我们不唯名是举，不把授课老师的名气大小作为唯一标准，因为"名气大小"本就没有一个统一标准，并且它本身就是动态变化的。遴选的核心标准是：有实效，有嚼头。当然，也难免有遗珠之憾——由于本书"截取片段"的体例所限，有的名师整个教学浑然一体的精彩实录没能选入；其实我们也是经过了反复咀嚼并受益良多的。

咀嚼的主体是我们历届国培班的优秀学员，也有成都市一些优秀教师参与其中。在阅读、修改、统稿的过程中，我时时被感动。老师们为了写好这个特殊的"评课稿"，学理论、读原文、搜资料，加班熬夜，在极为有限的时间里按时完成写作任务。经过合作研讨、助理修改，稿子最后到了我这里。我一边小心翼翼、如履薄冰，一边挥舞大刀，在一篇篇稿子上跑来跑去。我执着地沿着目标前进：品析的任务主要在于把名师精彩教学片段之所以"精彩"的理由（地位、价值、合规律性、独创性）揭示出来，并用教学理论的光芒照亮这一具有名师特点的教学实践；让名师的精彩教学实践照亮语文教师专业成长的道路。

曾经每天晚上 10 点多从办公室走出去的时候，住在楼上的校工陈哥总是送给我两句不变的话："李老师这时候才回家吗？""李老师，挣那么多钱干吗？"我感谢他的关心；他不知道，我回家还要加班，我这工作并不挣钱。

三

世上有不挣钱的工作，这些工作也需要人做。做这些工作时，一般人也都没想到自己有多高尚，就只是觉得这工作本身有意义——至于挣不挣钱、评职称是否有用，已不在考虑之列。年逾 90 的于漪老师和年近 90 的欧阳代娜老师、钱梦龙老师至今仍然关切着语文教育，都还在为语文教育、语文教师忧虑、呼吁、鼓劲，作为晚辈的我们，还犹豫什么呢？还计较什么呢？

与于漪老师同龄的我的启蒙老师——在四川省渠县义和乡小学工作 50 多年的夏清尘老师，直到 70 多岁都还在应乡亲之邀教孩子们学语文，直到生病无法继续上课才停止。更传奇的是，他生的病也都与语文有关——半夜三更爬起来教语文，以至于被柱子、墙壁碰得鼻青脸肿（这就是人们常说的"夜游症"）。尽管他的名气仅限于一县一乡，但其将语文爱到骨头里、爱到梦中的赤诚，与名满天下的于漪老师何异？只是，先生已经去世6年了……

比起老一辈语文教育家，我常常感喟不已、自叹不如。现在，我唯一能做的，就是让语文融进血液，为语文多做点事情……

这10多年来，我一直行走在大学与中学之间，一日之内，一山两边①，学生各异。一边教高中生"学语文"，一边教本科生、研究生"教语文"。让我欣慰的是，不管是高中生，还是本科生、研究生，都很喜欢我的课。一次期中考试后，一个高中女生跑上台来握着我的手直摇，口中连连感谢我的指点，让我"受宠若惊"；一次给本科生上课，由于旁听生太多，不得不连续两次更换更大一点的教室，直到坐进可容纳200多人的大教室。给各地骨干教师作的培训讲座，也常常获得满堂彩。有一次在外地作讲座，预定时间已过，但有老师拉住我的手要求我继续讲。苦并快乐着，一介书生，夫复何求？

我的研究生导师刘永康先生说，对语文的热爱要超越对名利的追求，要成为自身生命的需求。他本人就在这样践行着——已经75岁了，还应邀四处作学术报告、上语文示范课，将语文教育理论研究和语文教学实践的结合演绎到极致。本书的中学版中，就有对其所上示范课《简笔与繁笔》的品析。本书中选用的这些教学片段的作者——钱梦龙、宁鸿彬、于永正、魏书生、余映潮等，这些名家名师，哪一位不是因为对语文本身的热爱才上出了一堂堂精彩的语文课的？

四

一部著作的完成，往往凝聚着多方面的力量，是多种因素的结合。本书是"国培计划"语文骨干教师培训的生成性课程资源，国家级精品课程"语文课程与教学论"（全国首个）研究成果，四川师范大学教师教育课程"语文新课程教材解读与教学"配套成果，四川省哲学社会科学重点课题"基于'关键事件'双重聚焦的教师培训范式研究"（编号：SC13A015）、四川

---

① 我所任教的四川师范大学、曾经任教的成都七中嘉祥外国语学校在成都狮子山东西两边。

省教育科学规划课题"语文思维学建构研究"和全国教育科学"十三五"规划教育部课题"正道语文：百年语文教育规律的探索与坚守"（编号：FHB170592）的阶段性成果。

本书是在高校学者组织下的强强联合的集体劳动成果，也正因为是集体劳动，对有些教学片段的品析角度的选择也许不一定恰当，品析也许不够贴切、深入，欢迎读者提出宝贵意见。各位老师在品析的过程中参考了一些学者、老师的学术成果，由于本书体例所限，没有一一注明，但列入了"主要参考文献"中；个别引述未及列入，欢迎著作权人与我们联系。对所有被引用的文字、图表的作者，我们谨致谢忱。感谢教学片段被选中的名师，您为本书提供了优秀的素材，为语文教育研究提供了精彩的范例。由于各种原因我们可能没能联系上您，请您一定赐教于我（68140776@qq.com），我谨代表本书编著者向您致谢。

本书得到了语文教育专家倪文锦、余映潮、顾之川等先生的充分肯定和支持，他们对本书给予了高度评价。本书得到了四川师范大学校领导、部门领导和文学院教研室同仁、全体国培授课专家的大力支持；教师培训学院李志全院长对本书的编写体例、编写思路提出了宝贵意见。文学院刘敏院长曾和我一起主持国培项目，献计献策，亲力亲为，亲自改稿；我的项目工作助手魏华燕、刘静、李鑫、贾苹、申智勇在组稿、改稿、统稿过程中付出了很多心血，国培班学员徐伟杰、廖磊、钟寒、王孝丽、丁亚雄、谭周胜、陈国华、柏茂虎、邱小红、彭德容、丁雄志等参加了审读、校对；四川师范大学附属昆明天娇学校语文教师袁真，四川师范大学附属第一实验中学语文教师张婷，四川师范大学文学院语文学科教学专业研究生黄嘉宜、李玲和重庆南城巴川中学李双路老师等对修订稿进行了最后的细致审读、校对，重庆南城巴川中学校长助理蒋嘉盛对书稿进行了压缩、编校。刘永康教授亲自作序，并对本书的编写给予详细、具体的学术指导；我国语文教育方向首位博士生导师、华东师范大学倪文锦教授，全国中语会理事长、人民教育出版社编审顾之川先生，全国著名特级教师余映潮老师为本书题词鼓励。本书的出版得到了华东师范大学出版社北京分社各位编辑老师的热情鼓励和精心指导。在此一并致谢!

最后,请允许我向父亲说声"对不起"。2011年秋天,我正忙着遴选名师教学片段,在父亲生命最后一刻,没能守在床边,尽管此前为了给他治病我四处求医,尽管……父亲为了不影响我的工作,安详地"选择"在国庆长假离开人世。父爱如斯,我当更加努力,为了心爱的语文。

李华平

2019 年 10 月 13 日

成都·狮山水云间